中国保险家崛起

GROWING UP OF CHINESE
INSURANCE ENTREPRENEUR

■ 赵辉 杜亮 主编

中国金融出版社

责任编辑：亓　霞　张清民
责任校对：张志文
责任印制：裴　刚

图书在版编目(CIP)数据

中国保险家崛起（Zhongguo Baoxianjia Jueqi）/赵辉，杜亮主编.—北京：中国金融出版社，2017.3

ISBN 978-7-5049-8896-6

Ⅰ.①中…　Ⅱ.①赵…②杜　Ⅲ.①保险业—研究—中国　Ⅳ.①F842

中国版本图书馆CIP数据核字（2016）第031249号

出版
发行　中国金融出版社

社址　北京市丰台区益泽路2号
市场开发部　（010）63266347，63805472，63439533（传真）
网上书店　http://www.chinafph.com
　　　　　　（010）63286832，63365686(传真)
读者服务部　（010）66070833，62568380
邮编　100071
经销　新华书店
印刷　北京七彩京通数码快印有限公司
尺寸　169毫米×239毫米
印张　17.5
字数　283千
版次　2017年3月第1版
印次　2017年3月第1次印刷
定价　80.00元
ISBN 978-7-5049-8896-6
如出现印装错误本社负责调换　　联系电话（010）63263947

序一

在我国宏观经济呈现"L形走势"的新常态下，保险业继续逆势增长，快速发展，2016年全国保费规模突破3万亿元大关，行业资产总量超过15万亿元。中国正超越日本成为全球第二大保险市场，保险业进入了历史最好发展时期。

面对频发的大灾大难，保险业积极救灾理赔，稳定社会，保障民生，尽显担当，越来越得到政府、企业和社会公众的认可。最近我到浙江采访，浙江省率先在全国提出政府与保险合作的理念，着力将其打造成为浙江保险业的金名片。特别是浙江省委书记多次在大会上倡导，"要用财政小杠杆，撬动保险大服务"。这种社会治理的理念变化，表明保险作为国家发展的稳定器、人民生活的保障器和实体经济的助推器，其功能作用日益凸显。

30多年来，保险在我国从一家公司发展成为一个大行业。当前我国正在快步跨入从保险大国向保险强国转变的进程。保险业的强悍崛起，得益于改革开放以来经济社会发展孕育的巨大保险需求，得益于《国务院关于加快发展现代保险服务业的若干意见》（国发〔2014〕29号）等一系列国家战略措施出台，得益于"抓服务、严监管、防风险、促发展"监管政策的持续落实，得益于广大消费者的保险意识和保险知识与日俱增，当然也得益于视保险为崇高事业的几百万名保险从业人员的拼搏开拓。其中，有一个被称为"保险家"的管理者群体，在行业发展中发挥着不

可替代的"领军人物"和"推手"作用。

顾名思义，保险家就是保险界的企业家，是具有社会责任和专业价值追求的企业家群体。提出中国保险家这个概念，缘于2013年初，《中国保险报》想通过客户端将保险业公司高管联系起来。取个什么名字能吸引大家呢？我有感于当时保险社会形象欠佳而提出，既然社会上有作家、企业家、银行家、金融家，为什么作为很专业、很国际化的保险业，不能有保险家呢？大家一听都说好，对提升行业形象和从业自尊非常有利，一致赞同设立中国保险家咨询委员会，定位为由关注中国保险业改革与发展、热心保险行业形象传播与提升的保险机构高管和知名专家组成，就是要打响"中国保险家"这个高价值品牌。

由于保险在我国基础弱，起步晚，发展快，保险家是行业发展的稀缺资源。记得当年我任《中国保险报》总编辑时，于2003年12月10日亲手编发了一家著名保险公司的老总的文章，题为《培养和造就大批企业家》。文章开门见山，"现在公司最缺少什么？我觉得其他什么都不少，只缺少两样东西：第一是企业家；第二是创新精神。"企业家的基本素质主要有三条：一是有思想；二是有胆识；三是有魄力。现代化公司的高管除了当好一名真正的企业家外，还应该学会做一名政治家，基本素质也有三条：一是有气度；二是有风度；三是有眼光。文章作者呼吁保险公司的高管，既应该成为企业家，更应该学会成为政治家。我很赞同这个高标准，认为保险家必须是敢创新、懂专业、讲政治、顾大局的高素质人才。在保险行业面临社会转型发展和互联网挑战的今天，拥有一大批极具创新进取精神和政治定力的保险家，是坚守互帮互助、扶危济困的保险本质，推动行业转型升级的关

键所在。

一晃十三年过去了，保险业成长为持续快速增长的"高大上"金融服务业，涌现出一批"大而不能倒"的全球著名保险公司，催生了更多辐射社会各个层级、各个领域的保险机构、保险产品和保险服务。在这个充满机会和挑战，竞争日趋激烈的新兴市场上，一大批保险家抓住政策机遇，借鉴国外成熟市场经验、整合各种资源，锐意改革，不断创新，建立和发展了一个个现代意义上的保险企业。他们中的大多数人，以生命热忱和专业精神经营保险事业，创造了保险史上的一个个奇迹。在他们身上，凝聚了创新、专注、责任和担当的企业家精神，释放出服务国家和社会发展大局的大爱情怀。这是推动中国保险业健康前行的原动力和正能量！

为发扬保险家精神，探究保险家的思想，见证保险业变革的足迹，《中国保险报》作为中国保监会主管的行业舆论主阵地，在2015年5月推出《中国保险家周刊》。同年11月创办了《中国保险家》微信公众号，分享保险家的精彩观点。2016年初，创建了《中国保险家决策参考》，为保险家提供更开阔的视野。

《中国保险家周刊》聚焦于保险业中那些行走在变革前沿的保险家们。文章写作都经过了与保险大咖的深入对话，以及扎实的外围采访；不停留于表面，而是深入挖掘保险家的内心世界及企业的转型故事，力求把握时代的脉搏。到目前为止，《中国保险家周刊》已经在行业内外建立起广泛的影响力，在网络渠道也得到了大量转发和关注，成为保险家群体喜爱的一个交流平台。值得一提的是，《中国保险家周刊》的两位编辑赵辉和杜亮，也是本书的两位作者，多年来热衷于企业家故事的讲述和企业家精

神的挖掘。此次他们将这种经验复制到保险家身上，可谓水到渠成。

《中国保险家崛起》一书，汇集了《中国保险家周刊》自2015年5月21日创刊以来封面文章和重要文章中的精华，从刊发第一篇文章《蔡强"拆墙"——专访友邦中国CEO蔡强》，到《从"大个险"格局到拥抱数字化生态——专访中国太平洋寿险董事长、总经理徐敬惠》、《轮椅上的二次创业——专访合众人寿董事长戴皓》、《从"利润增长型"迈向"价值成长型"——专访华泰保险集团董事长兼首席执行官王梓木》，再到《逐浪之巅：泰康保险的互联网战略——专访泰康集团总裁刘经纶》，读者可以感受到一个个保险家的鲜明性格、厚重的转型故事、令人感慨的奋斗历程。这本书就像一面镜子，映射出保险业变革的价值取向。

今天，保险业的发展正处于一个前所未有的大时代。在风险跨国界流动的今天，中国经济社会发展比以往任何时候都需要保险保障。保险业发展需要成熟的保险家，保险家精神将是创造这个时代最活跃的力量。让我们阅读此书，与保险家一起，见证正处于黄金机遇期的保险大时代！

中国保险报业股份有限公司董事长　赵　健
2017年1月5日于北京吴家场路51号

序二

　　尽管保险在中国已经存在了两百多年，但作为能够在国家生产和生活中充分发挥损失补偿和经济给付作用的一个产业，则是在国家改革开放之后开始出现的事情。短短 40 年，中国保险业从无到有，从小到大，成功复业，快速成长。目前保费收入规模有望位居世界第二，成为名副其实的保险大国。在保险发展历史上，中国被称为奇迹。荣耀的原因何在？除了受政策红利、监管引领和宏观经济等因素影响之外，一个重要原因是全体保险从业人员的努力拼搏，尤其是那些将保险视为终身事业的保险家。从一定意义上来说，正是由于这些保险家的崛起，方才成就了中国的保险大业。时下，当人们谈起中国的保险市场，不能不想到平安、泰康和合众等不同发展阶段的保险公司。同样，当人们提及平安、泰康和合众等保险公司时，又不能不提及马明哲、陈东升和戴皓等境界高度一致的保险家。这些代表保险企业精神的保险家是中国保险业发展的一个历史名号，是中国保险业发展的一种历史记忆。

　　《中国保险家崛起》首次提出保险家这一概念，有着特定的意义，它不仅会集了当下 20 多位保险家的故事，让广大读者认识和了解他们的保险情结，还倡导了中国保险家的精神，让社会大众熟悉和了解保险家及其所从事的事业，以及他们为社会所作出的非同寻常的贡献。

　　何谓保险家？保险家首先是一位企业家，具有一般企业家所具有的精神和品格。《中国保险家崛起》书中记载的保险家来自不同的领域，有着不同的职业背景，既有实体经济的领导人，也有下海经商的政府官员；既有国有企业的管理者，也有民营企业的管理者；既有本土成长起来的保险新秀，也有学成归来的海外精英等。虽然出身各异，但是在充满机会和挑战、生机与活力的中国保险市场上，他们能够抓住机遇，整合资源，大胆创新，锐意改革，创建起一个个多姿多彩、活力四射的现代保险企业。这些保险家所体现的企业家精神，具有宽广的胸怀、持续的激情、百折不挠的毅力和持续创新的能力。他们是中国保险业市场化改革的亲历者与推动者。

　　其次，保险家是一位社会企业家。《如何改变世界》的作者戴维·伯恩斯坦对社会企业家的定义是："为理想驱动、有创造力，质疑现状、开拓新机遇、拒绝放弃，构建一个理想世界的人。"与其说保险业是一种一般的商业企业，不如说它是一种特殊的商业企业。因为保险业的经营目的，不仅仅是为了盈利。除了盈利，还要有解决社会问题的担当。故此，保险家本质上是一位社会企业家。作为社会企业家的保险家，需要用商业的眼光看待社会问题，用商业的规则解决企业问题，包括需要解决什么样的社会问题、解决问题的方案是什么，以及解决方案的可行性等。保险家之所以引起社会关注，一是强调理想的现实性。当保险家背叛传统的保险理论，推广小额保险给贫困人群的时候，不仅是在帮助穷人本身，还是为全面建成小康社会作出了一种现实性的探索；二是对非盈利目标的追求。保险企业既不等同于传统商业企业，但也不等同于一般的非营利组织，它强调的是以商业

化的手段去实现更广义的社会价值。保险家是保险业的领军人物，为保险业发展开疆拓土，承载着保险业的责任与担当。马明哲、陈东升和戴皓等保险企业掌门人之所以受到社会尊重，因为他们不仅是企业家，还是保险家，是社会企业家，承担着与一般企业家不同的社会责任。

《中国保险家崛起》一书记载的保险家只是现代保险历史中的一部分，历史还在延续，记载没有止步。国家需要更多的保险家，期盼更多的保险家涌现在即将到来的中国保险时代的前沿。

武汉大学风险研究中心主任、教授、博士生导师　　魏华林
2017年2月2日

群星闪耀时
——致中国保险家

"一个真正具有世界历史意义的时刻——一个人类的群星闪耀时刻出现以前，必然会有漫长的岁月。"斯蒂芬·茨威格在《人类的群星闪耀时》一书中说道。从20世纪90年代到现在，中国的保险史正是一个群星闪耀的时代。随着市场经济大潮席卷中国，保险业开始迸发出惊人的活力。这段时期，出现了这样一群人，他们筚路蓝缕，劈荆斩棘，勇担责任，上下求索，通过改革创新引领中国保险业全速前行。

他们有的是"下海"官员，有的是初涉保险业的民营企业家，有的则是执掌大型国有保险公司的领军者，等等。虽然他们出身各异，但是在这个充满机会和挑战，在这块迅速增长的市场上，他们抓住政策机遇，引入国外经验、整合各种资源，锐意改革，大胆创新，建立和发展了一个个现代意义上的保险企业。他们敢冒风险，并以生命的热忱经营自己的事业，推动中国保险业的市场化改革进程。

在他们身上，我们可以看到这样一些特质：梦想、创新、专注和担当。一言蔽之，他们是一群具有企业家精神的人。在这里，我们不妨用"保险家"称呼他们。

当历史迈入今天，在这群中国保险家面前，正展开一幅充满

广阔机遇的壮丽图景，从保险业"新国十条"推出，到李克强总理鼓励大众创业、万众创新……于是，他们有了更为广阔和更具纵深的舞台施展自己的才干。在可以预见的保险业黄金十年，他们厉兵秣马，梦想飞扬。

《中国保险家周刊》的推出，承载的正是如下使命：记录保险家们的成就，分享保险家们的经验，探究保险家们的思想，传颂保险家们的精神。这里将是保险家们交流实战经验、探索未来大势的一块精神园地。

目录

▶中国太平洋寿险董事长、总经理　徐敬惠

从"大个险"格局到拥抱数字化生态

——专访中国太平洋寿险董事长、总经理徐敬惠

赵　辉　　杜　亮

> 有人认为，如此体量的寿险企业的掌门人提出这样的思考，无疑是经过深思的，这将是寿险业未来转型的风向标。

"对寿险业而言，数字化的变革必将确立以客户需求为导向、以精准服务为核心的新的商业模式。在新的商业模式下，寿险公司取得竞争优势的关键在于构建并主导跨界融合的大寿险生态圈。"

"过去商业活动由企业端发起，向客户端辐射，未来客户端将主导商业活动。客户需求以高频率、碎片化态势向企业端辐射，企业需要迅速捕捉和识别客户的需求，提供精准服务。"

在最近的一次演讲中，中国太平洋寿险掌门人徐敬惠提出了他最新的战略思考——"寿险业数字化变革：以精准服务驱动供给升级"。

此时恰逢太平洋寿险"大个险"战略转型成效斐然之时。2015年，太平洋寿险实现保费收入1085.89亿元，其中个险保费占比较上年提升11.5个百分点，至84%，个险新单保费大增，为61.2%，推动新业务价值增长37.8%。

当业界目光都集中在太平洋寿险"大个险"业务格局形成的不凡成就，并将其视为标杆时，这个体量巨大的寿险公司的掌门人却似乎在跳出地心引力，触摸星空，描绘出一幅未来寿险业的数字化变革图景。

有人认为，如此体量的寿险企业的掌门人提出这样的思考，无疑是经过深思熟虑的，这将是寿险业未来转型的风向标。

实际上，一个企业领导者的战略思考往往源于其经历、个人特质、企业发展历程，是一个逐步演进的过程。

从2010年接掌太平洋寿险，实施"大个险"战略转型，到着手进行数字化战略转型，徐敬惠走过怎样的心路历程？他是如何思考的？

为此我们在上海对太平洋寿险掌门人徐敬惠进行了专访。太平洋寿险总部坐落于上海最繁华的金融中心——陆家嘴。4月的上海已近初夏，清晨微微有些凉意。在摩天大厦之间，可以看到穿职业装的上班族们行色匆匆，焦急的眼神中映射出这个大变革时代金融白领们所面对的压力。在交银大厦里提起变革心路，徐敬惠侃侃而谈，浮现在我们眼帘的是自然流露的镇定与从容。

数字化战略：走向未来

数字化生态下，寿险公司就是要编织触达和服务客户的"天罗地网"。"寿险公司通过构建数字化生态系统形成'圈对点'模式，与客户生活方式无缝衔接，才能在第一时间捕捉和识别客户多元化和个性化的需求，以最短的路径传导给相应的服务终端，从而为客户提供精准化服务。"徐敬惠非常推崇太平洋保险集团董事长高国富"顺势、明道、优术"的观点。从认清这一大势，到为之布局，徐敬惠经历了亲身的体验，形成了系统的思考。

■■■ 撬动大数据

"寿险业的转型与升级一定是创新驱动的。"徐敬惠本人对于创新模式与技术非常关注。2005 年，他负责太平洋保险集团万能卡中心时，曾到欧洲的一些公司考察。他发现一个现象：保险单独销售时，消费者的主动购买意愿很弱，但若与实际场景关联，消费者的接受意愿就会增强。

他在欧洲的超市里，发现一些分期付款的冰箱产品附带着保险，保障冰箱使用中可能引发的人身伤害所需的医疗费用，以及一旦消费者因为事故和疾病失去工作后，后续需要分期付款的费用。那么消费者是否愿意为之埋单呢？徐敬惠亲自做了个小调查，他问消费者是否知道其中的保险，结果发现消费者是完全主动购买该保险的。这带给徐敬惠深刻的触动："保险一定需要和消费者的消费与生活场景联结，才真正有效。"

在负责太平洋保险集团万能卡中心的同时，徐敬惠还兼管集团的电子商务部，这段经历让他对数字化趋势有了切实的触摸。考察和研究国外的许多创新模式和公司后，徐敬惠发现"保险公司的科技含量越高，稳定性、前瞻性和持续性就越好"。

数字化成了徐敬惠拥抱未来科技的抓手。在徐敬惠看来，互联网只是工具，数字化才是支撑转型的技术。谈到数字化，自然离不开大数据。"日渐成熟的大数据技术为细分客户奠定了基础，多数寿险公司已经开始尝试基于存量数据和内部数据挖掘的客户经营。远期看，人工智能、认知系统和生物识别的发展，以及大量外部生活场景数据的交互融合，将为精准服务带来突破。"

2015 年，太平洋保险集团董事长高国富提出"数字太保"战略，从基础数据与流程等方面实施大数据时代的转型策略。而在此前，太平洋保险集团已经着手相关布局，集团层面实现了数据大集中，并在此基础上描绘客户脸谱，推出了多款移动服务产品。

徐敬惠是"数字太保"战略积极的响应者。在他看来，传统的经营方式根本适应不了信息化的最新进程。"我们目前的阶段大都只是一个电子化的过程，将人工操作搬上电脑，实际上信息没有打通，它是不智能的。"

作为太平洋寿险的掌门人，徐敬惠非常关注大数据给寿险业带来的精准营销机会。"当数据集中后，我们能够从数据中发现什么东西？如何根据不同的算法刻画客户脸谱？如何根据不同的脸谱提炼不同的需求？如何更有针对性地提供服务和推荐产品？"

他认为，每个数据背后都是客户故事。"比如，我们发现有些客户只为孩子投保，他为什么只为孩子投保？他背后肯定是有逻辑的。还有一些女性客户，投保时不是为自己投保，而是为她的先生投保。她背后的故事是什么？"

通过以上这些只是"果"的数据，徐敬惠希望看到更多"因"的数据。产品的数据要与生活、场景、交易的数据进行交互，为此太平洋寿险正积极与外部大数据公司、互联网公司合作，以积累更多客户的生活与消费场景数据。

徐敬惠相信，"在数字化时代，保险公司借助数字化新技术，延伸服务边界，丰富客户触点，实时捕捉和响应客户需求，针对不同场景和个性化需求量身定制解决方案，实现对客户更加精准的服务，将成为寿险业数字化演进的趋势。"

更精准的服务意味着什么？意味着产品与服务的对路。"硬推给客户一个根本不需要的东西，这样做是无效、浪费、骚扰客户。"精准的基础是大数据带来的洞见与更模块化的产品。

"我们的产品都是可组合的，比如我们有一个产品叫幸福魔方，根据不同的客户需求，我们把它组合起来，形成一个产品计划，然后为他分析支付能力。"徐敬惠介绍。

在这些方面，太平洋寿险进行了持续的投入。目前，从成功推荐率、客户加保率等数据看，太平洋寿险居于行业前列，"一个客户、九张保单"的故事正在太平洋寿险精彩演绎。

营销与服务数字化

大数据远远不是数字化的全部，在徐敬惠眼中，营销和服务的数字化是寿险业另一个重大机会，"这意味着客户体验和效率的极大提升"。

在寿险业耕耘多年，徐敬惠对于寿险的痼疾有着切肤之痛，"近年来行业大力推动转型，实施客户经营，较过去粗放式的经营有了明显的改进，但是仍然存在着企业本位、触点不足、服务不周、客户体验不佳等痛点，未能有效地满足客户需求和提升客户体验，导致客户黏度低。"

让徐敬惠深受触动的是，一家咨询公司的调查显示：保险机构平均每年与每位客户的接触不足两次。

在徐敬惠的眼中，数字化时代的服务和销售将破解这一难题。"因为数据化的特征是互联互通，具有数字基因不需要有这么多成本和这么重的资产，这将带来效率提升与客户体验改善的双赢。"

在推动太平洋寿险价值成长转型过程中，服务和销售的数字化与智能化成了徐敬惠驱动转型的抓手。

为此，太平洋寿险建成了业内首家以移动互联技术落地应用为标志的专业化移动应用实验室——中国太保移动应用实验室，充分运用大数据、云技术、互联网平台、移动终端、社交媒体等新技术，实现线上线下一个客户、多个产品、多个界面的服务，打造出以"神行太保"和"中国太保"为两大支柱的企业级智能移动保险生态系统。

太平洋寿险率先推出电子签名、电子保单、电子发票、移动保全，以及人工智能的好声音回访。2011年，太平洋寿险开发并开始使用"神行太保"智能移动保险平台，通过代理人在手机端或iPad上的操作，为客户提供7×24小时"随时随地"咨询、投保、交费服务。

"这样一来，不仅能够避免销售误导，更能大幅度简化代理人的工作，提升效率。"一位太平洋寿险营销人员说。

之前，客户投保往往需要7～10天，但通过在"神行太保"移动保险平台的简化操作，客户在不到15分钟里面，就可以完成电子化投保，目前"神行太保"已经成为太平洋寿险代理人的标配。依托强大的后台业务规则引擎,"神行太保"可以为客户实时推荐"量身定制"的"优选保障方案",实现徐敬惠所说的智能化。

除此之外,客户可以通过"中国太保"微信服务号实现理赔、查询、保单贷款、信息变更等全流程自助服务。截至2016年第一季度,"中国太保"微信服务号粉丝数突破600万人,其中460万人是拥有保单的绑定客户。

"关注客户需求,改善客户界面,提升客户体验。我们始终在这个目标下探索着。"徐敬惠说。

为了让太平洋寿险的服务融入客户的生活场景。2015年个人业务渠道策划开发了E锦囊(线上保险体验的O2O工具)、快乐果园(客户在线参与活动、预约及投保的平台)等多种形式的互联网工具及"孝心接力"、"爱要大声说出来"等活动,以各类生活场景为切入点,辅以丰富有趣的活动及内容,将线上客户获取与线下客户拜访相结合,有效推动各项活动及工具的落地实施。截至2015年底,880万名客户参与了上述线上线下活动。

数字基因的打造

"在数字化时代,任何产品和模式都要以数据逻辑为支撑,一切都要以数据说话。"徐敬惠将之总结为"数字基因"。他认为,无论是大数据的应用,还是服务与销售的数字化、流程的数字化,背后都是组织数字基因的打造,而这将是对传统公司的颠覆。

"比如,评判一项业务是否赚钱、是否有价值,不能只凭借个人的经验和主观判断,而是需要一个大家都认同的数据逻辑支撑。"

而组织数字基因打造的关键点是组织内部各个部门及内部与外部的互联互通。"数字基因不是信息孤岛,而是内部各个板块与外部各个生活场景的打通,这样你才能触达各个生活场景的用户。"

有数字基因的组织是什么样子的?徐敬惠有着自己的憧憬:"也许未

来，经营者面对的就是一个特斯拉的驾驶仪表盘，驾驭好这个公司只需凭借一串简单的展示就可以。"

以客户需求为中心：寻求原点

一位寿险业资深人士指出，要成功实现数字化战略转型，前提是能走上以客户需求为中心的价值型成长之路。

换句话说，没有以客户需求为中心的经营模式和思路，数字化战略就失去了方向，精准服务就成了盲人摸象。

让我们把镜头再拉长一些，看一看太平洋寿险践行的由太保集团自2011年以来提出的"以客户需求为导向"的战略转型以及所取得的不斐成果。

"大个险"格局形成

"6、7、8、9四个数字，足以说明寿险的转型是成功的。"这是太平洋保险集团总裁霍联宏对太平洋寿险2015年业绩的总结。

"6"是指2015年个险新保增速61%，远高于上市主要同业平均水平；"7"是指新保业务占比达到76%；"8"是指个险业务在总保费中的占比达到84%；"9"是指个险新业务价值占比达到96%。

目前，太平洋寿险个险保费收入已经超出了排名前列的另外两家大型寿险公司之和，而且从2010年起，呈现出连年增长、业务结构持续优化的态势，太平洋寿险的"大个险"业务发展格局已经形成。这种格局是诸多大型寿险企业所向往和追求的，因为个险渠道避免了银保渠道日益高昂的手续费，并且已经成为期缴产品的主要阵地，后者对于保险公司而言，其业务价值是趸缴产品远远无法相比的。"得个险者，得天下"已成为业内共识。

启蒙之路

时间回到2010年，徐敬惠初任太平洋寿险掌门人后的第一次表态：

"寿险公司今后要坚持价值的稳定增长，要聚焦营销、聚焦期缴。"而在那时，银保渠道的趸缴产品已经成为寿险公司冲击规模最主要的战场。

上任伊始，就敢于逆流而动，意欲何为？其实在徐敬惠的心中方向早已明确，这源于太平洋保险集团财险、寿险分业后的一段职业经历。

2000年，太平洋保险实施财险、寿险分业经营，徐敬惠来到了寿险公司，担任常务副总经理，负责办公室和财务、稽核工作，在这期间，学到了一些寿险基本原理。当时，从国外寿险公司请了一个有精算背景的华人高管，这个高管定期讲课介绍寿险经营的基本原理。徐敬惠得到了这方面的启蒙。

回忆起这个阶段，徐敬惠还记得当时整个公司对于寿险业营销文化的排斥。"当时整个公司的文化还是以财险为主导，对于营销文化不接受，营销员甚至不能进入公司，更无法和高管进行深入的互动。对于他们充满激情的晨会，我们的高管很不适应。"

2004—2005年，随着寿险业的高速增长，公司资本金补充遇到了很大障碍，为此太平洋寿险引入了美国最大的私募基金凯雷投资集团。随着外资的进入，投资者将成熟市场寿险公司的经营经验和规律带入，凯雷还设定了一些业务指标来牵引公司的发展，这时太平洋寿险的业务团队对于寿险企业的价值有了朦胧的感觉。此时徐敬惠已经调到了集团总部，负责电子商务部和万能卡中心。

2006年，徐敬惠肩负重任，负责集团整体上市工作。2007年底，中国太保A股上市成功；2009年底，中国太保在香港成功上市。在此过程中，徐敬惠深刻理解到股东和市场化投资者到底要什么，"就是价值的持续增长"，"寿险公司的基石在于长期经营和持续稳定增长"。

聚焦个险的期缴

"在当时，大家对于寿险业的价值增长认识还处于初级阶段。大家认为，聚焦营销意味着个险业务非常重要，要把资源集中到个险业务上。但是聚焦期缴呢？很多人认为银保业务还是要的，只是不做趸缴。"徐敬惠回忆道。于是太平洋寿险推出了一些新型期缴业务，将此前趸缴的理财型业务变成保障型和储蓄型业务。但是这种业务让产品变得很复杂，需要公司帮着银行的柜员销售，投入和产出不成比例。

恰逢2010年银保新规出台，规定保险公司在银行的业务不能驻点销售。这对于银保业务占据总保费60%以上的太平洋寿险是非常沉重的打击。令徐敬惠印象深刻的是，当时他去几个银行网点看到底发生了什么，业务的下滑让他倍感震撼。

这些让太平洋寿险的领导班子认识到个险才是太平洋寿险价值增长的源泉。所谓期缴，更应该是聚焦个险业务的期缴。徐敬惠决定要进行大规模的业务结构调整。2011年，趁着董事会换届、市场化招聘经营委员会的契机，在徐敬惠主导下，太平洋寿险的组织架构与经营班子进行了较大的调整，大幅加强了在个险渠道的资源配置。相比陌生拜访、死缠烂打式销售等传统销售方式，个险渠道的改革更趋向于顾问式、服务式营销。而在这个阶段，对于银保渠道，太平洋寿险则重新定位，不再要求银行渠道通过"产说会"等传统方式获取保费，而要求银行渠道提供大量客户进行个险二次开发。"今后银行渠道的工作重点是获取客户。"2012年，徐敬惠在接受一家媒体访谈时曾指出。

此时个险渠道成为太平洋寿险战略的重中之重。随后个险收入逐步上升，增长态势持续在业内保持领先。

作为一家上市公司的子公司掌门人，在聚焦个险的转型中，徐敬惠感到了很大的压力。因为减少在银保的资源投入，对于当时银保业务占大部分的太平洋寿险而言，意味着保费规模增长的迟滞乃至下滑。如何面对股东的质疑？徐敬惠守住了一条底线，一定要实现保费正增长，哪怕实际只是零点几的增长，"也算是对股东有了交待"。

双翼齐飞

随着银保新规的实施，银保渠道竞争的日益激烈，个险渠道成了香饽饽，很多保险企业领导者言必称个险，似乎只有这样做才是唯一的阳关大路。但对于徐敬惠而言，保险公司价值成长的希望不仅仅在个险，他心中正酝酿着一盘更大的棋。令业界侧目的是，2014年太平洋寿险又一次进行了大规模的组织变革，将过去八大条线的平行架构调整为三大块，分别为个人业务、法人渠道业务及共享平台。

其中，银保等渠道业务、企业员福（企业员工福利保障）和政保合作业务并入了法人渠道业务；所有一对一的销售，包括电话销售、代理人销售、服务营销和顾问营销调整到个人业务；两大业务体系之间共同的后台服务归属共享平台。

徐敬惠阐述了这种调整背后的逻辑："这就是按照客户的属性，将具有共同经营模式特点的渠道整合，实现更好的资源协同和分配，不仅仅形成'大个险'的格局，还将打造大法人的格局。"

在他的脑海中，法人渠道的转型与升级将成为未来业务的主攻方向。"双翼齐飞，而不是一大一小。"这很大程度上得益于"新国十条"在养老和健康保险方面的政策支持，法人渠道正好对接这种支持，把握政策机遇，养老和健康实行专业化经营、条线化管理，而短期险业务则是机构自主经营。

在打造法人渠道过程中，太平洋寿险参与到社会的保障、医疗体制改革中，徐敬惠将之视为太平洋寿险进入顾客生活的触点。"与这些改革相关的养老活动、健康、医疗、保健、护理等是今后重要的生活场景。"

展望未来，"随着法人渠道的不断升级与壮大，以后个人业务与法人业务要高度战略协同，形成'大寿险'格局"，共享平台则是"大寿险"格局的杠杆。2015年太平洋寿险保费收入为1085.89亿元，同比增长10.0%，"大寿险"格局正在形成。

至此，从个险，到"大个险"、"大法人"、"大寿险"，徐敬惠对于寿险企业价值能力的理解不断系统化、深入化，而太平洋寿险的价值型成长之路也越走越宽阔。

顺势而变

"有一位客户退休以后带着家人去美国，结果被撞了。撞了之后，我们能够提供国际紧急救援，很快把他送上飞机，提供治疗，然后送回浦东机场，在他的飞机舱位里还拆掉了几排椅子，他平躺着回来了。整个过程，他说自己简直享受了总统般的待遇。"

徐敬惠提到的这个案例，是"以客户需求为导向"战略转型中的一个生动故事。

徐敬惠曾撰文指出："伴随市场环境的深刻变化，我国的保险市场正在由卖方向买方转化，客户已快速崛起成为重要的市场力量。居民财富增加、人口老龄化、城市化进程以及社会保障体系改革正在催生多层次、多样化的保险需求。不难看出，未来'产品销售导向'将难以为继，加快推进以客户需求为导向的发展转型将是大势所趋。"

太平洋保险集团"以客户需求为导向"的战略转型实施后，太平洋寿险弱化撒网式的推销，对其客户进行重新分类，根据目标客户群的成长轨迹，将客户生命周期划分为"幼儿期、成长期、成年期、老年期"四个阶段，根据不同阶段配置不同需求的产品，形成了"人生四季"产品系列。这种分类构成了后来太平洋寿险大数据客户分析的基础，让"一个客户、九张保单"逐渐成为现实。

在近些年太平洋寿险的经营中，徐敬惠发现了两类客户需求正变得极为旺盛，"一是出行的意外保障，二是对健康保险的需求"。为此，2015年太平洋寿险相应推出了综合多种意外伤害保障的"安行宝"，提供免体检、高保障的防癌险"爱无忧"，以及将防癌保障扩展至老年人的"银发安康"等产品。

那么数字化时代，如何以客户需求为中心？徐敬惠指出："客户是商业活动的核心，企业从客户视角考虑客户的需求，并与时俱进地应用数字化技术满足消费者的真正需求，不是推销更多的产品，而是让客户感受恰到好处的服务体验，与客户自然地建立长期持久的信任关系，形成供需实时交互、动态均衡的高级商业生态。"

徐敬惠透露，未来将在现有"中国太保"微信服务号的基础上，自建"太平洋寿险"APP，通过"太平洋寿险"APP与"中国太保"微信服务号的有机结合，打造支撑"数字太保"转型和变革的战略平台，实现与客户间端到端的交互。

转型心得

"这么多年的转型实践，首要的一点是要遵循规律。"徐敬惠说。五年的转型，徐敬惠面对着同业规模竞争的压力、高速成长的诱惑、创新路上的质疑，遵循规律需要非常强的定力。徐敬惠的定力来自何方？

"我跟同业几个大佬交流，有的认同转型这样一个策略。但是也有人提醒我：'老徐，你再想一想，银保业务还是有价值的。'我说：'当你真正成为一个寿险公司的掌门人和经营责任人的时候，你会重新审视这个观点。'"

"第二要把握趋势，趋势是潜在的，是市场的方向。"但是如何把握规律，把握趋势？"在这个过程中，我始终在考虑的是转型和创新，把握发展规律，没有转型和创新是不可能实现的。"

徐敬惠非常喜爱阅读的一本书是管理学大师彼得·德鲁克的《有效的管理者》，他坦言这本书对他影响很大。其中，他特别推崇"管理者的价值在于效率"这一观点。"太平洋寿险的转型最终结果是要体现效率与成本的优势。"徐敬惠认为，"传统服务模式下，客户服务成本高企，客户满意度却在下降。在数字化时代，精准服务模式的构建需要寿险公司采取全新的思路和变革措施，只有改善供给效率，控制服务成本，精准服务才能实现。"

在访谈中，"效率"这个词出现了不下十次。"方向的把握，方法的应用，方能最后得出方略。"在徐敬惠心中，迎接数字化时代的方向已定，接下来要看太平洋寿险怎么走下去。让我们拭目以待。

▶中再集团董事长　袁临江

战略先行　中再谋变

——专访中再集团董事长袁临江

赵　辉　杜　亮　叶珏珑

> 中再要变，但是如何动起来？在袁临江看来，关键是要有一个清晰战略的引领。

从北京地铁阜成门站步行500米，就到了中再大厦，这座高达25层的大厦矗立在繁华的金融街入口，在秋日午后煦暖的阳光辉映下，庄严而雄伟。

如果说中国人保是共和国保险业的长子，中国再保险集团（以下简称中再）当之无愧地是共和国再保险业的长子。自1996年中再成立以来，在国内再保险市场中，中再是民族再保险的唯一代表，其国内市场份额稳居第一。伴随着保险业的高速增长，中再已成长为近千亿元保费收入，下辖五家境内子公司和两家境外子公司，在海外分布有上千个业务伙伴的跨国保险集团。在国内保险业的发展中，作为唯一能够和外资抗衡的国内再保险公司，中再撑起了再保险市场的一片天。2015年，中再作为唯一的本土再保险集团在香港上市。此时的中再风光无二。如果用"扛起民族再保险业的大旗"这句话来形容它，最恰当不过了。

但同时，伴随着中国保险业的强劲增长，在外界市场环境的剧烈变化下，中再的领导者地位面临着强有力的挑战。不断开放且充满想象力的再保险市场正吸引着各路英豪，外资巨头正强势进入中国再保险市场。仅在2013年，慕尼黑再保险、瑞士再保险、汉诺威再保险、法国再保险四家公司在华再保险保费收入合计就已经达到人民币478亿元，超过了当年中再人民币475亿元的国内市场再保保费收入。在技术领先和运作成熟的国际巨头的争抢下，2014年以来，中再在国内的市场份额进一步下降。

国内各路资本也在大举进军这个市场，2015年，中国保监会先后批复了太平再保险、人保再保险和前海再保险，引入更多竞争主体。目前，包括亚太再保险、华宇再保险、天圆再保险等在内的25家公司正在排队申请再保险牌照。随着竞争的日趋白热化，人才的争夺正成为下一场战争。作为国内再保险市场的领导企业，中再培养出的专业人才使新进入者们垂涎三尺，一些高管人才被挖走，人才流失正成为中再不得不重视的问题。

刚刚推出的"偿二代"也对中再业务产生很大的影响，虽然从长期来看，"偿二代"能够推动保险市场的风险管理更精准、更科学，但是从短期而言，"偿二代"的推行释放了保险公司的大量资本金，降低了分保需求；同时在保险公司需求变化的情况下，再保险市场的业务结构从比例分保为主向非比例分保转移，这些新变化都提升了对再保险公司技术与专业能力的要求。中再的市场空间受到严重挤压。

在一系列强有力的挑战下，中再的传统竞争优势受到挑战，此时集团高管层的压力不言而喻。用袁临江董事长的话说："我们的市场份额不能再往下降了，否则谈何国家队主力军？"

2015年10月，中再集团在香港联交所挂牌上市，作为一家上市公司，正面临更苛刻的治理结构、信息披露要求，也直面投资者强烈的绩效诉求，这些都对中再构成了全新的命题。

变则通，通则久。所有这一切，都在呼唤中再原有的业务模式、管理模式、组织体系的全面变革。

改变从制定战略开始

2016年4月到6月，正值春夏之交，每当夜深人静，金融街已在星光下悄悄地沉入了梦乡。在柔和月色的掩映下，中再大厦2416办公室灯火明亮，这里不断传出激烈的讨论声，似乎在酝酿一些重大的事情。

决定中再未来的 "一三五"战略规划正在这里酝酿，这个中国再保险的巨人正在谋变！

2016年3月，袁临江初到中再，中再内部变革的呼声非常强烈，但是头绪纷乱繁杂。"子公司和各部门反馈各式各样的意见、思路和想法，哪个该干，哪个不该干，如何理出次序，很难评判。"到任之后，袁临江用20天时间，走访调研了集团公司所有部门和子公司，令袁临江没有想到的是，仅仅一轮调研就梳理出了87个问题。

中再要变，但是如何动起来？在袁临江看来，关键是要有一个清晰战略的引领。此时恰逢中国迈入第十三个五年规划的全新周期，保监会正在紧锣密鼓制定行业"十三五"发展规划纲要，从这个点切入，他领导团队，聘请咨询公司，启动中再战略与组织架构咨询项目。这个项目得到了集团全体子公司及各个部门的广泛参与，历时100天，经历了上百轮访谈，220场研讨会，不断讨论、细化、深化、打磨与论证，逐步凝聚共识，最终形成了中再全新的"一三五"战略规划。值得一提的是，这个战略的制定还伴随着相应的组织架构、人员体系、授权体系、制度体系调整方案的梳理与落地。

"再保姓再"还是"综合金融"

"中再集团作为上市公司，要积极提高公司收益，更好地回报股东。

目前各行各业都在提'综合金融'概念，相对而言，再保险发展速度显得要更平稳一些。"袁临江说。的确，在今天，综合化金融已经成为一种趋势，一个个金融保险集团在不断涌现，寿险、产险、银行、证券、信托与租赁，无论哪种组合都意味着非常巨大的发展势能，以及极具想象力的资本溢价空间。

中再"一三五"战略规划讨论中，围绕着这个话题掀起了激烈的争论。许多人提出，再保发展速度和利润有限，在资本市场上缺乏说服力，应该大力发展直保，并逐渐向银行、证券业渗透，做保险产业链，乃至综合金融，把中再建设成为一个金融集团。

但也有人提出，中再的能力优势在于再保险而不是综合金融，冲刺综合金融无疑是舍本逐末。

那么中再是专注于再保险，还是做综合金融？袁临江对记者解释，中国保险业目前处于黄金机遇期，未来五年要翻一番，相应地，再保险市场的空间非常大。除了传统再保险市场空间外，作为处于转型中的国家，中国从国家战略高度需要再保险分散国家治理和经济社会发展的各类风险，在很多方面减轻政府和财政的风险兜底压力，这使得与国家战略密切结合的业务和政策性业务的发展前景巨大。因此，在现代保险服务业加快建设的过程中，国家对我们的期待是专注提升再保险能力，而不是发展综合金融；在服务经济社会发展、服务保险公司转型升级中，中再应该起到引领和助推的作用。特别是从历史上，中再是国家唯一的再保险集团，站在整个国家战略角度，需要这么一个再保险集团支撑中国再保险行业的发展，而不能让外资占领市场。

经过反复讨论，一步步理清思路，达成共识：再保险仍然是中再当前重点聚焦的领域。"一核心"是指以再保险为核心，坚定履行国家再保险职能，稳固国内再保险主渠道地位，增强在全球再保险行业中的影响力。受中国保监会项俊波主席"保险姓保"讲话的指引，袁临江将"一核心"总结为"再保姓再"，即集团近中期定位于以再保险为核心的综合性再保险集团。

那么"再保姓再"如何体现

站在服务国民经济全局高度，全力支持和服务国家战略，助力国计民生发展和社会治理完善，成为国家治理体系和风险管理体系建设的有力一环。

站在服务保险行业改革发展高度，发挥风险管理主渠道作用，向行业提供持续稳定的承保能力，输出产品技术和服务创新能力，实现直保行业与再保行业协同发展，发挥再保险对保险市场的创新引领作用，助力保险业转型升级。

站在民族再保险事业高度，增强在国内市场的主导作用，推动国际化战略发展，构建国内国际市场协同发展格局，进一步提升中国在全球再保险市场的参与度和影响力。

在资源分配上，中再将高度重视再保险发展，在资本、人才、技术上予以倾斜。

在"再保姓再"方向的指引下，中再调整集团内部业务架构，将原本由集团公司管理的国际财产再保险业务下放到由中再产险经营，实现国内和国际两个平台、两种资源的打通整合，推动国际新技术、新产品和创新人才反哺国内市场。

坚持"再保姓再"是否意味着忽视集团旗下已经步入快速发展通道的直保板块呢？今天，社会财富流向的趋势变化正蕴藏着巨大的机会，存量财富转移使得财富管理、养老与健康等保障需求大增，形成保险业发展的巨大增量市场，如果忽视直保业务的发展机遇，也许就会错过财富流向带来的机遇。为此集团还将围绕着再保险产业链布局，实现寿险与寿再、产险等的协同效应。

综合金融还做不做

综合金融已经成为一个国际潮流，自20世纪80年代起，经过被称为"金融大爆炸"的一系列改革，英国、日本、美国先后踏上了金融综合经营之路。以英国、美国、德国、日本为主导的西方金融业，共同推动着国际金融综合化浪潮。在国内，由中国平安等一批保险企业尝试发展综合金融模式，通过银行、证券、保险、信托等金融机构相互代理、交叉销售，高度集约化的共享平台，创造了强大的协同效应和广阔的发展空间。

袁临江认为，在这股国际潮流下，中再不能缺位。为此中再在"一三五"战略规划中提出：在远期逐步向以再保险为特色的金融保险集团迈进。

规模优先还是绩效至上

2015年，中再集团在香港联交所上市，上市后面对投资者强烈的绩效诉求，中再领导层感受到了沉甸甸的压力。对于一家上市公司，规模发展优先还是绩效至上，这是一个矛与盾的问题。很多公司在上市后，通过提升业绩来增强投资者信心，拉动股价上涨。对于上市股价不高的中再而言，这种需求尤为迫切。

那么，是规模发展优先，还是绩效至上？"目前，中再保费规模和资产规模都相对偏小，发展速度相对较慢，在保险行业竞争日益加剧、马太效应进一步显现的大背景下，有被边缘化的风险。我们一定要抓住现阶段的市场机会，把市场份额稳固下来，如果中再自己不发展，竞争对手就要进一步扩大发展，市场份额就会此消彼长，这是很现实的问题。""而资本市场也在关注中再的规模发展前景。"中再的领导层认为。

在"一三五"战略规划中，中再将发展当成了最核心的任务，提出作为上市公司，中再需要在风险可控、保证效益的前提下，加快提升发展速度，尽快壮大业务规模，持续扩大服务经济社会发展和民生保障，更好利用国内、国际两个平台，不断增强竞争力。

将发展放到首位也是基于中再的使命和市场环境的考虑。"从'十二五'到'十三五'，保险行业看待自身的角度发生了变化。'十二五'期间，保险行业还仅仅定位于金融行业，到了'十三五'期间，它变成了国家战略的一项支撑。原来保险业是'我要发展'，现在则是'要我发展'。为此，作为再保险行业的主力军，中再必须站在更高的高度，看国家需要中再做什么。"站在国家战略高度分析整个行业发展乃至整个社会经济体系的发展，会发现很多之前没有重视起来的业务潜力点和空白点，如"一带一路"战略推进带来的再保险需求等，将给中再带来广阔的发展机遇。中再必须大发展，占据相当的市场份额，才能巩固国家队、主力军地位。"'十三五'期间，保险市场仍处于增量市场发展阶段，在增量市场中谋求发展，难度小，这样的机会对于中再而言，非常宝贵。"

从中再的资产负债结构看，也为大发展提供了强力支持。截至2016年6月30日，中再集团合并口径的保费收入为503亿元人民币、净资产为701亿元人民币，负债率非常低，偿付能力充足。"不能让钱睡大觉，要运用好资金，发挥资本优势，选好突破口。"在大发展的思路指引下，中再将围绕保险产业链稳步推进布局。

如何大发展？就是要实现"三突破"与"五跨越"。

"三突破"是指要在创新、协同、裂变三个方面实现突破：一是在创新方面要加强体制机制和商业模式的创新，积极在国家治理体系及风险管理体系中发挥更大作用。二是在协同方面要提升直保和再保、产险和寿险、国际和国内、资产和负债之间的协同性。三是在裂变方面，要加快进入新领域，形成若干个新的经营主体，实现业务平台多元化的裂变效应。

"五跨越"是指中再集团在"十三五"期间要实现规模、布局、技术、组织和文化五大跨越。一是规模上实现跨越，在风险可控、保证效益的前提下，保持国内再保市场的主渠道地位，集团合并保费收入和可投资资产规模上实现跨越。二是布局上实现跨越，通过各种灵活方式，加快推进再保险领域的国内专业化布局和国际化布局，积极推进保险金融领域的综合布局，不断提升集团整体竞争实力和持续发展能力，实现跨越式成长。三是技术上实现跨越，在保险风险识别分析、产品定价、承保理赔、模型工具、风险管控、资本管理等方面实现技术革新，以大数据整合与应用等方向为突破口，支持业务发展。四是组织上实现跨越，中再集团定位为战略管控型集团，"抓两头、放中间"，不具体经营业务，打造精简、高效的集团总部，构建风险可控、确保合规、高效明确的决策和授权体系，全面激发子公司发展活力，有效应对市场竞争。五是文化上实现跨越，在集团系统推动和贯彻创新文化、合作文化、担当文化、包容文化。

要实现大发展，就必须提升中再的张力，让大象跳舞。那么如何提升组织张力？

将五指聚拢成一个拳头

中再过去拓展业务大多采取单兵作战的模式，主要由各子公司在各自专业领域和市场空间里谈业务，集团并没有进行太多的整合和协同。在这种作业习惯下，尽管中再在后端支持能力上很强大，但前端并没有形成合力，特别是再保承保团队距离市场仍然比较远。

在互联网浪潮的冲击下，客户正成为保险公司的核心资产，从产品经营到客户经营正成为一个新时代的标志，包括太保集团、中国太平等公司都先后走向了以"客户为中心"的转型之路。"客户协同"、"客户资源整合"、"客户体验优化"、"客户洞察大数据"已经成为今天保险企业运营的关键词。

目前，再保险行业正逐渐从比例保险向非比例保险转型，国际性再保险公司面向客户需求定制解决方案成为发展趋势，原有彼此分割的业务模式极大限制了中再的市场竞争力。"保险公司、机构客户的需求不仅仅是再保险，还会有金融、直保、投资等需求，关键是要有量身定制的解决方案。"

为此，中再 "一三五"战略规划提出，要高度重视对政府、重要企业机构等大客户的一体化服务。为了打破各自为政的局面，协同内外部资源，推动与机构客户在产品、服务、技术、投融资等方面开展深度合作，实现客户的深度开发，按照中再"一三五"战略规划要求，中再在集团公司层面成立了战略客户部，希望以此为契机，将五指聚拢，形成一个拳头。

战略客户部直接和政府、大型企业客户总体对接，关注它们的综合需求。中再为这个部门设置了专门的考核激励政策，在集团系统的统筹运作下，通过内外选聘，这个部门以非常快的速度完成人员配备，正式开展工作。"设立战略客户部后，集团希望可以走到终端客户面前，把客户需求带回来，然后协同各个子公司的资源，满足客户的需求，拉近公司服务与客户需求之间的距离。"袁临江说。

袁临江认为，大客户战略将充分整合中再现有的业务体系，带来乘数效应。"我们有再保险、产险、资产管理，乃至未来的寿险，一个大客户可能有再保险的需求、产险的需求、资产管理的需求，乃至寿险服务的需求，我们可以打包满足它们，既贴近客户，成本又低。"

在大客户战略的牵引下，为了满足客户的综合需求，中再可以在设计解决方案后，充分联合其他保险公司等合作伙伴，一起满足客户需求。"比如，我们在尝试通过这种方式，来解决央企海外投资的风险管理问题。"

从一个火车头到多个火车头牵引

中再"一三五"战略规划中提出：要加快进入新领域，形成若干个新的经营主体，实现业务平台多元化的裂变效应，把人才往市场延伸、前线延伸、国际延伸，从而带来新的利润增长点，促进体制机制和市场化创新。

作为一家发展稳健、长于技术的再保险公司，同一些动辄快速铺展机构、不断收购企业的保险公司相比，中再在国内外开设分支机构时一直比较审慎。但是今天面对快速增长的市场机会和竞争对手的拼抢，中再完全依赖内生业务扩展就显得有些力不从心了。如何提升自身的发展动力，迅速捕捉机会？中再给出的答案是围绕产业链条进行

"裂变"——从一个火车头的牵引变成多个火车头的牵引，在国内外裂变出更多的分支机构。"在机构裂变上，我们要派生出一些新的经营主体，成立新的子公司或分公司，机构不能局限在目前的机构布局，人员不能都聚拢在这座中再大厦里。"

2016年7月25日，中再集团新加坡分公司正式开业，成为中再进一步拓展国际业务布局的新跳板，推动中再对境外新兴保险及再保险市场进行前瞻性布局。

■■■ 抓两头，放中间

作为一家相对成熟的大型保险企业，中再存在着国有企业常见的机构复杂、多头领导、流程冗长、推诿扯皮、市场反应慢等问题。一位领导曾经抱怨："各种琐碎的事情，乃至一个财务数据都要找董事长来确认。"

今天，中再要奔跑起来，就必须向这种大企业病开刀。

怎么做？中再选择了做一台"组织手术"，将集团总部的组织调整作为切入口，改变总部的定位。中再的"一三五"战略规划中明确提出："集团定位为战略管控集团，'抓两头，放中间'，打造精简、高效的集团总部，构建风险可控、确保合规、高效明确的决策和授权体系，全面激发子公司发展活力。"

"抓两头，放中间"是中再进行"组织手术"的基本思路。"'抓两头'是指一头负责战略规划、政策制定、核心资源配置和文化塑造，在集团系统中具有引领性、全局性和共性的问题上充分发挥统筹协调作用；另一头负责督查督办、监控评估、动态优化和考核奖惩，为子公司提供规则清晰、导向明确的发展环境。'放中间'是指通过决策机制体制改革和授权体系完善放手经营，全面激发子公司发展活力，有效应对市场竞争。"

在这个战略构想中，优化授权体系是一个核心环节。"原来集团决策的链条长，很多决策的责任不够清晰。要通过优化授权体系，让各个层级担起相应的责任，事项明确到人，明确到时间表，各司其职，提升效率，缩短决策链条，这样逐级向下传导，整个体系的效率就会提升。"

在新的授权体系下，总部的组织架构也需要进行相应精简。在战略制定的同时，中再也启动了组织架构调整计划，成立授权、考核、组织体系、风险等专项工作小组。

组织结构上，集团总部的部门机构进一步精简，咨询项目结束后短短1个月，集团公司总部就将部门数量从17个减少到13个，处室从60个削减到46个，同时划清职责边界，将业务经营职能完全下放到子公司，做到业务经营上的责权统一。转变平稳完成，新组织架构在人员调整到位后马上就进入正常工作状态。

这种变革也意味着组织领导角色的转变，袁临江告诉我们，之前很多事项必须由董事长签字才能推动，现在在授权体系里，党委会议、高管会议、总裁办公会各自决策哪些事项，总裁、副总裁各自有什么审批权限，都得到了明确。"之前，一个部门上报，一大堆领导审阅，现在该谁签字就谁签。""在办公系统里原则上只可以填写'同意'和'不同意'两种意见，而不是意见到处飞，让下面的人猜半天。如果有需要沟通的意见，必须要进行提前沟通，达成共识。"

授权和监控是一个硬币的两面。授权充分虽然会带来极强的活力，但也会带来很大的风险，尤其对于金融机构。曾经担任过一家商业银行总行第一任风险管理部门负责人的袁临江高度重视风险的把控，在优化调整授权体系的同时，着力加强了总部的评估监控职能。

"过去批完了就可以了，但现在还要承载动态评估与监控的职能。"拿袁临江的话来说，"我用第三只眼睛看着你，不影响你的正常经营活动，但是要站到一边默默地看着你。让你感觉到，必须按照这个规则来做事。"监控要从被动变为主动，评估要从事后延伸到事前，袁临江将之称之为排雷。"总部要主动去挖雷、排雷。"

在风险监控的前提下，单向的授权机制变成了定期评估与动态授权机制。"只要发现问题或者风险点，马上将权力收回，开展整改。整改完成之后，再进行授权。"

中再会成为时代的企业吗

"今天的再保险市场已经远非昨日，中再不变，则将日趋暗淡。"一位行业资深人士说。从古到今，一个个曾经的商业巨人都在时代的大浪中，不断地消融。"没有成功的企业，只有时代的企业"，这是2012年张瑞敏在香港科技大学演讲的题目。那么在"一三五"战略规划的指引下，中再能否成为时代的企业，我们拭目以待！

无马灯，不战略

面对记者，中再集团董事长袁临江的语速时快时缓，对有些问题也偶尔会陷入沉思，这种理性与从容，与其身后的大书架相得益彰。

既强调面对问题的深思熟虑，也注重做事的雷厉风行，袁临江领导的中再集团"一三五"战略规划项目中，贯穿着对企业文化的优化和重塑。"我所希望的文化，是一种开放的文化、合作的文化、高效的文化、担当的文化、包容的文化。"

他对于效率和开放有一种骨子里的推崇。事实上，伴随着对效率、效果的高度重视，开放合作的氛围成了中再集团"一三五"战略规划项目的主要基调。这让它摆脱了传统战略制定过程中领导者的绝对意志与闭门造车。正是这次战略项目使得集团原有的老国企弊病开始被整治。

事实上，在"一三五"战略规划的研讨和制定过程中，袁临江的这种特质对于战略规划的进程、特点和落实起到了重要作用。"战略不是一把手意志，但战略制定一定是一把手工程。"

宣传队、播种机与尖刀排

"你们在24层，我的办公室也是在24层，我办公室的门永远向你们敞开着，你们需要汇报，需要沟通，只要我在，就可以推门进来。我的意见就只是我个人的意见，如果你们对战略制定有意见建议，必须要提出来。建议是对还是不对没有关系，关键是要说出你们的理由来。不要我说完了，大家就记下来去执行了，任何人的意见都允许说，也必须要说。"在战略项目进程中，袁临江告诉项目组成员。

"我希望这个项目的参与人员成为一个快速反应部队，创造一种开放、透明的氛围，形成战略共识，将这种意识带到各个子公司。为战略变革创造更好的氛围，改变中再原有的文化，它是一个宣传队、播种机，也是一个尖刀排。"

以往国有大型企业的战略项目，更多地体现最高负责人的意志，战略制定过程掩盖在厚厚的大幕之内，战略一出台就要求系统上下全员接纳执行。

而这次战略项目的开放性是中再集团发展战略制定史上前所未有的，它历时3个多月，进行了100多轮的访谈，召开了200多场研讨会，参与人员囊括了中再集团和子公司各个部门、各个层面的人员。"从一开始的时候，董事长就提倡整个项目必须秉持开放态度去推进，访谈对象的选择要广泛，不要总听董事长怎么说，一定要听党委委员怎么说、总裁怎么说、各部门怎么说、子公司怎么说、基层员工怎么说，讨论的过程要开放。"项目组成员如是说。

在战略讨论过程中，争论十分激烈，"国有企业在开会的时候，座位排序是有讲究的，往往按照领导职务排序。但在'一三五'战略规划项目的研讨会上，你可以看到另一番景象。"一位参与项目的员工说，"大家不分座次，都围着投影屏幕坐，董事长就坐在桌角，讨论激烈时，大家抢着到屏幕前发言。有些人昨天说完了，今天打电话主动要求访谈，说他昨天说的还需要补充。"

伴随着激烈的讨论，项目组建立的各个微信群火爆起来，每天都活跃到后半夜，一位咨询公司的顾问戏称这个项目为"日不落项目"。

"让大家意识到集团在做一件特别重要的事，让真正参与的人加入了工作中，没有参与进来的人也产生了参与感，对集团战略制定和达成共识有很大好处。"

"以前国有企业的文化处于特别规范、特别严肃的状态，导致在很多经营管理事务上大家思路受到限制，整个状态也会相对比较压抑，结果大家缺乏参与感和责任心。而这个项目让大家变得更活泼、更开放。"

"我们董事长非常强调信息的通畅。"在这次战略项目中，中再集团专门成立了战略项目报道小组，"战地记者"们每天报道项目的进展与各方意见，挂在了内部网站上，在这样的公司内网上，每篇稿件仍然可以获得几十万、上百万人次的点击量。

"战略项目创造了一种机会，让透明、共享、合作、担当、包容的文化得以落地，改变就要从现在开始。"袁临江说。

要探照灯，更要马灯

有人说，对于很多企业，战略就是纸面工程，一个报告完成就算结束了，而后一切如常，落实没有了下文。的确，对于企业而言，战略的落实确实是一个大问题，各个部门推诿扯皮，战略势能不断衰减，结果"理想很丰满，现实很骨感"。

这是袁临江最不愿意看到的事，袁临江经常用探照灯和马灯来形容战略的目标和执行。"你先把眼前的路一步步走好了，用好马灯，才能奔向远方目标，探照灯才有意义。"

这也来自于袁临江的个人性格，一位员工告诉我们：董事长痛恨拖延，决策完之后，马上就干，该拍板就拍板，该做的事绝不耽误，非常果断。

事实上，中再集团"一三五"战略规划项目一个非常明显的特质是"规划与执行紧密绑定"。在项目设计上，定位于战略和组织结构项目，而不仅仅局限在战略上。在袁临江的主持下，在战略制定的同时，中再集团建立了15个具体的落实工作组，从授权体系，到组织结构，再到组织裂变，直到考核。拿袁临江的话说："要打造若干盏马灯。"与此同时，也将集团公司现有的200多项制度重新梳理，去除了一些不必要的制度。为了监督后续落实，做好沟通协调，中再集团还专门成立了负责后续督导落实的工作小组。

　　在中再集团的一些员工看来，这次战略所规划的项目落实速度有点不可思议。"战略制度还未结束，已经落地了10个项目，还有一些迟迟未能落地的项目也在这次战略项目期间得以落地。"事实上，战略制定和落实几乎是同步的。

　　为何如此？袁临江这样解析："战略作为一种导向，有着强大的势能，要在战略制定的同时，以其带动背后整个体系的调整，这是最恰当的时机。"

　　正如一位项目组成员所言，战略落实工作需要各个部门的分工协同，如果战略制定后再考虑落实，就会出现这样的现象：如果是某部门的事情，其他部门跟它就没有多大关系，工作协调难度就会比较大。而如果同步进行，则因为这是整个战略落实的一部分，集团的资源也会向这个方向汇集，项目就能够得到很高的重视。而且战略定下来的情况下，集团马上就会快速决策，一周时间内可能就完成立项了，第二周项目组可能就成立和投入工作了。而如果按照平时的程序去做，所耗费的时间达几个月甚至半年都有可能。

　　这种战略制定与落实捏在一起的方式，也让中再集团内部各层面真正地感受到了"以我为主"的意识。这种参与感让他们更加积极地投入到战略规划工作中，真正形成战略共识，让战略得到了更主动、快速和更科学的落实。

▶友邦中国CEO 蔡强

蔡强 "拆墙"
——专访友邦中国CEO蔡强

赵 辉 杜 亮

> 友邦保险CEO杜嘉祺是这样评价蔡强的:"过去几年里,我们在中国内地做的最正确的决策,就是选对了人。"

友邦保险CEO杜嘉祺是这样评价蔡强的:"过去几年里,我们在中国内地做的最正确的决策,就是选对了人。"

这份褒扬的背后意味深长。

从2009年上任友邦中国CEO起,蔡强在这个位置上已经稳稳坐了7年多,甚至比他老板来友邦的时间还长。而自2002年友邦首设中国区CEO以来,这个位置就像一块"烫手山芋",7年换了4任CEO,平均"执政时间"只有1年多,及至蔡强接棒,正赶上友邦经历国际金融危机冲击,内忧更兼外患,前途殊为不明。

2008年国际金融危机袭来,友邦相依为命多年的母公司AIG因过度涉足衍生产品交易濒临破产，无奈被政府接管。"城门失火，殃及池鱼"。友邦苦心经营多年的品牌声望、业务发展亦受到严重影响。除此之外，在友邦中国内部，独资公司的特殊体制使其在中国的各个分公司各自为政，难以形成一个拳头。再向深层看，面对中国寿险市场高速增长的巨大诱惑，友邦这个曾经的模范生也和其他内资寿险企业一起，盲目陷入人海战术、业绩导向，既有的专业化、规范化优势不断遭受侵蚀，营销员人均产能不断下降。此时的友邦就像一个陷入沼泽中的巨人。

友邦保险，这个以将营销员制度率先引入中国内地而名垂史册的拓荒者、标杆企业，在激烈的市场博杀中已经迷失了方向。

2009年7月，蔡强成为友邦中国区第五任CEO，面对新伤旧痕，他提出了以"重塑标杆"为核心诉求的"新五年计划"，对友邦中国的战略定位、业务模式和组织架构进行系统地梳理和变革。2010年，友邦告别伤痕累累的老东家AIG，分拆上市，蔡强抓住这个契机，推动友邦中国经历了一场深入骨髓的变革，并提前一年完成"新五年计划"目标，带领友邦中国走出泥潭。

2014年，友邦中国喜获丰收。年报显示，其税后营运溢利较2013年上升38%，至2.83亿美元；新业务价值上升55%，至2.58亿美元，新业务价值利润率上升16.7个百分点，至83.1%，年化新保费增长25%，至3.11亿美元。实现了"新五年计划"的开门红。

"蔡强是一个执行力非常强的人。"这大概是最让杜嘉祺满意的地方。没错，对任何公司的成功转型和重塑而言，正确的战略与有力的执行缺一不可。蔡强又是如何做到的？

以重新定义成功引领战略转型

位于上海外滩17号的友邦大厦是友邦在中国起家的地方，也是现在其中国区总部所在地。友邦当年重返中国市场，打出的广告就是"回老家"，直至后来搬回友邦大厦，更进一步实现了物理意义上的回归。你可以将之简单理解为"亲情营销"，也可以视为友邦对保险本源的执意追求、对传统价值的某种坚守。

对于一家具有悠久历史的保险公司而言，传统就像一个硬币的两面，能保证其抵御风浪的侵袭，也能让其故步自封、裹足不前。

而当蔡强作为当家人，走进这座古老大楼的时候，更多体会到的是呼唤变革的压力。

以"新业务价值"为纲

蔡强到任的第二年，友邦保险集团在香港交易所独立上市。当时的中国保险市场，众多的保险公司在力推高现值业务，通过银保渠道迅速做大规模，同时为了抢夺渠道和客户，进行着激烈的产品价格竞争、渠道佣金竞争，在营销员方面则实行粗放式的人海战术。那时，对于保险公司老总来说，保费规模才是王道，这代表着取之不尽的现金流、迅速壮大的市场占有率，也意味着强大的投资杠杆。但这种以规模为导向的粗放式竞争偏离了保险的本意，恶果也逐渐暴露，企业规模越来越大，价值创造能力越来越低。

粗放式增长的潮流也一度裹挟了友邦中国，友邦中国首席业务执行官张晓宇坦诚地说："我们也曾走过一段弯路。"

所谓大潮退后，才会发现裸泳者。用蔡强的话说，他看到了一片"雾霾"，"行业发展太快，门槛越来越低。"这引起了蔡强的深思，究竟什么才是成功？

"以前定义的成功都是按照保费，保费规模做上去了就是成功，保费规模没有做上去就失败了，这是不对的。任何产业的竞争到最后都是效率的竞争。对保险业而言，效率竞争首先体现在新业务价值上。"蔡强告诉《中国保险家》。

而在过去友邦中国推动的"新五年计划"里，一个关键的改变，就是以新业务价值重新定义成功。

追求新业务价值，对友邦来讲，本身也是上市后股东的需要。"新业务价值基本上就是用利润来评估，而不是以保费规模评估。这对股东来讲非常重要，对于客户来讲也非常重要。我们的保单跟股东分红，股东只拿30%，企业盈利客户也得益，三七开。"蔡强解释道。

2009—2014年，友邦中国的新业务价值平均每年都有两位数的增长，总计增长了约5倍，税后营运利润增长约3倍。横向比，在过去5年，虽然友邦中国保费规模从最初1.1%的市场占有率，下降到现在的0.8%，但是，新业务价值市场占有率却在不断攀升。相比六大国内上市公司，友邦中国新业务价值的占比从2010年的1%增长到2014年的2.5%。

TIP：

▰▰▰▰ 新业务价值

当年新投保的保单在未来给保险公司带来的预期利润的现值。有了新业务价值这个基准，我们就可以衡量保险公司的新业务到底会有多少未来的价值，也就知道该公司可持续发展的潜力如何。

▰▰▰▰ 发力个险　回归保障

新业务价值从哪里来？穿透"雾霾"，蔡强看到了一片蓝海。

"我们做过一些市场调查，发现国内消费者最大的问题是什么呢？就是储蓄有余、保障不足。中国的储蓄率全世界最高，50%左右。但是，保障是什么情况呢？渗透率非常低，与中国经济的实力完全不匹配。目前在理财方面，作为储蓄的替代，竞争非常激烈，而在保障方面，老百姓需求很大，但是却远远没有得到满足。"

进一步分析友邦中国的优势，在渠道上，仍然是在个险渠道。当时其个险渠道占比已达到70%。个险渠道的营销员服务能力虽然下滑，但仍是行业翘楚。在产品上，其优势主要集中于保障型产品，它的保障型产品也曾为众多企业所学习，甚至照搬。

而在海外发达国家，新业务价值、个险营销和保障类产品互相支撑，成为一些大型保险公司成长的"铁三角"。这一点，曾在海外做过多年保险营销员的蔡强深有感触。

于是，在蔡强提出的"新五年计划"中，确定了三个主要目标：新业务价值成长3倍，继续大力发扬友邦营销员渠道的优势，回归保险保障本质。

蔡强将这一策略概括为四个字"回归根本"，即回归保障根本，回归渠道根本。

而在此间，营销员体系的重构成了转型的中枢旋钮。

■■■■■ 以精兵强将路线谋营销升级

知易行难，伤筋动骨。

■■■■■ 选择精兵路线

转型之初，友邦中国曾专门找麦肯锡来做诊断。结果发现，友邦的营销员队伍面临两条路：一条路就是像印度等国家一样，搞人海战术，拥有十万大军；另一条路就是走精兵路线，控制质量。如果选择第一条路线，友邦中国短期内还有一定的市场红利可挖；而如果选择第二条路线，将面临非常大的风险。因为这意味着在增员难的大环境下，还要主动减员，不仅会带来销售团队的动荡，还意味着保单和市场占有率的短期下降，毕竟友邦已经上市，如何向资本市场交代？这样的两难困境着实让友邦中国管理层颇为踌躇。"当时真是一种阵痛。"蔡强回忆。

最终，领导层从客户利益出发这一长期策略的角度，痛下决心，选择了第二种路径。而决策过程中，蔡强曾经在美国做营销员的经历发挥了作用，他坚定地选择相信未来。

"其实国内的发展和成熟国家发展的轨迹一样。在美国加州有一个统计，20世纪70年代末、80年代初的时候，每4个人就有一个人有保险执照。那个时候保险业都是兼职，什么人都有。但是，随着市场的发展，消费者要求越来越高。美国也经历了大量淘汰和换血，不专业的人逐渐被淘汰掉了，最后留在行业的都是高素质、高收入、高度专业化的人。现在我们个险渠道也面临这种转型过程。目前中国的营销员是300万人，

10年以后，可能还是300万人。但是，10年后的300万人和现在的300万人可能是素质完全不同的人。这个行业必将进入专业化阶段。"在他看来，"蚂蚁兵团未必高产出，少而精也未必低产出。"

为了实现"精兵"目标，蔡强提出了一个新的考核指标，将代理人数量变成了活动营销员人数，即从追求数量到追求质量。

2011年，在保险行业负增长、营销员队伍开始减少，整个行业都为增员问题而发愁时，友邦中国却在悄然精简自己的营销员队伍。2012年，友邦中国营销员人数从巅峰时期的3万人，一度缩减至1.5万人，缩减掉的很多人是友邦中国主动劝退的"兼职人员"。一批高素质的精英营销员留存了下来。为了鼓励营销员全职，消除兼职，友邦中国实行了上班打卡的制度。

改革之初，友邦中国首席业务执行官张晓宇的心里是没底的，但是过了一段时间，他发现友邦中国营销员的活跃人数在上升，接下来发现总人数和活跃人数都在逐渐上升。这不正是转型追求的效果么？

先有鸡还是先有蛋

仅仅精简营销员队伍是远远不够的。当时，友邦中国的营销员由于产能低，拿着很低的收入，工作动力很差，流失率很高。友邦中国北京分公司的业务执行总监陈雷一度为此感到特别焦虑。"如果我们保险行业营销员的收入低于社会平均水平。那还怎么继续走下去？"陈雷透露，当时他的团队在增员方面遇到了困难，想要的高素质社会人才嫌工资低，很难招得到。

是不是要提升营销员收入呢？但这就意味着股东的让利。尤其在营销员产能不高时，这一改革将面临着股东那边很强的压力，还要对公司的制度作出重大的修改；而且收入一旦上升，就很难下降，将对公司的成本带来持续压力。

这是一个"先有鸡还是先有蛋"的问题。很多企业在这个问题上瞻前顾后，贻误战机。蔡强则果断地选择了先提升营销员收入的办法。

据一位高层透露，蔡强曾经和营销总监们说："先给你们提高收入，相信你们能够创造价值。"2010年，作为五年计划的重头戏，友邦中国实施了营销员2.0制度，通过对"改变意愿"、"岗位职责职能"、"薪酬及考核体系"、"管理、销售流

拆墙后的友邦（中国）办公室

程和工具"、"技能培养"等制度进行全面诊断和重新定位，改善营销员收入水平，提升产能。在这个制度组合中，总监、主管、营销员，尤其是新人的工资、津贴和奖金大幅提升。

陈雷告诉记者，员工的月收入从改革前的几千元，到改革后的上万元。此外，改革后，营销员和各级主管收入的想象空间迅速加大，活力逐渐迸发。当然也吸引了一大高素质的人才加盟，增员难的问题也迎刃而解。

事后证明，友邦中国公司营销人员工资的提升，带来了利润的翻番增长，推动了公司股票不断翻番。陈雷称之为"一起将饼做大"。

选择是关键　培训舍投入

增员难一直是各家保险公司面临的难题。为此，各家保险公司的营销部门上下出动，到社会上招揽营销员，如果一个人要主动加入一个保险公司，可以说是非常容易的事情。而友邦中国却反其道而行之，在增员过程中，加大了控制力度。

在友邦中国的卓越营销员（premier agency）计划中，为招募到符合公司发展战略的高质人才，友邦中国根据新人的具体情况先后推出了金领、菁英、星生代、新秀四套人才计划，面向全社会招募22～45岁的高素质人才加入友邦，符合要求的人才至少要经过多轮专业面谈及测评，

才有机会留在友邦发展。尤其值得一提的是，友邦中国对于应聘来的新人，设置了10天的体验课程，如果体验不合适，可以离开，合适了再签订合同。在增员如此难的今天，友邦中国没有急于留人，这些做法和一些保险公司相比，形成了鲜明对比。

"营销员的素质70%在于初选，而越是优秀的人才，越喜欢这种招聘方式。"友邦中国最新公布的数据显示，公司2014年新增保险营销员的年龄结构、学历远优于行业平均水平。其中30岁以下营销员占半壁江山，达到48%，50岁以上的仅占1%；而保险行业30岁以下营销员占比仅为27%，50岁以上的占比则高达10%。友邦中国营销员中大专、本科及以上学历占比超过六成，远高于近三成的行业平均值。

张晓宇告诉《中国保险家》："经过选拔的优秀人才互相吸引，在业绩提升中，不断超越自我，不容易带来人才流失；反之，那些不加选拔，盲目吸引人进入的保险公司的人才流失率最高。"

除了在招聘环节控制外，友邦中国还在营销员成长和培训方面投入了更多的精力和资源。友邦中国北京分公司寿险营销员薛珍珠自豪地告诉记者，在友邦中国，有40%以上的时间，可以接触到各种培训。据一位保险业培训人士评价，友邦中国在人力资源培养方面的投入在业内可谓是绝对领先的。友邦中国实施卓越营销员计划，致力打造兼具职业化、标准化、专业化和信息化的"四化"精英营销员。它推出的"星生代"计划，针对工作2~3年、大学毕业的年轻人，进行封闭式培训，每月会有4000元津贴。所有这些都需要不菲的投入，但蔡强觉得值。他告诉我们，在海外，一个营销员4年的培训投入平均需要17万美元。

以服务取代推销　力推职业化

寿险销售误导一直以来是行业痼疾之一。如何减少销售中的误导，让营销员真正通过需求分析等专业服务赢得客户，而不是推销，是友邦中国考虑的重要问题。

互联网时代提供了这样的契机，友邦中国通过开放一套基于互联网的系统来尝试解决这个问题。2011年，友邦中国推出了 AIA Touch 2.0 系统，将人员招募、团队管理、产品销售及签单整合在一站式互动平台上。这套系统将营销员对客户的财务策划与保障分析过程简化到了平台上，营销员通过系统的演示就能完成与客户之间的互动。这样一来，提升了保险销售服务的专业化水平和沟通效率。这看似只是技术的应用，但背后是理念的升级。

在张晓宇看来，这套系统的应用实际上是友邦中国营销理念的一次全新灌输与渗透。"我们这套系统很多东西是固化的，营销员不能乱说，只能根据客户的需求、我们的标准一点点地分析。这套系统的操作拒绝市场上流行的推销，实际上体现的是我们的文化，从客户角度来思考问题，以服务取代推销。"

"回归保障，我们有两个最主要的策略：第一，产品重新调整，很多短险储蓄产品停掉，开发出以重疾为主的全面保障型产品；第二，以个险渠道为核心，让营销员专心去卖产品。"蔡强说。

渠道与产品相辅相成、互相成就。产品策略的改变，减少了销售高现值理财产品中出现的误导客户现象。营销员在销售保障性产品时，在为客户创造更高保障杠杆的过程中，职业自豪感不断增强。"营销员在销售保障类产品时，感觉到自己在做一个长期的生意，就会更珍惜与客户之间的联系。"薛珍珠说。

"我们的老营销员是很看不惯外面那种推销式做法的。我们和整个体系的匹配度已经很高了。"薛珍珠说。

1991年，蔡强大学毕业就远渡重洋，去寻找他的"美国梦"。"1992年8月，开始做保险营销。"蔡强记得很清楚。归国后，看到中国保险业营销员很低的社会形象，当时蔡强的心中就升起了一种渴望："这个行业有一天会成为一个受尊重的行业。"他告诉我们："在美国，20年前保险行业营销员的月收入就已经达到三四万美元，这个行业中集中了大量高素质的人才。"在他的心目中，当有一天，中国的保险营销员真正实现了职业化，才会受到尊重。现在，这也是他的"中国梦"。

经历了五年变革，友邦中国的营销员体系重构和业务重组显示了成效。截至2014年底，友邦"星生代"营销员月均活动率接近64%，友邦中国注册营销员的平均收入高于行业平均水平3倍之多。与此同时，保障类产品的占比已经超过了65%。

在友邦中国新的五年计划中，我们看到了友邦中国"回归根本"战略思路的延续和升级。在这个计划中，蔡强指出，将着重聚焦回归保障、提供O2O服务、推进营销员职业化、推进银保合作模式专业化及专一化四大战略上。在这里，营销员又一次成了焦点。

蔡强透露，友邦中国目前正在为营销员搭建互联网平台，让营销员像淘宝的商家一样，能够迎接网上的咨询者和客户，最终以O2O模式满足客户的需求。

"互联网保险最主要的内容还是保险，互联网只是一个工具和手段。其实，越是信息化，越是移动互联网，反而人的价值越重要。尤其客户需求越来越多元化，他们的要求越来越个性化，这就要求有面对面的顾问式行销。"蔡强称。

以绩效文化打造组织竞争力

美国著名管理学家钱德勒曾经说过："结构跟随战略。"从企业史看，无论是IBM的变革，还是GE的变革，企业战略变革往往是内部组织改变的指引。而这一点在友邦中国的变革上得到了充分体现。事实上，友邦中国通过组织变革打造了强大的执行力，整个体系实现了一个拳头用力，为战略的实施提供了坚实的后盾。而在组织变革的背后，则是文化的转型。

蔡强与员工一起活动

在组织变革、文化转型等

方面，我们可以更多地领略蔡强的执行力。

结束诸侯割据局面

2009年，在美国、中国香港寿险市场一线打拼20年之久的蔡强成为友邦中国新一任CEO，此时母公司AIG已经在金融海啸中奄奄一息，而分拆出来的友邦保险正在酝酿着香港上市。新的股东、新的治理结构让友邦中国走到了一个新旧交替的历史转折点上。显然，蔡强的到来承担了更多历史使命。

当蔡强来到友邦中国后，发现友邦中国的财务费用非常高，管理结构复杂，各个分公司的各种管理费用、人事费用都很高。经过进一步调查，蔡强发现了高昂成本背后更大的问题——各地诸侯各自为政。

彼时，友邦中国在全国有五家分公司，中国区总部是2002年才设立的，拿怡安翰威特中国副总裁张宏先生的一句话，就是"先有儿子，后有老子"。每家分公司都独立运营，全面管理所辖分公司区域内的各种职能，财务、市场、人事权等都集中在分公司手里。

这种结构在市场上出现的问题是，每个公司都有自己的服务标准，在营销、核保，理赔上，各按各的标准做。"如果是北京人娶了广州的老婆，然后生活在上海，三家保单不一样，对于客户来说有混淆，他会怀疑你到底是一家公司还是三家公司。"这严重影响了友邦中国的品牌声誉。此外，由于各个分公司都在不断扩张，各种费用激增，又缺乏统一的控制，浪费现象严重。

经历这个过程的友邦中国区首席人力资源官程菲告诉《中国保险家》，当时在友邦开会时有一个非常有趣的现象："各家分公司同一岗位有各种不同的头衔，几家分公司领导坐在一起开会，主持人在那边排座位就要排半天。"当时的友邦中国，就像是一个散架的巨人，无法一个拳头用力。

从2010年开始，蔡强利用上市的契机，进行了大刀阔斧的职能集中化的组织变革，将五家公司的后台和中台集中，将财务、人事、定价和产品开发等职能都集中到总部，而将一些与市场和客户关系密切的职能，如核保和理赔，以及其他一些区域性市场策略的制定权保留给了地方。一个统一的友邦中国的形成，给予友邦中国应对变革时代迅速行动的能力。在这场组织变革中，组织中的权责分配与职能划分都发生了大规模的重构，对人的冲击可想而知。

当时，变革给员工带来巨大的心理震荡，就像一位亲身经历的员工所说的那样："员工会胡乱猜疑的，三天两头就一个架构，到底想干什么。"因此，组织变革后续一定要有人力资源体系的跟进，才能实现组织变革的落地。

在友邦中国人力资源部门的主导下，友邦中国实施了大规模的岗位评估项目，梳理出每一个新的架构下新的能力、体系、岗位要求等，让部门主管根据员工能力进行人岗匹配。"这样一来，每个人都可以知道自己新的岗位职责。"

"这会不会成为友邦中国的裁员借口？"……为了破解员工内心的困惑与疑问，人力资源部门，乃至蔡强本人，密集地到各个地方做沟通、路演，告诉员工改革的好处。

用绩效文化改造家文化

随着组织变革推进的深入，蔡强敏锐地看到，友邦中国曾经引以为豪的"家文化"已成其竞争力提升的绊脚石。"'家文化'主要是讲爱，不会因为你表现不好就炒你鱿鱼，但是也不会说因为你表现好就给你多发奖金。它让友邦中国能够度过金融危机和AIG事件，留住了友邦中国的人才。但是在和平时期，其弊端也显露出来：'家文化'下，企业业绩表现就会变差。"刚刚上任的蔡强发现，对于员工，友邦中国就像是一个巨大的保温杯，员工的责任心很差。

在彼时的中国，保险市场空间犹如潘多拉的魔盒，平安、太保、人寿等各大寿险企业迅猛发力，中小寿险企业狂飙突进，市场争夺战白热化。在这个大背景下，蔡强认为，友邦中国由"家文化"向"绩效文化"的转变势在必行。

组织变革成了绩效文化转变的契机。在组织变革中，蔡强发现，"家文化"集中体现在收入的平均上。当时，每个员工都有固定的工资，津贴和年终奖。"从参加工作，到退休，收入都能够想象。"

提倡绩效薪酬，才是硬道理。但是，在当时的友邦，这样做又谈何容易，毕竟这是和每个人的利益挂钩的。程菲在当时就很清楚地意识到，所谓"动薪酬就是伤筋动骨，没有一定的准备，没有一定的基础很难动"。怎么办？为了减少阻力，人力部门在绩效改革中，采取了迂回的增量改革方式，先从高管着手，连续两年冻结了固定薪酬部分的加薪，将加薪的预算用于制定浮动的绩效奖金方案，同时也取消了固定的年终奖金。

起初人力资源部门的心情很忐忑。为了取得理解，友邦中国采用了高管自愿加入的方式。令程菲感到意外的是，几乎所有的高管都加入了这个计划中，而实际上，正是由于绩效奖金方案的推出，推动了个人绩效的提升，进而推动公司业绩的提升，大家的整体收入水平都在连年上升。在这里，蔡强表现了他的参与式领导风格，他首先向上级申请自己不加薪，毫无疑问，这样做给高管们起了很好的示范作用。

在友邦的"家文化"中，论资排辈现象根深蒂固，在分公司，同一岗位有着各种不同的头衔，表示资历的深浅，职位的高低与特权，不同的头衔有不同的利益。员工眼睛盯在资历上，"这样不会让员工专注在贡献上"。在人力资源部门的主导下，友邦中国废止了原有的职级体系，取而代之的是经过科学的岗位评估以后建立的全新职衔体系和职业通道，并对应于配套的薪酬体系。"当职位高低不再与特别的利益挂钩时，员工只需安心做事。"

用股权2.0锁定人才

绩效也不是万能的。研究证明，过于强调绩效往往会让员工减弱对企业的忠诚，高绩效的员工有时候也是最容易流失的人才。如果绩效文化是味"西药"，友邦中国的股权激励则像一服"中药"，提高了员工的稳定性。

友邦中国的很多员工会自豪地和同行谈起他们的股权，因为友邦中国是国内金融行业首家向全体员工推行境外上市股权计划的境外公司，在这里，大概超过60%的员工是股东。当时友邦总部在推行股权计划时，到了中国，遇到了一定难度，国家外汇管理局对此有一定限制，如果此时友邦中国以此为理由，搁置股权激励计划，也是自然之举。但蔡强坚持这个计划，专门和国家外汇管理局进行沟通，争取到了这个资格。

2011年，友邦中国正式向员工推出了股权激励计划。当问及友邦中国如此锲而不舍的原因时，程菲告诉我们："要稳住人才，就得将公司的长期利益和人才利益绑定，让他们看到自己在公司的前景。员工购买股权就意味着它们几年之内不会离开友邦。这也等于员工和公司彼此之间是一种长期的承诺。"

在绩效文化导向和强大的执行力推动下，到2014年，友邦中国顺利完成了组织和文化的转型。截至2013年，友邦中国提前一年实现了第一个五年计划指标：新业务价值翻三番，税后营运利润增长2.7倍，内涵价值增长2.3倍，营运费用率下降31%，保障类产品比例从38%提高到63%。

下一步：服务型领导力

"随着互联网消费者为王时代的到来，传统的产品推送式营销，正向深度服务化转变。我们正在做新的文化改变，开始讲服务型领导力，向以服务为导向的文化迈进。"

蔡强告诉《中国保险家》："做完第一个五年计划以后，虽然很成功，但我们跟员工、跟客户聊的时候，他们有个共同反映：'业绩很好，但是对我们有什么好处？'这迫使我们进一步反思。我们认识到，不能只关心财务上的成功，而要关心给客户提供更多实惠，同时让我们的员工有好的职业发展。为此，友邦中国在新的五年计划中，开始从绩效文化向服务领导力转型：领导者向员工服务，员工与员工之间互相服务，员工向客户服务。"

当下，友邦中国在界定一套新的标准和体系。"主管作为员工的教练，要能够指导员工，给员工定期反馈和标准。而作为员工自己，不能一看到问题就一把丢给别人，给别人提问题的时候也要第一时间给别人一个解决方案。"在此中，为鼓励员工提升跨部门服务的能力，友邦中国组织了一些内部合作项目，让外勤人员和内勤部门一起完成。这样，"外勤人员会感受到内勤部门在支持其工作时的不易，而内勤人员则可以感受到外勤人员的需求"。程菲将其称为跨界领导力。

结语

友邦中国的战略变革，以重新定义成功为价值导向，以营销员体系再造为突破点，以绩效文化的塑造为立足点，就像一套组合拳，推动友邦中国的转型稳步向前。在这种变革中，我们看到蔡强的领导力，友邦中国人力资源部门对战略的支持，友邦中国以人为本的基因的二次发光。整个转型过程中，人成了领导层最关键的诉求和抓手。

在增长飞速、潜力空前的中国保险市场，在互联网带来诸多变数的保险竞争格局重塑中，保险家们在兴奋，也在彷徨，毕竟今天的选择太多了。但友邦中国的实践告诉我们，什么才是根本！

在"怡安翰威特——领英2015年"中国最佳雇主评选中，友邦中国凭借在雇主品牌、敬业度、领导力、高绩效文化、高品牌影响力等方面的突出表现，被评为最佳雇主。

怡安翰威特中国副总裁张宏表示："在评选过程中，我们观察到友邦中国在面对商业挑战时，一方面，打破等级文化，制定符合业务需求的人才培养计划来重塑寿险行业新标杆；另一方面，在绩效衡量上，推出员工股权激励计划等政策，有效激发员工生产力，构筑高绩效文化，鼓励创新思维。"

TIP：

蔡强"拆墙"

蔡强到友邦之初，在友邦中国内部，派系林立，台湾派、海归派、本土派、香港派，不同派系都有自己的圈子和语言。在各种亚文化的影响下，领导者论资排辈、重用亲信现象普遍存在，不同派系、不同层级之间的信任度很差，各种小道消息竞相散布，员工之间互相提防。友邦中国迫切呼唤一种透明、公开、信任的文化，推倒横亘在人与人之间无形的那堵墙。

为此，蔡强作出了一个很多老板都难以做到的惊人之举——拆墙。

在友邦中国办公楼里，资深领导都有一间独立的办公室，而员工则在办公室内侧工位集中办公。领导办公室一般是朝阳的，办公室门一关，员工办公区里就很黑，员工心有怨言。更让员工不满的是，很多高管常年出差，办公室的门却总是关着。"这无形中等于给员工一个暗示，资深的、当领导的靠窗，就是有特权。"虽然高管拥有独立办公室在一般公司非常普遍，蔡强却在其中看到了改革的契机。

2011年，蔡强提议，将办公室的墙全部拆除，领导和员工一起，开放式办公，包括他自己。不出所料，这项提议一开始受到了一些高管的反对。他们提出，这样就没有私密空间了。另外一些高管觉得，做了这么多年，好不容易才有一个办公室，说拆就拆了，心理不平衡。面对这种抵触，蔡强二话不说，先将自己办公室的墙拆了，这一举措最终促成了拆墙行动的全面实施。随后，由员工自己选择座椅的颜色，命名会议室。"拆墙"给员工和高管带来了巨大的心理震动。一个新的、透明的、平等的文化在拆墙后逐步形成。此中的奥秘，蔡强一句道破："我们就是要以有形的改变促成无形的改变。"

西方学者认为，在组织文化变革中，形式的改变往往能起到意想不到的决定性作用，一个行为暗示有时要比一个制度变革本身更有效，这也是海尔砸冰箱事件被视为海尔崛起之始的原因。友邦中国的"拆墙运动"也说明了这一点。

"因为这个，大家私下都调侃，蔡强，拆墙，天生就是他的使命。"蔡强笑言道。

▶华泰保险集团董事长兼首席执行官　王梓木

从"利润增长型"迈向"价值成长型"

——专访华泰保险集团董事长兼首席执行官王梓木

赵　辉

> 一位保险业的高管这样评价华泰，当大潮到来，大家都在急速前行时，华泰似乎不疾不徐。但是当行业整体经营不好时，华泰却是最从容的。

在中国保险业，1996年创办的华泰保险曾经是一个"另类"。2000年，在保险企业跑马圈地，迅速扩张时，华泰提出了质量效益型发展的道路；在2006年前后，投连险大热时，华泰却毅然减少投连险的市场规模；在2013年后，互联网渠道为保险企业所追逐，大家唱衰线下实体店时，华泰的EA门店战略却如火如荼地开展了起来。

华泰保险的创始人王梓木在董事长的位置上一干就是20年，成为华泰毋庸置疑的灵魂人物，这在国内保险业也是凤毛麟角。一般这种情况下，企业往往充斥着强势的老板文化，可是在整个华泰，随处可见的却是合作文化的烙印。

一位保险业的高管这样评价华泰，当大潮到来，大家都在急速前行时，华泰似乎不疾不徐。但是当行业整体经营不好时，华泰却是最从容的。

还有，华泰是少有的自成立以来就坚持给股东分红的公司，而许多保险企业却宁愿将利润充实到资本金里面，用于业务的扩张；华泰战略实施的跨度可以达5年甚至15年之久，这种稳定性在保险企业中是不多见的。

这到底是怎样一家公司？它是如何变成今日的"华泰"的？它特有的基因又是什么？《中国保险报》记者为你揭开华泰的面纱。

为现代企业制度梦而创业

"实践现代企业制度。"当1996年王梓木从国家经贸委司长的位置下海创办华泰时，他这样激励自己。

1992年，大批在政府机构、科研院所工作的知识分子纷纷下海创业，他们通常具有较强的社会资源、开阔的视野，在企业运作上具有清晰、明确的股东意识，可以说是中国现代企业制度的试水者,这就是后来大家所说的"92派"。

那时，随着老"人保"独揽中国保险业的局面被打破，以及中国保监会的成立，保险业迎来了爆发式增长的机遇，泰康、华泰、新华、永安和华安这五家保险公司应运而生。王梓木创办的华泰保险就是其中一员。

早在国家经贸委工作期间，王梓木就参与了党的十四届三中全会报告中关于建立现代企业制度的调研和起草工作。在此期间，他对现代企业制度有了深入的了解和研究，内心也涌现出非常强烈的实践现代企业制度的渴望。提及这段经历，王梓木笑称"历经从政、经商，组建第一家全国性股份制财产保险公司，一步跨入现代企业制度。"这是一个知识分子"齐家，治国，平天下"的情怀。

热爱滑雪的王梓木有一颗自由探索的心，在体制内多年，王梓木觉得自己太多的激情需要释放，"92派"创业的大潮让他看到了自己未来的舞台。"在企业里，你做了决定，就去组织各种资源，你完全可能实现你定下的目标。"王梓木如是说。

1996年，王梓木正式从经贸委辞职，创办了华泰保险，此时的王梓木，已经坐到了国家经贸委综合司副司长的位置，并主持全司工作。辞职就意味着放弃了自己在体制内的大好前途，选择了一个不确定的人生。

华泰之所以选择财险领域，源于王梓木在与很多国有企业打交道时，感受到企业市场化发展对于保险的潜在需求及由此带来的广阔前景。辞职前，凭借多年与国有企业打交道的积累，王梓木从每个行业挑选出一两家最具代表性的企业，说服他们作为华泰保险的发起股东，共计63家，出资13.33亿元，其中出资5000万元的企业就有22家。1996年8月，华泰保险在钓鱼台国宾馆举办揭牌仪式，自此国内保险业又多了一处别样的风景。

值得一提的是，在此之前，王梓木结识了身为哈尔滨经济技术开发区工业发展股份有限公司副总经理，同时兼任政府机构在香港的"窗口公司"香港新世纪国际投资有限公司董事、副总经理的赵明浩，并力邀他加盟华泰，从此两位伙伴携手20年，引领华泰保险走到今天。

■■■ 走上质量效益型增长之路

"台风来了，猪都会飞"，用这句话来形容2000年前后的中国保险业，同样贴切。1995年，第一部《保险法》颁布实施，为保险业的发展奠定了法律基础。与此同时，随着"人保"的拆分，市场化改革加速，市场空间迅速膨胀，加上极少的市场主体，这一切都如同给保险企业的发展注入了一剂兴奋剂。大大小小的保险公司利用这个机遇，迅速在全国跑马圈地，力求网点、人员与业务全面扩张。然而，这种盲目增长的背后，隐患也在逐步蓄积。"粗放式增长成为主旋律，险企的风险控制水平、质量效益水平远远落后于业务增长。"一位亲身经历这一时期的保险业资深人士说。保险公司缺少对渠道与中介的掌控，应收保费、未决赔款盛行，违规操作不断，低保费、高赔付现象日益突出。当时中小财险公司纷纷陷入三年怪圈，即一年发家、二年发财、三年亏损的状况。"转型之难，困惑十年。"这是当时一位保监会领导对于2000年前后保险业状况的描述。

1996年，华泰保险成立后，一度选择了"跟随式战略"，也加入这种粗放式增长的大潮中，产品、费率、展业方式都是随大流，简单说来就是"抢占市场，做大规模"。凭着这样一股"冲劲"，经过3年多的发展，华泰的保费规模迅速蹿升至全国第四，仅次于人保、太保和平安这"老三家"，年平均增长约100%。但是快速发展之下，危机也在一点点地积累。据王梓木回忆，成立之初的三年，华泰人就处于这样跟着市场走的"懵懂状态"。

玉泉营大火烧出的危机感

"玉泉营大火案让我们惊出了一身冷汗。"1998年5月的某天，华泰管理层正在开会，惊闻其承保的玉泉营家具城发生了大火。事后盘点承保情况时，管理层惊讶地发现，这笔业务没有分保，标的物不清，众多相关审批人甚至都不了解情况，签订保单的业务员也早已离职。管理中存在的"黑洞"让华泰付出了巨大的代价，造成无摊回赔款1000多万元。作为一家保险企业，自身存在这么大的管理隐患，让王梓木感到心痛。

安达信审计结果：居然是亏损

无独有偶，2000年前的安达信审计也让华泰领导层倍感震动。1999年10月，华泰因谋求上市，专门聘请国际著名的安达信会计师事务所进行财务审计，审计结果显示，华泰不仅不具备上市条件，而且在实质上还是亏损。这让王梓木颇为不解："不可能呀，我们早就实现盈利了。"安达信审计人员解释道："这要看你们究竟用什么标准来衡量公司财务收益，是按照中国标准还是国际标准？按照中国标准，是每半年提取准备金，账面当期显示盈利。而按照国际标准，是按月甚至按天提取，以此计算，你们3年就亏损4亿元。"

"作为一家保险公司，承保没有盈利，这么做的价值何在？"王梓木为此陷入了痛苦的反思中，由此也引发了华泰历史上第一次战略转型。

香山会议，开启战略转型

2000年1月，北京香山杏林山庄，户外天寒地冻，室内却持续着异常热烈的讨论。8天时间里，针对华泰粗放式增长暴露出来的种种问题，与会者经过激烈的讨论，最终达成一致。王梓木在会议总结时明确指出："真正决定企业命运的是企业的质量和效益，而不是企业的规模。华泰不以保费论英雄，要以质量效益比高低！"

回忆起当年的这次会议，王梓木认为那是华泰历史上的一次启蒙运动，使大家明白一家健康、理性的保险公司应该要什么、追求什么。

香山会议后，华泰用了整整3年乃至更长时间进行整改，实施转型，强化风险管理，对"应收保费、未决赔款和汽车信贷保险"三座大山进行清理。

香山会议确立的质量效益型发展道路，使华泰在保险业内率先开启了从简单的规模增长向质量效益发展的转变。

谋求合资，向专业化迈进

"提高华泰的专业化服务与管理水平，是实现质量效益型发展的关键。"王梓木说道。2001年，中国加入世贸组织，此后保险业对外资逐步放开，国际保险巨头开始以合资等方式蜂拥而入。王梓木不仅清晰地看到国际巨头对国内险企带来的挑战，也意识到，如果没有专业化服务和管理水平的提升，华泰的质量效益型发展就只能是一句空话。而此时的华泰，无论是从治理结构，管理能力还是技术能力，都处于比较初期的创业公司阶段。车险在当时已深陷规模战、价格战的泥潭，华泰迫切需要摆脱对单一险种的依赖，进行业务创新。

"他山之石，可以攻玉。华泰需要一个外援，一个能对保险业务给予巨大支持甚至指导的伙伴。"面对当时国际保险巨头资本追逐国内保险企业的态势，能否以合资的方式来实现共赢，成为王梓木思考最多的问题。当然，引入外资股份，还有另一层目的，如王梓木所言："此前华泰的股东绝大部分是国有企业，股权高度分散和均衡。但这样的股权结构又容易引发内部人控制。我认为，一个标准的现代股份制企业，应该是股东真正到位，并对企业的长远利益给予深度关切和足够投入。"

恰在此时，美国 ACE 保险集团也在努力寻求进入中国保险市场的机会，积极地寻找合资伙伴。作为全球最大的保险集团之一，ACE 的专业化水平以及风险控制能力在国际上均属一流。更重要的是，ACE 的商险能力国际领先，而面对当时深陷红海的车险市场，华泰管理层也希望将业务从车险向商险倾斜，打造多样化的业务结构。由此，双方一拍即合。

2002 年 5 月，华泰保险与 ACE 达成战略合作协议，ACE 以 22.13% 的合计持股比例，成为华泰第一大股东。

ACE 加盟后，随即向华泰派驻了 10 多名顾问，覆盖战略策划、承保、理赔、精算、信息技术、财务、稽核、人力资源和新产品开发等多个方面，全面协助华泰提升专业化能力。

与此同时，华泰新的公司章程正式确立 CEO 体制。CEO 作为公司的首席执行官，负责公司战略方针的制定、高层管理人员的选任和企业文化建设，同时推动公司战略目标的实施。华泰还将保险业务和投资业务分为两个独立的利润中心，分别任命保险 COO 和投资 COO 两名首席运营官担任经营责任人，对公司的承保利润和投资收益负责，向 CEO 汇报工作。责任明晰，制约有力，公司的治理水平由此大幅提升，风险控制能力也日益增强。

2002 年 7 月，在 ACE 顾问的策划和指导下，公司召开了战略研讨会，决定放弃过去的阵地战、跟随式、外延型的经营方式，走专业化经营、质量效益型的发展道路。王梓木将之总结为："不做无所不包的保险超市，争取做一家与众不同的保险专卖店。"

到了 2003 年，华泰转型的效果开始显现。这一年，华泰首次实现承保盈利，并由此开启了第二个转变，即从过度依赖投资收益到实现承保利润的转变。

大寿险战略，奔向集团化

华泰在专心做好财险的同时，也在伺机寻求寿险业的发展机会。从20世纪90年代末到21世纪初，在国际金融领域，综合金融、混业经营成为一股不可阻挡的力量，这种新的运营模式同时也在改写着竞争规则。金融领域的公司日益走向集团化，在国内也有少数领先企业在酝酿集团化，王梓木意识到了这一点。"集团化的好处在于资源共享，优势互补。从国际市场看，财险和寿险产品相互结合，可以通过交叉销售，形成相互支持。"2005年1月，华泰资管公司在上海开业，同年3月，在集团做大寿险战略的指引下，以华泰财险为主，安达保险、华润等股东参股设立的华泰人寿在北京开业，自此华泰保险集团化架构的雏形开始显现。

华泰人寿的成立，抓住了中国寿险业发展的好时机，为华泰保险展开了充满想象力的广阔市场，华泰人寿的保费规模在短短4年间就达到了华泰财险13年的规模。"十三五"期间，华泰人寿也将成为华泰保险的主要增长引擎。

华泰人寿成立初期，资本金问题一度带来很大压力。寿险公司往往要在开业7～8年后才开始盈利，这就意味着在华泰人寿成立后很长一段时间，华泰都要拿财险的利润来补贴寿险，必然影响到财险母公司的当期分红，有的中资股东对此产生疑义。但ACE对于华泰人寿的发展却充满信心，以溢价的方式接受了华泰人寿20%的股份。令华泰管理层颇感自豪的是：华泰保险在不增资、不发行外债的情况下，仅依靠内生式的资本积累，成立了资管和寿险公司，并组建了保险集团。2010年后，保险集团化开始成为国内保险业的共识，阳光、泰康等保险集团纷纷涌现，而此时华泰早以集团化的姿态挺立在竞争舞台上。

转型初见成效

在经历近 10 年坚守后，华泰的质量效益型增长开始逐步显示成效。2008 年，华泰保险在金融风暴来临之际脱颖而出：在行业净资产大幅缩水的情况下，华泰保险的净资产增长率达 5.47%，净资产达 39.46 亿元，期初净资产回报率达 6.04%，总资产达 314.82 亿元，偿付能力充足率达到监管部门规定标准的 11.07 倍。

更让业界为之侧目的是，国家"十一五"期间，华泰财险仅以 1% 的市场份额，获取了整个财险行业 31% 的利润，给业界递交了一份漂亮的答卷。

寻找蓝海，看好 EA

2005 年前后，车险市场已经形成了"老三家"主导市场的局面，中小公司则在夹缝中艰难生存，缺乏话语权和掌控力，销售渠道单一、雷同，成本日益高涨。 面对这种情况，王梓木开始思考："能否换个跑道，通过差异化竞争，抓住增长机会。"

可是，华泰的蓝海到底在哪里呢？渐渐地，华泰开始把眼光投向了大洋彼岸。

2008 年，华泰的核心管理层在时任总经理赵明浩的带领下，赴美开始了为期 7 天的考察。"在美国，专属代理人模式已经撬动了巨大的家庭保险市场，并逐步成为主流。这些门店店主就像社区居民的保险管家，社区居民也愿意将自己家的保险交由他们打理。而且，很多门店已经经营了几十年，甚至在父母与子女间进行传承，成为一份家族的事业。"经过认真分析对比，王梓木相信，这一模式也一定可以给国内保险市场带来前所未有的活力。

2009 年，华泰在国内首家启用 EA 模式，率先在福建进行试点并取得成功；2010 年，开始在珠三角、长三角等经济发达地区进行推广；2013 年，华泰 EA 面向全国拓展；2015 年，保监会正式批准华泰 EA 门店在全国试点。

20年坚持，终结硕果

凭着20年不懈的坚持，华泰的质量效益型增长之路结出了硕果。20年间，华泰净资产已由初创时的13亿元增长到120亿元，总资产突破400亿元，管理资产规模近2600亿元，主营业务复合增长率年均达到35%，累计创造净利润80多亿元。

抚仙湖会议，向"价值成长型"转变

当时间跨入21世纪第三个五年，随着"十三五"大幕开启，保险业迎来了爆发式增长的契机，开发更多的客户价值正成为企业发展的核心命题。尽管华泰在过去的5年间盈利水平仍保持高速增长，但是不可否认的是，华泰对于质量效益的坚守也使它在市场占有率方面徘徊不前，规模已经成为华泰发展的"短板"。

为此，王梓木也在不断地思考和反省。2015年8月，华泰高管团队齐聚云南抚仙湖，研讨"十三五"期间战略，拉开了第二次战略转型升级的序幕。这一次，华泰提出要实现从"利润增长型"向又好又快的"价值成长型"转变的目标。

华泰的价值成长包含四个要素：一是客户，坚持以客户为导向，包括客户数量、客户黏度和客户深度；二是品质，关键指标要优于行业，包括财险的综合成本率、寿险的新业务价值增长率、资产管理公司的投资收益率等；三是规模，关注增长率和市场份额，包括总资产规模、管理资产规模、主营业务收入及其增长率和市场份额等；四是利润，体现为长期价值和总体效益，包括主营业务利润、净利润、ROE等指标。

根据华泰保险的"十三五"规划，华泰将全面推动战略转型和升级，力争实现净利润提高1倍、主营业务收入提高2倍、主营业务利润提高4倍的"1+2倍增"计划。换言之，华泰保险在未来5年，业务增长速度和效益均要超过行业平均水平。华泰保险正迈向"价值成长型"之路。

■■■ 不断找路、上路和赶路

"一个发展20年之久的企业必有其基因所在"。那么华泰保险的基因又是什么呢？在华泰的成长过程中，我们不难感受到一幕幕挫折：玉泉营大火的警醒、安达信审计后发现的亏损、大公司的竞争压力、艰难的转型、增长滞后等。但与之形成鲜明对比的是，华泰人始终不畏艰难，以稳健、扎实的脚步，不断开拓公司成长壮大的新局面。

其实所有这一切都源于掌舵者王梓木创办华泰时的初衷——把华泰建成一家有社会责任感的百年老店。回首来路，华泰栉风沐雨、砥砺前行、历经探索。在这个过程中，打造"百年老店"的价值观已经不知不觉化作华泰的基因，并成为华泰一切行动和战略的原点。

■■■ 坚持的背后

在保险业乃至整个企业界，能够将一项战略坚持十几年甚至二十年的，可谓凤毛麟角，华泰却是其中之一。质量效益型发展道路至今已有16年，EA战略也坚守了8年，并成为"十三五"期间华泰的三大战略举措之一，被寄予厚望。身处各种机遇与诱惑交织的保险业，同时作为一家拥有众多股东的股份制公司，华泰这种坚持背后所承受的压力可想而知。投连险大热、资本市场股权投资盛行、保险公司频频举牌上市公司，面对业内一些企业追逐的这些所谓"机遇"，华泰保持了一贯冷静的态度，牢牢坚守住质量效益型增长的底线。

如王梓木所说："这20年来，我们走得虽然不快，但是每一步都很稳健、很扎实。"王梓木坦言，他也为规模的局限而疑虑，但是至少华泰还坚守了保险的本质，且从未偏离企业成长之道。"做大做强是企业发展的一种美好愿景，是需要一定条件才能实现的，不是所有企业都能够做到的。企业脱离市场环境和自身能力这两个关键因素，盲目地做大做强，就可能进入'危险时速'，掉进失败的陷阱。"

我们发现，长期坚守的背后反映出的恰恰是王梓木把华泰建成百年老店的梦想。还是在2000年1月的时候，王梓木去香港参加先施公司的百年庆典，才知道在香港只此一家商业企业过了百年生日。深有感触的王梓木，回来之后就给华泰50年后的董事长写了封信，信中的第一句就是："你能看到此信，便是华泰之幸事，我将为之感到欣慰。因为华泰毕竟存续了50多年……"

■■■■ 要突破，唯有创新

与华泰稳健风格形成鲜明反差的是，华泰在创新方面，同样走在了行业的前列，甚至常常成为第一个吃螃蟹的人。在保险业，华泰最先确立质量效益型发展方针，第一家引入外资，最早实践EA专属门店模式，率先推出了第一款真正意义上的互联网保险产品即退货运费险……

"华泰发展的历史，就是一个不断找路、上路和赶路的历史。"作为一家中小保险公司，在"老三家"占据大半江山的格局之下，华泰一直在苦苦寻找着自己的突破之路，从专业化，到差异化，再到价值成长。一位业内专家告诉我们，华泰的诸多领先与创新在某种意义上也是被逼出来的。"这条路走不通，就换个跑道。生活就应该是一曲起起伏伏的交响乐，有时波涛汹涌，有时平静如水，既从容淡定，又充满变化的节奏感。"在员工看来，王梓木就是这样一个既坚定扎实又充满激情、思维前瞻的领导者。

"中国金融业里创新的机会不断，创新的领域极为宽广，关键要有创新的动力，创新的激情，创新的保障，也就是说要对创新失败给予相应的保护。而创新一旦成功，对于企业发展就是不可多得的机会。"王梓木坦陈。

■■■■ 治理结构是根本

"公司的治理决定公司能够走多远，活多久。公司的文化决定这个企业到底能长多大。公司的竞争，说到底就是治理结构和企业文化的竞争。"在王梓木看来，如何建立一个适应现代企业制度的治理结构，是改革开放以来国内企业最难破解的命题。事实上，华泰之所以能够保持质量效益型发展的稳定性，背后治理结构的设计是关键，而这也经历了一个逐步修正的过程。

早在华泰成立之初，就采用了分散的股权结构，这样设计的好处在于"避免了一股独大的局面，管理者没有后台，只能拿绩效说话"。这种分散的股权结构，也有效地支持了华泰的质量效益型战略的推进。但是随着华泰的发展，这其中的弊病也逐渐暴露：分散的股东很难像大股东一样从长远角度考虑公司战略布局，国企股东随着领导人的定期更换，对股权投资的态度亦有改变。

20年来，华泰保险的股权结构曾发生过两次大的变化，带来两次重大股权变化的正是如今华泰的第一和第二大股东——ACE集团和内蒙古君正集团，而这两家股东都是溢价参股。这两次股权之变，同时也带来华泰保险管理运营体制、组织架构乃至战略发展的变化。

"在股权相对分散和均衡的情况下，这么多的股东，诉求不尽相同。在没有大股东支撑的情况下，你做得好谁也不会把你赶走，做得不好谁也不会把你留下，股东不是用手投票，就是用脚投票。华泰之所以坚持质量效益型发展道路，与公司治理有着密切关系。这就是制度优势。"王梓木说。华泰由最初的股权绝对分散，到相对分散，再到适度集中，也在股权结构上形成了民企、外资、国企三足鼎立的局面。这样一来，民企的高效率、外企的规范化运营与国企的资源优势得以形成合力。这样的治理结构保证了业绩导向的企业运营与战略长期性的统一，同样也保障了企业的稳定性。

"公司的治理结构关键是两大机制，即制约机制和激励机制"，尤为可贵的是，引入ACE时，王梓木将自己列为被制约的对象。这一点对于其他企业的领导者而言，是难以想象的。

文化塑造四阶段：从制度文化到合作文化

"在我看来，董事长和CEO的职责主要有三项：第一，制定并组织实施公司发展战略；第二，选择和培育公司领导团队；第三，构建和传播公司文化。"由此，王梓木将公司文化提高到一个很重要的位置。他还发现，那些拥有几十年历史的企业，大都有深厚的公司文化。华泰公司文化的发展也经历了从制度文化、责任文化、绩效文化到合作文化四个阶段。

公司初创之时，华泰的公司文化集中表现为制度文化。早年在全国人大常委会工作时，王梓木就经常问一个问题，一个好的国家体制的核心是什么？他认为，最重要的就是通过一套机制保证精英到位和庸才退出。一个国家是这样，一个企业也是如此。华泰强调以制度为本，利用制度选人、管人、培养人。对于很多初创企业间盛行的老板文化，王梓木认为那是大工业时代的产物，他从骨子里不推崇老板文化。"老板文化虽然效率高，但是缺少制约。制度文化虽然可能失去一些机会，但是很稳健。"

随着公司在质量效益型道路上的逐步发展，华泰开始面临执行力下降的问题。为了提升执行力，华泰请来了翰威特咨询机构，对员工实施岗位评估和职能定位，并建立起一整套绩效考核办法和薪酬体系，在公司内部推行责任文化和绩效文化。

2011年，华泰正式实施集团化改组，标志着华泰迈入一个发展的新纪元。与此同时，华泰的公司文化也迈入一个新的发展阶段——合作文化。在王梓木看来，华泰以往的制度文化、责任文化和绩效文化，其根基都是人性的"平等与尊重"，人际关系的"信任与合作"，因而最终会归结于最深处的合作文化。合作文化最能激发人的积极性与创造性。公司各层级之间、同事之间最本质的人际关系是"合作关系"，而不是雇佣关系和领导关系。尤其是公司领导者，要"以信任换取信任，以尊敬换取尊敬"。合作文化不仅体现在公司内部成员之间，也体现在公司与客户之间、与股东之间，甚至是与竞争对手之间。

"未来，华泰要继续践行合作文化，这与目前大众创业、万众创新、互联网精神，以及华泰的EA战略都是相吻合的，我们就处在这样一个合作产生共赢的商业时代。"王梓木语气坚定。

▶合众人寿董事长　戴皓

轮椅上的二次创业

——专访合众人寿董事长戴皓

赵　辉　杜　亮

> 被一场车祸彻底改变人生轨迹的他，如何开悟，进而创造事业的第二个巅峰？

每天上午10点左右，在位于北京西四环边上的合众人寿大楼中，每当"嗒嗒"的轮椅声划破职场的寂静，员工们就知道：董事长来了。

这位坐在轮椅上的董事长便是戴皓。十多年前的一场车祸导致他颈椎以下神经受损，生活无法自理。彼时，戴皓还只是保险业的一个门外汉。而就是这样一位高度残障的企业家，在最近十年，以旺盛的精力、顽强的毅力开创了合众人寿这一在中国位居前列的保险公司，并使公司向着囊括产寿险、资产管理等业务的金融集团迈进。不仅如此，作为全国政协委员，他积极参政议政，每年提交众多关乎国计民生、行业发展的提案，并不遗余力地推动提案的落实。如此脆弱的躯体迸发出如此惊人的能量，堪称中国企业界的一个奇迹。

50岁开外的戴皓不修边幅，常年穿着一双布鞋。这双鞋也曾伴着他跑遍了合众300多个分支机构。更早的时候，1999年，戴皓凭借自己敏锐的直觉力排众议，进京发展。到出车祸之前，身家已然上千万元。

"那时候，我还不到40岁，钱对我来讲已经是符号了。"戴皓对《中国保险报》记者说道。

然而，车祸之后的戴皓，永远站不起来了。他面临着人生的第二次选择，是继续把企业做下去，还是就此沉沦？

穿越死亡

一切要从2002年的一场车祸谈起。时间定格在那年一个大雪纷飞的冬日。就在前一天，戴皓还是个精力旺盛、踌躇满志的企业家。

20世纪90年代，已经在哈尔滨市工商局、公安局等机关单位做了10年公务员的戴皓，看到周围小商小贩财富的膨胀，在机会的诱惑下，辞职创业，开办了哈尔滨中大城市信用社，随着信用社生意越做越大，他跨入了不动产领域。在拆迁户房产证问题都没有解决、亲戚朋友的重重质疑下，他大胆地开发了哈尔滨的先锋小区，取得极大成功；而后他冒着更大的风险，率领几个人风尘仆仆来到北京，在没有本地资源和关系的情况下，杀入北京不动产市场，并站稳脚跟。在此期间，他进军的药业、典当等行业无不一路平铺，其核心企业中发集团的规模不断膨胀。彼时的戴皓春风得意，自信满满。

然而，正值壮年的戴皓难以想象，所有过往的成功被一场突如其来的车祸所改变。

在合众人寿的办公室里，合众人寿的"老臣"、副董事长李坤眼中泛着泪光，回忆起了那个永生难忘的日子。"那天的雪特别大，前后都看不见了，董事长驱车赶往吉林洽谈商务，终因路滑翻车遭遇不幸。"

命运就是这么残酷。当时除戴皓外，车上的同事都无大碍。戴皓被紧急送往医院，并从北京请来专家做手术。手术当天，医生告诉戴皓，上去后可能就下不来了。戴皓交代了后事，当时他意识模糊。想起那个状态，戴皓形容为"接近死亡的边缘"，"感觉自己当时像是坠入了黑洞，不断往里钻，如果挺不过去，就到了另外一个世界。"

醒来后，戴皓发现，全身除了手指能动，没有能动的地方，而且浑身都疼。"突然间一个活蹦乱跳的人变成这样，真是无法接受。"戴皓回忆。最初戴皓还带有一丝幻想，坚持康复训练，但是当医生告诉他再也无法站立起来的那一刻，戴皓哭了。"当时就想，还不如死了，死了就解脱了。"戴皓一度绝望了。命运就像摩天轮，将一个挥斥方遒、风华正茂的企业家一下子抛到了谷底。戴皓形容当时的心境就像崔健的一首老歌——《一无所有》。

作为企业的灵魂人物，戴皓的灾难也成为企业的灾难，"如果董事长不在了，公司就垮掉了，就要解散了。"车祸后不久，中发集团的一位副总带着一帮员工来探望，看到戴皓的病残之躯、麻木的表情，员工们禁不住号啕大哭："董事长，你可不能倒下啊，你倒下了，我们可怎么办？"

发自肺腑的哭声给了戴皓内心强烈的震撼。死固然容易，但是，"做人为什么活着？"这成了戴皓躺在床上一年多时间里每天都在想的问题。"为了钱活着？钱对于当时的我已经成了数字。为了家人？家人也不缺钱。那么，我到底为谁活着？"

再战江湖

医院里员工的哭声在戴皓的心里久久回荡。"如果我倒下了，跟我那么多年的员工怎么办？"2003年10月，在员工的一再请求下，原本打算退出江湖的戴皓决定重新出山。为此，中发集团在北京一个叫做西洼的地方召开了中层以上干部会议。西洼这个不起眼的地方从此载入中发集团的发展史册。

在会议上，戴皓用坚定的语气，宣布重新出来主持工作。李坤永远忘不了当时会场上的场景。戴皓一句一咳嗽，嘶哑的嗓子发出坚定的声音："我不能就此拉倒不做了，企业还要发展，要生存。我要对得起和我一起创业的员工，要对他们负责任。"闻此，在场的人无不潸然泪下。

支持戴皓走下去的，不仅是员工们期盼的眼神，戴皓也在重新审视内心，苦苦寻找着人生新的支点。

重燃梦想

住院期间，戴皓看到了令其动容的一幕："好多看不起病的人，住一段时间就离开了，在家里等待死亡。"戴皓想，如果有一种能够让这些人看得起病的商业机构就好了，这不就是保险吗？戴皓暗自许下心愿，要帮助这些人。"我感觉保险可能是我曾经想要做的，和曾经想结束痛苦的一件事。"

命运总是这样，关上一扇门的同时，也会打开一扇窗。2004年，戴皓得知，国家将放开一批保险牌照。当时，致力于打造区域金融中心的湖北省政府希望组建一家保险公司，并开始招商。他意识到，进入保险业的机会来了。与此同时，戴皓心中压抑已久的金融梦想也开始躁动起来。

相对于保险梦而言，戴皓的金融梦渊源更深。从他做城市信用社起，这个梦想就开始萌芽，但当时由于政策原因，城市信用社被重组。戴皓的金融梦想被浇了一桶冰水，但它仍然埋藏在他内心的深处。戴皓想：保险就是个金融企业。

金融梦想与帮助病友的愿望促使戴皓紧紧抓住这个进入保险业的机会。中发集团凭借实力，赢得了湖北省委省政府的支持，在精心准备一段时间后，拿下了宝贵的寿险公司牌照。

此时，保险业对于戴皓来说，是一个完全陌生的大陆，戴皓甚至不知道保险内含价值等基本概念；外界很多人也质疑他，认为戴皓要玩资本，但戴皓不为所动。"面对新的机会，当时我们确定了两个'快'，一个是快速开业，一个是尽快抢人才。"合众人寿副董事长李坤说。拿到保监会批文后，戴皓要求下属一周内办好营业执照。 2005年2月，合众人寿正式开业，其开业速度之快为业界罕见。作为一名企业家，在对机会的捕捉上，戴皓的行动力可谓"快、准、狠"。

四大抓手论

"戴总是一个善于思考与总结的人。"合众人寿原董办主任崔照辉告诉我们。在对保险行业磕磕绊绊的探索中，戴皓逐渐形成了一套有体系的经营思想。定战略、用人、抓机制和控制风险，戴皓称之为做好企业的四大抓手。拿戴皓的话说："要管好企业，第一个是你要看好战略；第二个是你要用好人；第三个是你要建立一个好的运营机制；第四是控制好风险。"

当戴皓心中懵懂地发现这些管理理念时，一部《大国崛起》的纪录片促成其经营思想体系的成形。崔照辉回忆到，当时戴皓迷上了这个纪录片，下载下来，反复去看。"有一次董事长出差，在火车上，在身体那么弱的情况下，举着笔记本电脑，看了8个小时。"在大国崛起中，西班牙和葡萄牙因为发现蓝海——新大陆而崛起，英国和荷兰因为爆发工业革命与建立资本市场机制而兴旺，美国则因为第二次世界大战后引入科学家而发达。人才、机制和战略成为大国崛起的关键，这给戴皓极大的震动。而风险控制则是保险业本质决定的。

用人决定成败

在戴皓管控企业的四个抓手中，用人被放在了首位。用人能力决定成败，虽然许多优秀的企业家都意识到这一点，但轮椅上的戴皓感受尤为深刻。心怀着宏大的梦想，却没有生活自理能力，怎么办？唯有抓住人才、用好人才。

当然，戴皓也坦承，合众人寿在发展初期，也出现过用人方面的失误，甚至让企业丧失了一些机遇。但在他看来，这是一个企业从不成熟到成熟必然要交的学费。"就像每个人一生中要经历痛苦和磨难，唯有反思才能更好前行。佛是一步步修炼出来的。"

面对失误，戴皓体会到，老板如果不懂企业业务，就无法有效地授权。于是他对保险行业、企业的业务细节进行了大量学习。每次开会，从精算知识到服务、产品，戴皓总是了解得很细；不懂营销，戴皓就下基层，与前线的内外勤一起交流。作为一名保险业的外行，短短几年，戴皓已经能够将"业务价值、资本充足率、内含价值"等众多专业名词顺手拈来，并有深度的理解和运用。

心中有地图，就敢于更激进地任用外来人才。这几年，戴皓从中国香港、中国台湾以及内地领先企业请来一些保险业精英。其国际化团队在国内中型保险公司里可谓一大亮点。

随着公司的壮大、人才的充实，以及戴皓对业务的熟悉，他开始尝试进行更大的授权。现在，戴皓基本上只对战略方向和风险进行一些把控，对于具体事务已经不怎么管了。在人才任用方面，戴皓也已游刃有余。一位熟知戴皓的保险业人士说："从创业期带着公司走，到经营期变成职业经理人操作，到授权管理，戴皓完成了一个个转身。"

对于人才的贡献，戴皓也是充满了感激。2016年合众人寿的十周年庆，戴皓让秘书给一些离开合众人寿的高管发短信，表达感谢。

从专业化到大金融梦

"哪个行业都一样，你没进来的时候感觉都很复杂，但是经营一段时间，只要抓住了其中的规律，一切都会得心应手的。"戴皓说。

一个企业家一旦形成自己的思想体系，不仅会变成一个捕捉机会的能手，而且会使企业走上快速健康发展的轨道。

到2014年，合众人寿的新单业务连续9年实现正增长，迅速跻身全国十大保险公司之列。十年来，从零起家，到2014年，分支机构遍布国内70%以上的区域，总资产规模超过700亿元，客户数量超过3000万人次，为客户提供理赔款18.7亿元。

创办合众人寿之初，戴皓曾憧憬其成为最专业的寿险公司，直至2012年，合众人寿还主要深耕于寿险领域。

但此时，戴皓也感到了既有战略的不足。随着保险业资产的迅速膨胀，这个领域正走向金融集团化、混业经营与业务的多元化。戴皓认为，专业化的道路已经落后于形势的需要了。"到了大资本时代，资本一下打穿了。你的牌照越多，你可能整合的金融资源越高；你的牌照越少，你越单一，在竞争中就可能被挤出场了。"

从 2012 年开始，合众人寿制定了向金融集团发展的新战略，相继申请了一系列金融和保险牌照，开办了资产管理公司、财险公司等。在戴皓的新蓝图中，未来合众将成为一个以保险为核心、可以上市的金融集团。

合众人寿综合金融业务见图1。

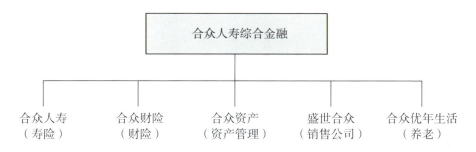

图1　合众人寿综合金融业务

■■■ 养老新大陆

大金融梦固然照亮了合众的未来，但是对其赖以起家的寿险主业，戴皓心中仍有深深的忧虑。大型保险集团在市场上形成的垄断性局面，让合众人寿的后发劣势暴露无遗，拿戴皓的话说："行业竞争正逐渐陷入红海。"其实，这也是许多中型保险公司面临的共同困惑。中小险企只有走差异化发展道路，才能真正立足。

此时，通过一些海外归来的朋友介绍，美国的养老社区模式引起了他的注意。为此他专门组织人进行了调研，发现中国养老的高峰期在 6~8 年内即将到来，这将是一个极具潜力的市场，而国家在这方面也出台了一系列鼓励政策。

在戴皓看来，做养老和寿险本身是天作之合，而养老产业将衍生出更广阔的市场机会。"寿险本身是卖保单，是养老的上游体系。养老是中游体系。养老还有下游体系，比如为老年服务的老年产品、老年护理等。"

有研究机构预测，2020年中国老年消费市场规模将达到3.3万亿元。这一蓝海的发现让戴皓极为兴奋，但他也没有忘记盘算企业自己的资源优势。他惊喜地意识到，企业自身的资源和能力恰恰与养老社区的市场机会相匹配，作为戴皓起家的基础，当初旗下有不动产、医药、酒店、寿险等板块，现已转型为大金融、大健康、文化旅游为主体的中发集团，其成熟的运作经验、医药资源和寿险能力，恰恰与养老社区的经营链条相吻合。这是一般做养老社区的保险公司或者房地产公司所无法比拟的。

思路已定，戴皓迅速铺开了养老社区的计划。2010年，合众人寿不动产事业部成立；2013年，全国首家养老社区、合众优年生活持续健康退休社区在武汉开园。合众人寿党委书记、副总裁刘校君透露，未来10年，合众人寿计划在全国打造26个大型养老社区，规模在千亿元左右，届时可容纳46万老人养老。

在合众人寿的养老社区建设中，戴皓也展现了国际化视野，他将美国的养老社区模式和理念引入中国，为此合众人寿高层多次到美国考察，并聘请了一些海外人才。2015年，合众人寿打包收购美国6处养老社区项目。

合众人寿的养老社区建设在保险行业占据了先发优势，为合众人寿的未来开辟了广阔的蓝海。戴皓在总结这个战略时认为："企业战略决定一切。当你踏上一个蓝海的时候，可能你很轻松；当你踏上红海的时候，即使你的管理能力很强，也会很累，非常难受。"

拿企业当孩子养

合众人寿董事，武汉大学经济与管理学院魏华林教授曾经感慨道："做企业有不同的情结，有的拿企业当猪养，有的当情人养，有的当孩子养，戴皓属于最后一种。"当合众人寿成立之初，一位保监会的官员问他，你的目标是什么？他毫不犹豫地回答："要做一家百年老店。"也许在这个金融资本家长袖善舞的时代，很多人认为戴皓只是说说，但是他们错了。

崔照辉清晰地记得合众人寿开业后，戴皓到全国各地视察的情景。手下人将轮椅装到房车里，戴皓拖着残疾的身体，一口气走完了全国300多家机构。"那时路上渴了就喝点矿泉水，饿了就吃点面包和榨菜。"在各个机构，戴皓和业务员坐在一起促膝长聊，给了业务员极大的鼓舞。"业务员见到董事长跟见到亲人似的，热泪盈眶，抢着和他合影。"坐着轮椅，跑遍全国的分支机构，这在中国企业史上可以说是一个奇迹。

戴皓睡眠不好，躺在床上的时候就思考合众人寿的发展，心动之余就会给下属拨电话。有时候，李坤早上醒来，会发现手机上有很多信息，一看居然都是戴皓的。

将合众人寿视为孩子的戴皓一直坚持企业的内涵价值发展理念，坚持按照保险的本质做。合众人寿在内含价值较高的个险渠道和期交业务一直不断积累。2015年上半年公司个险保费收入达到33.47亿元，个险渠道保费占比为46.5%；公司新单期交业务保费收入11.6亿元，占新单业务比例为24.7%，处于行业领先地位。合众人寿历史总保费收入详见图2。

合众人寿员工透露，戴总的爱好也很简单，每天看看杂志和报纸，研究研究国家政策，看看合众人寿的机会。有一次记者采访他，问他有什么业余爱好，结果居然出现了冷场。

拖着病残的身躯，事业几乎成为戴皓的全部。

崔照辉还讲述了和戴皓一起视察的一次经历："记得有一次陪董事长去机构视察，我发现他穿的布鞋开胶了，就对陪护说，董事长参加机构会议得注意形象，明天去给领导买双新鞋。第二天早晨，碰着陪护，说昨天晚上已经粘上了，领导不让买新的。"

戴皓身边的员工将戴皓形容为高效的处理器。"他脑子里边，需要想

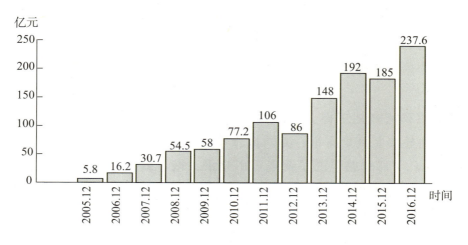

图2　合众人寿历年总保费收入

起哪件事的时候，马上就能想起来，就像过电影一样，想起什么马上就打电话，不隔夜。而及时处理完这个事情，第二天还有新东西进来。他这个CPU效率是非常高的。"

　　对于戴皓而言，合众就是他实现自己新的人生价值的载体。一位熟悉戴皓的朋友的话引人深思："一般人如果遇上这么大的灾难，垮掉了以后，还有这么多钱，怎么舒服怎么享受，就怎么花呗，甚至会产生报复心态，而他却正好相反。"戴皓以病弱之躯，燃烧事业之火，这对合众员工带来极大的激励效应。好多高管说，看到戴总这种状况，不帮他，不在公司多做一些贡献，想着挣两个钱就走，心中都有愧。

　　事业的寄托让戴皓的身体奇迹般地好转，原本担心工作影响戴皓身体的身边人欣然发现，高负荷之下，董事长的身体健康状况反而越来越好了。

■■■ 为机会而痴狂

　　"董事长是个感性的人，他对于机会非常敏感，只要看到一点火花，他就想将其变为燎原之火。"崔照辉告诉我们。戴皓喜欢抠字眼，每次阅读国家政策后，就会拿着笔在一些字句上标记，寻找和企业发展有关的讯息，找机会。一旦发现战略机会，就会毫不犹豫地冲上去。

"董事长尽干一些别人不敢做的事。"李坤说。回顾戴皓的历程，从做信用社，到干不动产，做医药，到保险，每一次征程都要跨越一个很高的行业门槛。李坤回忆起在决定做城市信用社时，大家甚至不会填汇款单，完全不懂这个行业，而这时戴皓就领着人偷偷地学，终于把事情做成了。

进入北京发展之前，戴皓没有任何关系、资源和背景，就敢带着5个人来到北京，到处去拜访，当时很多圈内人都知道这个到处喊"大哥"的东北爷们。当戴皓决定进入保险行业时，就只有几个保险圈的朋友。在养老社区战略的制定和落实中，2008年，他找了两个接触美国保险行业的朋友，来了解美国的养老模式，仅仅两年后，合众人寿不动产事业部就成立了。

戴皓下机构时，每到一处，都要与员工讲述他心中的保险梦

对机会保持贪婪，只要有战略机会就去做，没有条件就创造条件，这是企业家区别于职业经理人的一个重要特质。这点在戴皓的身上表现得尤为明显。

人生境界

研究证明，重大的人生经历往往会对人的性格产生重要影响，古今中外不乏这样的例子。2002年那场车祸给戴皓的性格也带来很大的变化。在戴皓看来，这场车祸在给他的身体带来伤残的同时，却打开了他的人生境界。

在合众人寿的每周早会上，公司都会给员工讲一个国学的小道理。合众内部提倡分享文化，共享共赢。

"我们不会干一些缺德的事去误导顾客，你误导了顾客，伤害了顾客，这个反作用力有一天一定会打到你的身上。你对客户诚信，从利于众生的角度来讲，最后客户便会认可你、帮助你，你也会变得越来越好。"

戴皓认为，信仰是一个国家和民族所需要的。我们采访他时，他激动地谈起了毒食品事件："为什么食品危机泛滥，一些人的信仰以钱为中心，为了自己的利益不择手段。我认为这都是信仰的问题、文化的问题。一个民族、一个国家没有信仰是很危险的。"

进入保险业后，随着合众人寿的迅速发展，以及相应的社会贡献，他对利于众生有了更深入的理解。"中国的企业家和全球的企业家，都是为社会谋福利。他一个人要那么多钱有什么意义呢？大家在奔波，在努力，主要还是希望有机会改善贫穷人的生活，希望为社会做更多的事。"保险行业这一关系到民生的行业带给了戴皓更大的思考格局。拿李坤的话说，董事长的站位变了，想问题的高度更高了。戴皓认为："从某种意义上来讲，保险就是一种慈善。"

车祸的经历与学佛的体验让戴皓变得更加淡定而包容。李坤告诉《中国保险报》，董事长原本是一个脾气很大的人，但是这十来年，很少发脾气了。对于合众人寿的干部和员工，戴皓的包容有目共睹。对于犯错和不称职的干部，戴皓会通过工作调动，给他们新的机会。"比如哪里的一把手没做好，他会说你回来吧，到总部学一段时间，再派你出去。"

戴皓与业务员交谈

"商场如战场没错，但不是全部。任何事情，都是随缘。是你的永远是你的，不是你的，争也不是你的。"戴皓说。

家国情怀

2008年，戴皓当选为全国政协委员，至此，他的人生上升到了一个新的高度。"作为一名全国政协委员，需要站在国家和民族利益的角度去考虑问题。"于是，更强大的精神力量走入了戴皓的内心，驱散病痛的阴影，成为他又一个心灵支柱。

位置的提升也让戴皓得以从社会和国家层面思考企业战略，而这样的思路带来了企业更顺畅的发展。"当一个企业老板个人对金钱和物质利益不是非常追求，只是为了社会做贡献时，可能企业会做得更好，更如鱼得水。"这一点，从合众人寿的养老社区得到了政府部门大力支持即可验证。

身为全国政协委员，每次参加全国两会，戴皓都要至少提出4~5份提案。最近的提案内容从有关保险行业的"关于实施养老服务业体制改革的提案"，到涉及宏观经济层面的"关于把国人在境外消费拉回国内的提案"，甚至还有关系到百姓微观生活的"关于整治违法搭建的提案"，等等。

合众人寿员工告诉记者，对一些关系到行业与民生的提案，即便是两会结束了，戴皓也会持续推动提案的落实。"我提过的递延税落地了，养老服务业的相关政策，养老金并轨落地了，还有好多。"提起这些时，戴皓那种满足的表情无法掩饰。他的一位朋友说："这是一种源于他内心深处的愿望。"

经历了生死边缘，从一个健全人变成羸弱、残障之躯，然后从这种绝望的境遇中走出来，创造出新的辉煌。伴随着精神能量的壮大，内心格局的升华，重新找回幸福的感觉，这就是戴皓——一个在轮椅上二次创业的企业家。

"心灵的力量是无穷的。"戴皓让我们相信！

▶泰康保险集团总裁 刘经纶

逐浪之巅：泰康保险的互联网战略

——专访泰康保险集团总裁刘经纶

赵 辉 张 爽 杜 亮

> "在技术革命的大潮中，你自己不变，别人就来改变你了。"

"讲互联网，都说是你们年轻人干的事。不像是我这样五十多岁的人干的，但我还在干，还在迎接挑战！"

泰康保险集团总裁刘经纶笑呵呵地坐在一群诉苦的年轻人中说。

这是他为员工打气的一个场景。我们采访他时，已入初冬，温暖的阳光洒落在房间的角落，面前的刘经纶谈笑风生。兼任泰康在线的董事长，刚刚主持完泰康在线一周年庆典的他，穿着一身红色工服，眼睛显得炯炯有神。

"刘总，您看起来真年轻！"他哈哈大笑，"我的体力可不亚于你们，从小吃苦吃多了，打下的基础好。"

"大数据、互联网、云计算，包括未来的人工智能，确确实实将人们的生活改变了许多，你不变是不行的……"谈起这些，他根本停不下来。

很难想象，这样一位在传统保险业耕耘三十多年的老保险人，言谈中都是"大数据"、"云计算"、"移动办公"、"互联网思维"……

就是他主导实施了泰康保险集团董事长陈东升提出的泰康互联网时代的里程碑战略——"左手抱右手"：以互联网新思维和新技术的"左手"，支持传统保险服务的"右手"创新。在执行层面，具体体现在传统保险业务的全面互联网化和互联网保险业务的快速推进，最终形成两者互为补充、协同作战的局面。

对于刘经纶来说，这是一场自我革命。"我喜欢迎接挑战，在这个过程中，可以不断更新自己的思想和观念，要不然，头脑就老化了，这背后是一种精神力量。"

从人保的一名普通业务员成长为江西省公司人险事业部总经理；离开人保，刚到平安后，又单枪匹马闯北京，着手创建平安人寿北京分公司，率先引进保险代理人制度，实现业绩连续三年翻番和市场占有率超过50%，在北京寿险市场创造"平安神话"；离开平安，加盟第一批股份制保险公司——泰康人寿，变成了公司总裁，一手缔造了泰康人寿的营销架构和代理人销售体系，引领泰康成为管理资产破万亿元，营业收入上千亿元，新单价值和税后利润过百亿元的保险业巨头。刘经纶的人生可谓波澜壮阔。

他相信，"左手抱右手"战略的实施是他的又一次人生挑战。"就看你怎么想，固守传统，轻轻松松的也行。但对我来说，当传统做得够多的时候，总想挑战一些新的东西，还能焕发一点激情，不能到老得不能动了，再仓促应战。"刘经纶幽默地说。

截至目前，泰康保险的"左手抱右手"战略成效显著。

从传统保险业务的互联网化看，今天，泰康保险每年卖出的几百万张保单中，80%左右是通过手机等移动设备卖出去；所有客户服务在手机上都可以自助进行；微信投保率达到70%以上，理赔90%以上，保全40%以上。实现了销售、承保、理赔、保全等全流程互联网化，云计算、大数据实现对传统代理人队伍的全面武装。

泰康保险集团内部已经实现了100%的移动办公，办公流程已经迁移到了手机上。

再看互联网保险业务，作为首家由国内大型传统保险企业发起成立的互联网保险公司，泰康的互联网保险旗舰——泰康在线已经累计拥有1.2亿户可触达用户，6500万户投保客户，200多款场景化保险产品。出现了从乐业保、微互助、飞常保、癌情预报险、戒烟保、粉红卫士乳腺癌保险到泰健康会员体系等一系列明星产品和服务。

截至目前，"传统保险业务的互联网化"与"互联网保险创新发展"正逐渐打通，产生协同效应，形成线上与线下立体作战的局面。

在泰康在线的周年庆上，陈东升兴奋地总结道："二十年来，我们抢抓了互联网先机，'互联网+保险'开启新篇，'左手抱右手'战略初见成效。"

自2014年陈东升提出"左手抱右手"战略以来，短短两年的时间，"左手抱右手"已为泰康保险源源不断地注入新的活力。当那么多传统企业被互联网大潮卷向时代的边缘，无奈地成为旁观者时，今天的泰康保险不仅没有被抛弃，被边缘化，反而成为了互联网时代的弄潮儿，这对一家有着长达二十年历史的寿险公司而言，不能不说是一个奇迹。

那么，作为"左手抱右手"战略的领导者之一，刘经纶自身又是如何思考和感受的？为此，《中国保险报》记者专门采访了刘经纶，且听他娓娓道来……

"左手抱右手"战略之缘起

"在互联网时代，作为一个领导者，首先要有危机意识，其次要有灵敏的嗅觉，闻得到味道，看得到改变的方向。"刘经纶说。

2014年前后，面对技术革命大潮的汹涌来袭，以及互联网巨头们的强势崛起，泰康保险的领导层感受到了强烈的危机感，也看到了未来的方向。

2013 年，自从用上微信之后，陈东升深受震撼，"微信会改变中国"，那时互联网在颠覆所有传统行业，包括金融保险业，改写着所有企业的经营根基。大数据的核心就是要消灭中介，保险行业不管是做直营还是中介，未来几年会面临很大的挑战。"陈东升当时判断。

"在技术革命的大潮中，你自己不变，别人就来改变你了；如果你与技术趋势不相符，怎么做都没有前途。"刘经纶坚信这一点。

在强烈的紧迫感下，2014 年，泰康保险首次提出了"左手抱右手"战略，在南非开普敦市政厅，面向泰康保险近 800 名营销精英，泰康保险集团董事长陈东升毅然提出：以"左手"（互联网新思维和新技术）抱"右手"（传统保险服务），用互联网精神和技术加快企业向专业化转型，让保险在大数据时代更加便捷和实惠。

此后作为泰康保险总裁，刘经纶成为"左手抱右手"战略的核心领导成员之一，主导推动这一战略的全面落地。在刘经纶看来，这一进程的本质就是"用新技术的力量、工具、观念改造传统的经营和管理。"

传统保险互联网化："互联网＋"、"＋互联网"，哪个更迫切

刘经纶认为，在今天，相比互联网保险而言，传统保险业务的互联网化更为紧迫、更具现实意义。为什么？"这是基于保险业发展过程来看的，今天，保险业的竞争已经进入了另一个阶段，从过去的拼规模、拼资金，到了拼技术、拼实力阶段。"

他告诉记者，在第三届世界互联网大会上大家有一个共识，互联网的"上半场"已经结束，在"下半场"，"互联网＋"要做的是各个行业从上游到下游的产业互联网化。

"互联网保险是未来的方向，我们一定要变，但是这不可能一夜之间完成。所以当前要'农村包围城市'，给传统业务插上互联网和大数据的翅膀，让它飞得更快，发展得更好。"

■■■■■ 互联网让传统业务跑得更快

"互联网给传统业务带来的提升，常常令我惊叹"，刘经纶感慨地说，作为一名奋斗多年的老保险人，泰康保险的传统业务在互联网、大数据催化下，所带来的效率变革让他觉得不可思议。"过去电投就了不得了，现在是微信投保，这是什么概念？周末银行休息，你也可以在微信上付款，随时随地！"

"在过去投保时，从县公司，到市公司，直到省公司，到总部，这个流程需要好几天，现在在泰康保险几分钟就办完了；过去理赔时，你要把资料一层一层地往上报批，现在你现场拍个照片，微信一发，直接就解决了，点对点，端到端。"

刘经纶清晰记得许多泰康保险业务员的本子上，曾经密密麻麻地记满了东西。"现在我们有系统。你把系统一打开，随时可以查阅你所有的信息，甚至查到哪一天、哪一时间点。""过去总公司会一层层地将纸质文件下发给业务员，让他们按照打印在纸张上的各自客户收取保险费，需要好多天，还不安全。现在凭借我们的个人业务系统，只需一分钟，业务人员就可以收到总部的催收信息：比如你的客户中，谁的保单在什么时间到期了，要续交保费了。"

对于泰康保险而言，传统业务互联网化的另一抓手是大健康产业。刘经纶告诉我们，目前泰康保险的大健康服务很大程度上要靠线上支持，泰康保险在建设"云医院"，与几百家医院进行数据共享。在"医养墓"全生命产业链中，泰康保险已经开始试着为客户提供网上扫墓和网上追悼会的服务，还原现场情景。"你可在世界各地，在同一时间、同一情景下参加追悼活动。这在互联网时代之前，都想象不到。""技术是无边界的。"刘经纶说。一些养老社区为老人戴上手环，如果老人跌倒，需要让人来搀扶，服务人员就跑过去。目前泰康保险的养老社区尝试在手环中嵌入防跌倒的功能，通过这个方式更快地让服务人员帮助他们。

后端比前端更重要

"过去要求所有人都满足一线，后台人越少越好，一线的人越多越好，这是过去的管理模式所决定的。但是在大数据、云计算时代，你后台的支持力量才决定你的竞争力。后台不强，技术不强，你不可能强起来。"

刘经纶认为，在互联网时代，保险企业的后端比前端更重要。"过去去开拓业务，仅靠业务人员就够了，现在大的业务还要靠系统跟进。""后台技术不行，一线再强也是白搭。"

在后端，他尤其推崇大数据平台，在首届中国寿险业发展论坛上，他指出：就保险行业来看，大数据可以支持行业细分分析，提供更准确的个性化保险定价服务；对保险公司而言，大数据可以使公司与客户之间的信息更加对称，提升效率和客户体验，改善行业形象；对销售人员来讲，大数据技术可以让我们更准确地寻找到潜在的保险客户。在他看来，大数据几乎是万能的。

目前，泰康保险集团总部的后台技术人员有上千人，支撑前面50多万名销售人员。"现在我们的技术系统可以从后台直接通知销售员，他们的客户到期了。不仅如此，后台系统还可以通过大数据分析，提示业务人员：他们的客户可以买什么样的保险，他的家庭投保了什么险，在哪里投保的，还需要什么保险。仅此一项，2016年就可以给泰康保险增加10多亿元的保费收入。"

为了加强后端，泰康保险建设了自己的大数据中心——泰康云中心。"如果我们没有并行处理能力、海量数据处理能力、大并发处理能力，根本无法支撑我们的业务，我认为这是技术发展的趋势，也是技术发展对业务带来推动的力证。"泰康保险集团的首席信息官刘大为说。

观念之踵，如何破？

有人形容传统企业向互联网转型之难，"就像坐在椅子上，把自己抬起来。"

泰康保险也不例外，转型中遇到了不少阻力，刘经纶认为，观念的改变是泰康保险要抓住的"牛鼻子"。

"观念不变，越走越窄，观念一变，海阔天空。"刘经纶坚信这一点。在传统业务互联网化过程中，一些销售人员不愿意将自己的业务信息、客户信息集中到总部。"他把这些攥在手里，说'我就在我的小本上记就行了，万一你把信息公开了怎么办？万一把我的客户拿走怎么办？'"而对于管理者而言，也意味着管理方式的转变。"技术有多大作用，我不清楚，但是这么多年来，都是这样做过来的，你要改变我的管理模式，我很难接受。"刘经纶回忆起当时的情景。

泰康保险建设云计算、大数据中心时，要招聘很多技术人员，一些相关部门的人不理解，在他们看来，传统上都是按照比例来逐步扩大编制的，如此大批量的招聘意味着编制和成本的失控。

对此，泰康保险采用的做法就是主动"洗脑"，从外面请互联网领域的专业人士到泰康保险来分享，或者带领管理层到领先的互联网公司参观，然后大家讨论。"要让他们认识到：你不变，意味着什么，面临着什么。"刘经纶说。

刘经纶认为，观念的转变关键是领导者的决心，"你是否能够看得到未来？你把这个事情想清楚了，决心下定了，这才是最根本，最重要的。"

大集中——传统保险互联网化的基础

"没有信息系统与流程的集中，就没有传统保险的互联网化。"刘经纶说。早在2000年初，为了打造共享平台，集中风险管控，实现整个集团的协同效应，泰康保险开始将整个运营流程，以及支持整个流程的信息系统，在总部层面集中起来。先是在前任CIO王道南（现任泰康在线总裁兼CEO）的带领下，完成了数据大集中，信息系统大集中，然后在运营体系、业务体系、采购体系等方面进行流程大集中。

刘经纶谈到了当时集中所面临的阻力："很多人反映，集中影响体验，影响效率，等等。""比如核保，原来在当地就可以做，后来集中到总部去，在当时互联网没有得到广泛应用的情况下，时间反而拉长了。再如打印保单，原来地区就可以打印，现在总部打印完后，再分发到地区，多用了好多天。"

"从采购来说，我们的采购集中到总部后，地方反馈，你采购的东西质量比我的还差，价格比我的还贵。"

"但是我们还是坚持了，从现在看，如果不坚持，就无法建设强大的后台，更无法将大数据、云计算与业务紧密耦合，推动后面的一切。"刘经纶深有感触地说。

弹性工作制——互联网时代管理方式的变革

20世纪90年代初刘经纶到美国时，发现很多保险公司都是弹性工作制，当时他就有一个想法，想在国内尝试。"你晚来是否就可以晚走？如果按点上班，在办公室不干活，我们怎能看得见？"

回到国内，看到城市化进程中严重的堵车现象，刘经纶的这种想法更强烈了，员工天不亮就爬起来，走一两个小时到公司，已经精疲力尽，很难保证工作效率。如果是弹性工作制，他可以多睡一个小时，工作效率就会提高很多。

随着传统业务互联网化的深入推进，刘经纶觉得时机成熟了："过去不上班，就无法做事，现在技术可以解决。在泰康保险，可以实现移动办公。我们的信息系统能够实时显示你什么时候发的邮件，什么时候批的文件，在什么地方办公，干不干活，等等，我们都能看得出来，而且员工考核都有整个数据的支持。"

"对于员工来说，在家里也完全可以办公，现在我们能够用视频开会，你的所有文件可以在手机上随时批，不管你出差或不出差，在办公上都不受影响。"

"我一直在推动这个事情，员工也可以适度地在家办公。"据刘经纶透露，目前，泰康保险大概有近40%的公务处理是在8小时以外进行。"移动互联网必将带来管理方式的革命，这是'传统业务+互联网'的高级阶段。"刘经纶确信这一点。

■■■■ 互联网保险（以泰康在线为载体）：给它呵护，让它飞翔

"互联网的魅力之处在于去中介、降低成本，互联网保险一定代表未来。"刘经纶非常推崇免费理念："例如，我们泰康在线的飞常保，我一分钱不要你的，为什么，为的是将来更多地服务你的保险需求。但如果没有互联网，是难以想象的。"

在刘经纶看来，互联网保险有自己独特的运作规律，作为泰康保险集团的总裁兼泰康在线的董事长，他会给泰康在线以相对自主独立的成长空间。

目前，泰康在线有自己独立的办公区，员工实行弹性工作制，泰康在线采用独立的组织架构、产品与运营体系，它不受传统保险业务保费、新单价值的考核。摆脱了传统业务的羁绊，轻装上阵。

"泰康人寿是传统保险公司，在传统机制里，泰康在线每天受保费、新单价值的考核，束缚太多。泰康要做好'互联网+'，就得坚定地把泰康在线赶出去，成立全资子公司，让他们跟BAT、360、小米混，混出人样。"刘经纶非常推崇陈东升的这句话。

但是这并不意味着不管不顾，实践证明，一项创新业务在发展初期，往往与传统业务存在资源的争夺和利益的冲突，在庞大的传统势力面前，新业务由于规模小，往往缺乏话语权，结果要么营养不良，要么步步退让，无疾而终。

其间，刘经纶和陈东升一起，作为泰康保险传统业务体系的领导者，给新业务以强大的支持，甚至泰康在线所在的泰康创新中心成了刘经纶的第二办公区，泰康在线成了"一把手"工程。实际上，在"左手抱右手"战略提出的前6年时间里，泰康在线脱胎而出的泰康人寿创新事业部也得到了这种支持。

"没有领导者的坚定决心，就不可能有创新业务的起飞。"一位管理专家说。

成立一年来，泰康在线已经成为互联网保险的领军企业之一。在结束不久的泰康在线一周年庆典上，王道南宣布，泰康在线成立一年来，财险保费收入已突破5亿元，新增用户6000万名，年度付费客户超过了1700万人，保单件数超过了3亿份，泰康在线各移动端每个月有800万名的活跃用户。泰康在线已经形成了从获客到黏性，到深度挖掘的价值转化链条，覆盖了健康险、意外险、消费保险和场景保险等产品和服务，未来即将进入车险市场。

与传统业务互为犄角

"线上一定要依托线下的服务和网络，线上的流量优势和技术优势也要为线下所用。""我们既要从线下走到线上，又要从线上走到线下。""有分必有合，有合必有分。"这是刘经纶在多年的实践中深有体会的辩证法。他认为，泰康在线与传统业务一定是资源的共享与互补。

目前，泰康保险50多万名的营销员队伍正在代理泰康在线的财险业务。"这丰富了他们的业务范围，增加了他们的业务收入。而且他们把这些财险的客户又可以变为寿险客户。""这样就发挥了集团整体的力量，为客户提供人寿、财产一揽子风险解决方案。"

"作为泰康'互联网+'战略的重要布子，泰康在线将成为财险、寿险相结合的互联网普惠保险体系，并成为泰康保险大健康战略的互联网平台和入口。它将编织泰康保险集团'活力养老、高端医疗、卓越理财、终极关怀'四位一体商业模式营销网络中的'天网'。"刘经纶说。

"泰康的逻辑是：'左手抱右手'，要在两条路上齐头并进！"

刘经纶式充电

"今天的时代变化太快了，以前学一个知识，能用十年，现在两三年就被淘汰了。不重新调整自己，你就落伍了。"刘经纶坦言，作为一个领导者，面对互联网变革的巨浪，他有强烈的危机感。"不自我更新，就会被巨浪拍到沙滩上。"

对于他而言，学习更多地来自实践中的观察和思考，"你要善于观察，处处皆学问。""我常到一线和员工交流，员工反映的问题可能只是一个点，但到我这里就可能是一个面，举一反三。"

作为泰康保险集团总裁兼泰康在线董事长，刘经纶的工作极其繁忙："我到泰康十八年，除了法定节假日，没有休过一天公休假，周末经常被各种事务挤满。""可用于读书的时间很少。"对于他来说，收听广播里的新闻早报也是学习的有效途径，每天上班时，在路上，我会听三分钟的新闻早报，其中的新闻都是筛选出来的，比较重要的，三分钟听完了，你就感受到这一天里，世界和中国正发生着什么变化。"

其实，在刘经纶看来，学习的方式多种多样，可以触类旁通，但是有个前提：一定要跟上时代的前沿。"要对新技术、新思维、新模式有非常强烈的敏感度，别学淘汰的东西。"

从基层一步步打拼过来的他笃信这一点："市场是做出来的，人才是练出来的，办法是想出来的。""学习的东西一定要在市场上摔打，如果没有上过战场，就不能说自己是军事家。"

▶阳光保险集团总裁 李科

"去中心化"是互联网时代组织变革的方向

——专访阳光保险集团总裁李科

赵 辉

在社会经济大变革的时代，面对移动互联、大数据的风起云涌，阳光保险将采取什么样的战略布局？

阳光保险成立11年以来，凭着一步一个脚印的"农民心态"和战胜自我的创新精神，从一家专业的财产保险公司迅速崛起为拥有财产保险、人寿保险、信用保证保险、资产管理、医院等多个专业板块的综合性保险集团，逐渐成为保险行业变革发展的中坚力量。2015年，阳光保险总保费收入突破750亿元，各项核心业务增长均位居市场前列。

作为一家新兴的保险集团公司，在社会经济大变革的时代，面对移动互联、大数据的风起云涌，阳光保险将采取什么样的战略布局？将如何实现新的突破？在这背后又有着怎样的思考？近日，《中国保险报》记者在清华大学五道口金融学院，采访了正在参加EMBA学习的阳光保险集团总裁、阳光保险的创建者之一李科，他深度解析了阳光保险集团新十年的发展战略。

"一身四翼"战略

《中国保险报》：阳光保险的发展进入了第二个十年，为实现"从1到N"的突破，阳光保险集团将采取什么样的发展战略？这个战略的内在逻辑是什么？

李科：张维功董事长（阳光保险集团董事长）在2015年7月28日阳光保险成立十周庆典大会上，正式提出了集团公司"一身四翼"的发展战略，即在坚定不移做大做强保险主业基础上，打造"数据、金融、健康、海外"四个新阳光，在公司成立20年的时候，把阳光保险发展成保险主业强大、金融平台完善、产业结构合理、国内海外连通、信息数据发达、服务能力强大的金融保险服务集团。

"一身四翼"战略的重心在"一身"，即保险主业。保险主业是阳光保险集团核心价值的主要来源，也是"四个新阳光"发展的重要依托。只有主业稳固，大局才稳固，保险主业要加快价值发展，推进转型升级，稳步提高市场占有率和影响力，实现从中型公司向大型公司的跨越。

"四翼"即四个阳光

一是"数据阳光"。我们认为，人才和数据是企业未来的两大核心资产，通常意义上，数据可分为交易数据和行为数据两大类，对保险行业而言，数据决定了客户分类和风险构成，通过不断积累的大数据，分析客户，了解客户，贴近客户，进行个性化的产品开发、精准营销及有效的风险防控，满足客户多元化、个性化的金融需求，这是互联网时代构建企业核心竞争力的关键之一。

二是"金融阳光"。从客户需求方面看，今天许多客户特别是中高端客户希望一个机构能够提供"一站式"综合金融保险服务。要满足客户的这种多元需求，就要不断丰富保险以外的金融板块，努力以更加便捷的方式和良好的体验向客户提供多种产品与服务，实现客户价值提升。

三是"健康阳光"。保险和医疗健康有着天然的联系，发达国家在这方面已有较成熟的实践。我们打造"健康阳光"，一要充分发挥保险在健康、医疗领域的积极作用；二要抓住国家医改的机会，为医疗改革作出一点贡献；三要为健康养老提前布局。阳光保险"健康阳光"的打造将以医院为核心，不断向健康、护理、养老下游产业延伸，积极参与医药、健康器械的产业链整合，提升商业保险参与医疗管理的能力。

四是"海外阳光"。随着保险资产的不断增加，特别是国家"走出去"战略的推行，保险资产的"结构多元、全球配置"将成为一种必然选择，有利于分散风险、平衡收益。目前的海外并购是阳光保险走出去的"敲门砖"，未来，公司不仅要实现国内发展的集团化，也要逐步成为在国际上崭露头角的新兴金融保险集团。

《中国保险报》：为什么要进行这样的战略转型？

李科：对于阳光保险新十年的路该怎么走，阳光保险的管理层经过了深度思考和深入研讨，最终决定走二次创业之路，并提出"一身四翼"的发展战略。阳光保险的转型本质上是两个方向：一个以客户为中心，就是要更加迅速、便捷、有效地满足客户需求；另一个面向互联网、大数据时代，推进集团运营管理和客户服务的互联网化。实现这两方面的转型需要在组织层面进行深刻的变革。

在互联网时代，客户的行为方式与消费习惯发生了很大的变化，服务的提供和互动从线下向线上转移，大数据、云计算为海量数据的聚集和分析挖掘提供了可能，数据成为企业未来的核心资产之一。随着经济和社会发展，客户结构正在发生快速的变化，大众富裕阶层正逐渐成为金融保险的主流客群，客户需求正从单一的保险需求向综合金融需求转变。随着收入的提高和老龄化社会的到来，人们的健康服务需求显著提升，健康市场具有广阔的发展前景，加之国家医疗改革的机遇和保险同健康医疗的天然联系，保险企业进军医疗健康业有很大优势。保险企业必须要适应时代、适应市场、跟随客户，这是公司提出"一身四翼"战略的出发点和落脚点。

■■■ "数据阳光"

《中国保险报》：互联网时代的今天，大数据已经成了保险企业洞察客户需求、提升竞争力的助手，阳光保险也在全力建设"数据阳光"，您能谈谈"数据阳光"的布局思路吗？

李科：集团将"数据阳光"放在"四个阳光"的首位，足以说明对数据的重视。"数据阳光"是公司核心能力建设和战略转型的重要手段和途径，通过数据的获取、积累和挖掘分析，洞见客户需求，把握行为特征、风险偏好，精准营销、精准服务，合理进行风险定价，为客户提供个性化的产品与服务，终极目的是改善客户体验和提升客户价值。

"数据阳光"是一个系统工程，首先要做的是建设数据文化，搭建专业化队伍，从快速产生价值的速赢项目入手先干起来。同时要做好基础体系建设，主要包括客户基础数据体系，统一的数据平台，合作机构与平台的数据交换和支持体系，风险控制系统等。"数据阳光"建设的核心是建立数据资产获取能力和数据分析运用能力。

■■■ "去中心化"的组织变革

《中国保险报》：您曾提到，互联网时代企业组织变革的根本在于"去中心化"，为什么"去中心化"如此重要？阳光保险采取了哪些重要措施进行"去中心化"的组织变革？

李科：在互联网时代，追求客户的极致体验、平台化和生态化成为组织的发展趋势，要真正实现以客户为中心，实现企业前端和后端对客户需求和市场变化的快速响应，就需要对传统企业组织进行"去中心化"变革，我认为这是互联网时代组织变革的趋势和方向。

组织"去中心化"不是不要中心，也不是没有中心，是人人都可以成为中心，把直线管理型组织变成网络化组织。"去中心化"就是要让节点自由选择中心，在组织之中不是仅下级围绕上级转，更多的应当是生产资料围绕生产力要素转，这样生产力要素就更活跃，资源配置就更灵活，管理效率就更高，基层组织和一线员工的活力就更强。目前阳光保险的组织架构是传统的金字塔式多层架构，管理链条长，成本高，效率低，决策者远离市场和客户，对客户和基层的现状及需求不能做到动态把握。这对于应对互联网时代的市场竞争极为不利，这样的组织也无法真正实现客户需求导向，所以我们提出要进行组织"去中心化"改革。

组织"去中心化"关键是改变一切以上级、以各级管理层为中心的传统模式，使组织围绕客户、市场和一线员工转，缩短企业与客户的距离，及时满足客户的需求。组织"去中心化"一个重要的前提是搭建统一支持平台，具体说，就是能够由组织平台完成的职能要集中，需要市场或者服务端人员快速决策和迅速处理的职能要下放。举个阳光保险闪赔服务的例子：客户的车辆出了事，我们的理赔员到现场定损后，可通过APP对接公司后援支持平台，对于简易案件，最快十几分钟就可以完成对客户的赔款，此时客户和理赔人员成为真正的中心，后面的整个体系都为其提供服务与支持。传统企业只有通过"去中心化"的组织变革，才能提升效率，改善客户体验，但这是一项非常艰巨的工程，我们计划通过3~5年的时间建立"去中心化"的组织体系。目前阳光保险正在实施"凤凰工程"，将公司打造成一个大的组织平台，变成一个网络状的组织。外部以客户为中心，内部以一线员工为中心，以平台直接对接客户和一线员工，为他们提供有力的支持。

《中国保险报》：阳光保险已经完成了集团层面的业务和财务共享中心建设，2014年起阳光保险开始强力推进"一个客户、一个账户、一个阳光、多个产品"的客户管理体系，这与组织"去中心化"之间的关系是什么？

李科：实现"一个客户、一个账户、一个阳光、多个产品"和客户全生命周期管理，是阳光保险推进以客户为中心战略转型的重要举措，当然它也是组织"去中心化"的重要基础。但两者的侧重点是不同的，前者更多是统一客户视图，满足客户多元化的需求，而"去中心化"则是解决组织内部影响客户需求导向的一些深层次体制机制问题。

阳光保险2011年开始进行集团层面的共享服务体系建设，成立了业务运营共享中心、财务共享中心、客户服务中心和信息技术中心，实现了公司中后台的作业集中和管理集中，包括出单、核保、核赔、财务、客服等，把集团公司内部的客户、产品、渠道及运营都打通了，而且实行了标准化和平台化，为组织"去中心化"变革奠定了很好的基础。

"金融阳光"

《中国保险报》：阳光保险成立了国内首家商业化信用保证保险公司——阳光渝融信用保证保险股份有限公司，参与成立了北京中关村融汇金融信息服务有限公司（惠金所）、泓德基金管理有限公司、马上消费金融股份有限公司、诚泰融资租赁有限公司等，与此同时，阳光保险集团与清华大学五道口金融学院共同创建了"清华大学国家金融研究院阳光互联网金融创新研究中心"，这些对于阳光保险的战略意义何在？

李科：阳光保险作为主要股东或参与方发起成立上述公司和平台，是推进"金融阳光"战略的重要举措，阳光保险将以市场化方式进入相关金融业务领域。阳光保险打造互联网金融体系的目的是以互联网方式为人们提供更多、更好的金融服务，满足客户全方位的金融需求，创造新的价值增长点。我们希望借助互联网金融的布局，再造一个新的阳光，使"金融阳光"成为互联网金融领域有影响力的品牌。

成立阳光渝融信用保证保险公司是希望让信用产生价值，成为成熟的商业模式，让高信用的人低成本地获得社会资源，推动中国的信用进步。信用是金融业的基础，信用保证保险实际上可以介入整个金融体系，为各类金融业务提供服务。在提供信用保证的同时，把各类金融机构和平台的资源打通，利用大数据进行风险识别和定价，打造以数据为核心的经营模式。

惠金所是一个综合性的资产交易平台，提供P2P、B2C、B2B等多种产品和服务。金融资产交易中风险控制是核心，金融的本质是风险管理，而保险企业发展这类平台具有天然的优势，因为保险行业本身就是一个以风险为对象的行业。我们在有效隔离风险的前提下，可以将资产交易业务、资产管理业务与信用保证保险业务进行有效协同、合作互动、共同发展。

2014年9月，阳光保险出资3000万元与清华大学五道口金融学院共同创建"清华大学国家金融研究院阳光互联网金融创新研究中心"，该中心是国内首家"产学研一体"的互联网金融创新研究中心，对促进科研成果转化以及互联网金融创新、研发和应用具有积极意义。我国互联网金融的发展尚处于起步阶段，发展空间巨大，推进理论前沿研究，实施"产学研"一体化，发挥金融研究机构理论研究和金融企业实践的优势，通过双方紧密合作，创作出更多、更好的金融创新成果，为互联网金融行业健康发展和国家经济建设作出贡献。

▶林克屏（右）与大童保险董事长兼总裁
蒋　铭（左）

大童模式进化论

——专访大童保险销售有限公司董事长兼总裁蒋铭、创始人林克屏

冯娜娜

在八年的发展过程中，大童保险渐次理顺现行模式，逐渐形成自己独特的中介发展模式样本。

国内首家全国性保险销售服务公司——大童保险销售服务有限公司（以下简称大童）2016年以来发展速度明显加快：2016年10月8日，大童宣布，移动服务平台"快保"新时代开启。新版本作为2015年10月18日上线的"快保"APP的升级版，近一年，"快保"注册用户约为18万人，创造的保费收入达1800万元。

这是大童O2O战略的一个缩影。

2016年以来，大童陆续在安徽、深圳、海南、浙江、内蒙古、新疆、青岛成立分公司。

从对自身发展的定位来看，大童未来将建成一家保险中介集团，在发展多年的保险代理业务外，经纪业务将成为大童集团新的业务贡献点。2016年是大童保险经纪有限公司系统化运作的创业元年，截至7月19日，大童保险经纪有限公司实现经纪保费6.64亿元，年度保费达成率为108%。

2016年9月20日，大童宣布寿险新单期交规模突破5亿元。截至2016年9月底，大童的成绩单是：实现保费规模18.8亿元，整体同比增长220%，其中核心的寿险首期业务同比增长300%。

不仅如此，大童还将参与筹建一家人寿保险公司，拟与俄罗斯国家保险公司、安信信托等公司共同出资设立国和人寿保险股份有限公司（暂定名，以工商登记核准为准），注册资本人民币20亿元。

当前，大童业绩增长快速，分支机构陆续开设，由以往处于弱势的中介公司成为保险公司筹建的发起人。

按创始人、现大童名誉董事长林克屏的表述，对如今的大童而言，现在的发展"恰逢其时"。如今再去成立这样一家保险中介公司，成本会很大，而且会错失保险业大发展的机会。大童的成立是按市场规律、应趋势而为的，具有前瞻性，到现在经历几年积淀，队伍也已逐渐成熟。

2008—2017年，大童走过8年多的时间。其中的重要时间点大概为：2008年成立伊始的摸索，2009年的痛苦转型，2014年掌舵者的更换，2015年顺势拉开的发展大幕。

初始创业者31人中，如今留在大童继续发展的有16人。8年更迭，其没有变化的核心逻辑是：坚持认为"产销分离、专业化分工"是未来保险中介的发展趋势，坚持人寿保险销售核心为"长期寿险期交业务"。同时，大童坚持"两个不做"：不做香港保单，不做P2P。

在8年多的发展过程中，大童逐渐理顺现行模式，逐渐形成自己独特的中介发展模式样本。

大童保险董事长蒋铭常言"趋势"：希望大童成为致力于打造中国未来独立代理人的最佳服务平台，做老百姓身边的金融保险超市，成为代理人心中的终身事业归属。

改变从销售开始

时间回拨到 2008 年。51 岁时放弃大型寿险公司常务副总裁职位，林克屏作为创始人创办了一家专业保险中介公司——大童。这是中国保监会审批的第一家全国性保险销售服务公司。

大童因何而起？林克屏说，大概基于要解决两个问题：一是中国的老百姓在哪里买保险；二是中国的代理人在哪里卖保险。大童的目标是推动中国保险行业的产销分离与专业分工。

"任何选择都不能着眼于自己，而应着眼于行业和趋势。"林克屏认为，保险中介行业没问题，中国保险中介的发展只是需要时间和人的因素，中国保险业发达到一定程度时，保险公司的链条不会那么长，必然需要专业化分工。

林克屏认为，保险业是很好的行业，保险也是人们所需要的，但在中国，大众对保险的认知始终停留在保险业是"另类"的层面上，老百姓不接受，市场口碑也不好，这不是保险业本身的问题，而是保险行业的人没有经营好这个行业。在这样的背景下，保险如何进一步正本清源、回归保险本来面目就变得非常重要，而当时的发展模式尤其销售模式是不可持续的。当时保险市场的销售模式更多是以产品为导向，这是一种保险销售的错位。改变必须要从销售入手。

彼时，在保险公司从业多年的蒋铭也有自己的困惑，营销员这个群体没有保障，在任何时刻都有可能面临成绩随时被归零的情况，在不断的销售考核中，一个环节没有跟上，可能后续所有的续期、收入、队伍的组织收入全部划为零，营销员甚至没有基础的保障，例如社保。

困惑存在，方向已定，如何发展成为问题，自废原本在保险公司练成的"武功"后，大童开始了新的模式探索。

摆脱人海战术

最初，大童有过一些挫折和教训。"销售人员增加到1万多人，人海战术使得成本提升，这是管理发展上的教训；在队伍管理上，需要意识的转变，但是真正的思维转变很难，从产品导向到以客户为中心的转变也较难；另外，经营一家保险中介企业，所需要的成本意识、创业意识，都是关键的。"大童管理层如是说。

保险公司出身的他们，有多年保险公司的根基，最初开始的人力发展、组织发展与保险公司的思路并无太多不同。开始时大童用"大增员"的形式，从2008年底到2009年，员工猛增到15000人。但随之问题出现，过度依赖人员扩张带来销售业绩不稳定、成本增加过快等问题。传统营销模式的一些弊病出现。

"这样下去不如回去干保险公司了。"当时的大童出现了这样一种声音。创业团队意识到，大童必须进行变革。

蒋铭说道，与传统营销不同，保险中介的营销如何变革，变革之后的路如何走，没有学习的对象，全靠自己去摸索，确实碰到很多困难。

"转型的路很痛苦。"林克屏称，大童打破粗放的"人海战术"发展模式，强调团队发展应从"人力规模型"转向"人力绩效型"，首先一点是强化公司招聘行为，改变过去大进大出的增员标准，注重选才，加强培训，在此过程中需要强化队伍的标准、个体的标准、业务的标准。

最大的变革是2009年，大童打破金字塔组织管理架构，实行扁平化管理。

保险公司都是金字塔组织，内外勤都是如此。外勤是"总监—营业部经理—主管—增员人—业务员"，然后每一层级还要分多个级别，组成超级繁杂的金字塔架构。内勤也是"总公司—省级公司—分公司—中心子公司—支公司—乡镇公司的金字塔结构，每一层都要养一批人。营销员支撑着上面所有的层级，收入不可能高，根基很脆弱。"蒋铭说。

但金字塔结构有自身的好处。蒋铭说，这是一种控制性组织，人与人之间都有一个链条，组织发展的动力很强，要在金字塔的组织里晋升，就必须增员，靠人力往上升，所以会有源源不断增员的动力。不好的地方在于剥削很严重。金字塔意味着每一个级别都要瓜分一线营销员的佣金。这也是中国许多保险营销员生存状况很差的原因。因为剥削他们的层级太多，这是一个很大的问题。

大童对此进行了大的变革，将这些层级全部压扁，从外勤到内勤，变成两层结构。打破金字塔利益分配的"血缘"链条，强化师徒制，师徒制只有两个层级，在销售队伍上建立简单的人际关系，只设两级团队，强化销售绩效导向。团队长收入由底薪和团队绩效考核两部分组成，不能直接从营销人员业绩中提成。营销人员的收入主要来自业务收入和师傅津贴。不设置人力考核指标，考核激励的重点在于业务数量和质量。这种做法避免了人力盲目扩张和营销员依赖增员生存。公司将利益向一线人员倾斜，提高了队伍素质和积极性，打破了营销人员高脱落率的体制惯性，强化了营销人员的安全感、稳定感和归属感。

大童强调"销售人员劳动资产化"，认为销售人员所开发的客户应该是自己的客户，是需要长期服务的对象。销售员如果到一定年龄无法再工作的话，可以将客户资源移交到自己的亲属继续维护。

扁平化管理模式的变革并非一朝一夕，这种转型之路持续了三年。

蒋铭提及，这在当时公司历史上可能是最艰难的时刻，将公司的中间层全部砍断，这个过程可以用"惊心动魄"来形容。经过了2009年的扁平化实验到2010年的全国推广，到2012年的时候，销售队伍从15000人锐减到3000人，但经过扁平化改造后，产生了一个好的结果——营销员个体产能提高。事实证明，这条路走对了。但是突破很困难，从3000人的精英，再做到6000人的精英就很难了。"因为当时我们的管理半径大不起来，一个人管不了很多人。"

如何实现有效的管理是需要逐渐摸索的。大童的扁平化结构意味着：一个人要管很多人，而且要求反应速度快。因为最初大童公司的所有人都从保险公司出来，特别不适应这种扁平化的组织，其中不乏反复。"所以在前面的三年，我们遇到了很多在管理上的问题。大家就想管，又觉得一个人很难管几十个人，甚至有一些人想再学回去，重新按照一般保险公司的做法设置组织架构。但是管理层还是认为，坚决不学回去，我们觉得这样做是对的，它的好处是营销员的付出和所得比在保险公司合理得多。所以每个人的生存状况很好，大家很热爱这家公司。"

2009年做到今天，在这种扁平的组织下，寻找更高效率的过程中，大童管理层发现了一个特别好的解决方法，就是互联网技术。

O2O战略应运而生

2014年底，大童发现，互联网可以做扁平化组织中所不能做的事情。所以大童自2014年开始确定互联网策略，对组织进行重建。

2014年，大童制定了O2O战略——更强大的线下和更开放的线上。线上是指大童于2015年推出的线上平台"快保"，而线下是指大童的服务平台。大童可以提供集中采购、后援支持、线上服务、培训、IT技术等服务。在保险领域，只有线下和线上的有机结合才能产生良好的效果。如果单独做线上，线下的服务就会缺失；如果单独做线下，效率就会降低。

蒋铭认为，互联网效率革命引爆保险产业链重构。互联网技术的出现，需要的就是扁平化的组织。互联网和复杂的金字塔组织天生就是矛盾的。保险业在这方面蕴含着最有爆发力的商机。这包括生产环节的互联网化和流通环节的互联网化。

在他看来，互联网产品的交易有一个重要特点——高频低额。互联网需要标准化的产品，但保险产品，特别是寿险产品大多是非标产品、隐性需求的产品（特别是人寿保险这种基于个人生老病死风险的产品，客户在没有面临风险的时候，并没有购买的紧迫感），同时，这类产品的复杂度、个性化和交易额又很高。因此，互联网化的过程具有不少挑战。现阶段，人寿保险在互联网上的销售在全球范围仍未取得有效突破，复杂型的人寿保险至少在目前还不能被互联网所取代。

 以客户需求为导向

销售模式改变了，管理体制优化了，导向也与传统保险公司不同。

大童的管理层认为，保险产品是复杂产品，保险公司业务员推销的是自己公司的产品，但这些产品不一定适合客户，所以必须要获得第三方的帮助，客户的需求是多样化的，需要养老、医疗和意外保障，如果只用一种"武器"面对客户，就会失去客户。

保险公司要实现以客户需求为导向。大童自2010年开始将目标定位为"以家庭为单位的全面保障"，逐步转变为以客户需求为导向的服务模式；到2012年，开始以家庭为单位经营全面保障；2014年进一步系统化、程序化，提出大童原创的销售服务模式——需求导向型、解决方案式咨询服务模式（Demand oriented，Solution model，DOSM）。

"原来一名业务员要做好几百名客户，现在一年服务十多个家庭，二十个家庭就算比较多了。"大童管理层表示。这种模式对业务员的能力要求很高，首先要求销售人员转变意识和观念，将产品选择权交给客户。过去是推销产品给客户，现在将产品选择权交给客户，保险公司不是卖产品，而是为客户提供解决方案。

蒋铭告诉我们，以前是纵向经营同一家保险公司的产品，现在是横向经营不同公司的产品，而且包括人寿保险和财产保险之间的双向互动，并进行交叉组合。这几年特别重要的销售方式探索是：开始教会销售人员针对客户需求进行方案制订，挑选不同公司最精华的产品，货比三家，最后针对客户的风险需求进行组合，从而提供解决方案。

 方向：独立代理人服务平台

此前发布的《中国保险业发展"十三五"规划纲要》提出，鼓励保险销售多元化发展，探索独立个人代理人制度。蒋铭看到此内容时认为，与大童的发展方向不谋而合。他认为，独立代理人是趋势，大童要做独立代理人的最佳服务平台，这是公司未来很长时间的发展战略。

在面对保险业未来的独立代理人时，大童推出了"个人创业+企业平台"的领先创业模式。2015年，大童董事长蒋铭在原有制度框架下，将世界咨询行业普遍运用的先进的合伙人制度第一次创造性地引进中国保险中介行业，大童通过制度安排与创业者共同分享企业的财富。这一制度的运用极大地激发了大童的组织活力，从体制机制上帮助保险代理人从体力劳动者向咨询类职业转变。

在蒋铭看来，中国保险业较差的客户体验缘于整个机制：没有解放代理人给客户自由选择产品的权力。而解放一个人的代理权限有三点好处：一是可以客观公正地评价各家保险公司的产品，可以站在客户的角度看问题；二是可以提高销售效率，多家保险公司产品比较后可以提高成交概率，提高开发客户的效率，能够增加代理人的收入；三是代理权限的放宽使得保险代理人可以对客户进行一站式服务，包括寿险、财险等，同时可以提高售后服务的品质。

林克屏谈及对独立代理人的看法时说，从专业代理人到独立代理人，将面临投入成本高、经营风险大、产品采购、培训等诸多问题。独立代理人制度绝不是单打独斗，也绝不是"小农经济作坊式"的生产经营模式，它的成功必须依靠专业化分工且强大的第三方服务支持平台，否则，必将事倍功半，专业高效无从可言。

对于大童而言，实际上就是要做成一个真正的保险业服务平台，给独立代理人提供线上、线下双重服务，包括产品采购、专业培训、合同签约、后援运营、技术支持、制度设计、财务结算等。

蒋铭认为，从美国的经验来看，独立代理人制度的推行已有30年，目前美国保险代理人中一半以上为独立代理人、经纪人。全球最大最成熟的美国寿险市场，已经发展出以独立代理人为主的代理销售制度体系。独立代理人制度的推出有利于消化和分流现有营销队伍，有利于优化销售层，促进行业的产销分离化。

蒋铭谈及，产销分离背景下的保险中介将获得极大的灵活性，用好灵活性的平台将大幅优于传统的保险公司专属销售平台。专业化分工最优的组合将带来巨大的效率变革，中国的保险产业链会被分别切开，一定会有一个板块率先崛起，带动其他板块的专业化分工。只要方向对了，时间就是答案。

▶泛华金控集团董事长　胡义南

千亿平台梦
——专访泛华金控集团董事长胡义南

赵　辉

> 一家销售规模100多亿元的保险中介公司提出向互联网平台转型，并喊出1000亿元的宏大目标。

泛华董事长胡义南是如何思考和行动的

"泛华将变成互联网企业"，"泛华在打造O2O平台，平台交易规模目标为1000亿元"，"泛华就是要以极致的体验、互联网思维征服客户"。2014年，国内互联网保险业务保费收入仅为858.9亿元，其中43%是以淘宝和网易为代表的第三方电子交易平台贡献的。1000亿元的交易规模对于一家目前销售规模100多亿元的保险中介公司而言，你是否会觉得不可思议？为此，本报专访了国内最大的保险中介公司——泛华金控集团董事长胡义南先生。

　　胡义南说，互联网将"创造性破坏"保险产业链的每个环节。而对于以拥有强大"地面优势"为特点的泛华，未来又在哪里？

　　2010年，胡义南从海外考察归来后，就明确了泛华向互联网转型的方向。2010年上半年，泛华正式收购了保网（baoxian.com）（见图1）；2012年10月，泛华又推出了手机端的"掌中保"（见图2）；2014年，再次推出了车童网（见图3）、e互助（见图4）等互联网项目。经过多年的悄悄布局，2014年，胡义南喊出了1000亿元交易规模的战略目标，正式向全球资本市场发布了他的O2O平台战略。他宣布，泛华的未来，就是通过互联网积累过亿的客户，天、地、人三网合一，打造有强大竞争力的保险生态圈，成为中国领先的O2O保险销售与服务平台运营商。

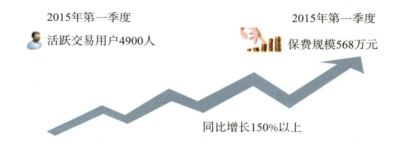

图1　保网（www.baoxian.com）以销售短期意外险、旅游险为主

图2　"掌中保"移动app（截至2015年第一季度）

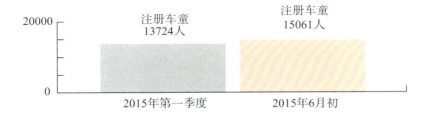

图3 2014年8月上线的保险公共服务平台车童网

图4 2014年10月正式发布上线的e互助（www.ehuzhu.com）
（截至2015年6月初）

摆脱地心引力

　　从1998年开始做保险代理，泛华一直在不断做网点和人力的扩张。2007年10月，泛华成为亚洲第一家在美国上市的保险中介企业以后，其行业的影响力、自信心、资本实力都得到大幅提升，位居保险中介行业第一。

　　此后，泛华经历了一个爆炸式增长的三年，业务从8个省扩张到27个省，覆盖全国80%以上的经济发达地区，保费规模从几亿元到80亿元；与28家保险公司、12家银行签订了"总对总"协议，同时与60多家保险公司展开全方位业务合作；营销员6万人，客户数量几百万人，每年保单销售量超过200万张……

　　但是，物理网络和人力扩张的驱动力逐年衰减。2010年，中国经济出现"刘易斯拐点",劳动力低成本的时代迫近终结,国内保险中介行业承受着巨大的成本压力,粗放式增长方式后的深层次风险问题,让泛华不得不思考中介行业的出路。

2010年胡义南专程到英国和美国考察发现,英国保险行业网络销售占到了保险市场40%的份额。"我认为这是中国保险销售未来的趋势。依靠互联网平台才能够真正解决人力成本高昂的难题。"考察结果对胡义南的冲击是巨大的:泛华必须拥抱互联网,否则没有生存之地。

胡义南判断,中国保险销售规模的40%也将通过互联网渠道来实现。"互联网用户的消费已经习惯于网上搜索与比价,保险也不会例外。"他还认为,比价网站带来的直接后果是推动全行业服务水平的提高,而绝对不是简单价格的恶性竞争。

■■■■ 保险中介,平台为王

互联网消灭不了保险中介,因为互联网也是一个中介。

简单、标准化、分散性保险业务,如财产险中的商业车险、家庭财产险,人身险中的定期健康险、个人意外伤害险等,极容易实现互联网化,即通过直接面向客户,客户通过自助式货比三家,在线完成交易,获得实惠。

互联网渠道虽然飞速成长,但保险营销员仍然是市场上一支最主要的力量。目前美国保险营销员将近250万人,其中40%在第三方中介公司。他们贡献的保费占市场25%的份额。同时,保险营销员的作业方式要革新升级,他们需要一个基于互联网的全产品展示和交易平台。2012年,伴随着营销员体制改革试点探索,泛华"掌中保"应运而生,向销售员展示各家保险公司的产品,并能够实现实时的"在线交易"。2014年初正式向全国推出后,用户迅速增长到6万多人,平台交易规模不断攀升,2015年第一季度通过"掌中保"交易的保费规模同比增长超过了100%。

刚开始,"掌中保"是给在泛华注册的营销员使用的,现在很多保险公司的营销员也开始安装使用。其间，还出现了一个有趣的现象，一些保险公司的销售团队为了防止自己的营销员使用"掌中保"，在每天的晨会上，检查销售员的手机上是否安装了泛华"掌中保"。

创业基因再张扬

胡义南经常给员工讲一句话："我们所说的、我们所理解的互联网可能都是错的。"

事实上，对泛华而言，转型的压力和痛苦是非常巨大的。2011年，泛华关闭和休眠了4个省级机构，100多个物理网点。"我们感受到互联网对传统运营模式产生巨大的冲击和颠覆。企业要互联网化，员工也要互联网化。"

毕竟，泛华是基于地面的庞大组织，互联网思维不是说有就有的。"我们的领导层也不是互联网的原住民。"胡义南坦言。

为此，泛华采取了内部创业与外部创业的方式。内部创业，泛华发起和投资的互联网项目，给创业者释放股权，如车童网和保网，泛华保网股份有36%是创业者的。另外，泛华积极物色互联网保险创业公司和创业团队，为其提供初始投资，泛华只占少数股份，并为其提供产品、数据与系统平台支持，以及帮助他们规范法律和财务，协助他们引进B轮和C轮融资。"他们做大了，可以自己去上市，也可以卖给泛华。"

20世纪90年代创业伊始，胡义南就将泛华的文化定位为"创业文化"；十年前，泛华推出了"后援平台+个人创业"的运营模式。胡义南认为，在"互联网+"时代，泛华仍然要依靠和充分激发创业文化。"我们所做的一切，就是立足于如何推动和利用全民创业、全员创业。"

"泛华创业的基因没有变。这也是我们应对'互联网+'挑战的底气。"胡义南说，"以前泛华重点支持线下创业，未来泛华将重点支持线上创业。"

■■■■ 高端访谈

《中国保险报》：您能谈谈从2010年布局互联网转型，到2014年正式发布O2O互联网平台战略，这期间您有哪些思考？

胡义南：其实，我们的转型推进一直很艰难。

第一个问题是它需要有一个市场环境，就是费率市场化。没有差异化，客户能够自主选择的余地很小。

第二个问题是保险行业的IT互联网建设。保险公司的互联网建设在一定程度上是落后于整个互联网发展的，每个保险公司都有IT系统，都是基于内控管理的IT系统，而不是基于营销、基于市场的。最近一年多，这个问题才逐渐得到改善。

第三个问题是客户意愿。过去，保险公司不愿意彼此比价，甚至非常惧怕比价，不愿意开放端口给泛华做比价网站。最近这种局面得到改善，保险公司认识到可以通过比价网站进行服务竞争。目前，有8家保险公司向泛华开放了端口，双方实现了数据对接。

《中国保险报》：最近车险比价网站很受争议，觉得会引起市场的恶性竞争，破坏市场秩序。您对这个问题怎么看？

胡义南：这种担心是完全不必要的，保险产品是个性化的产品，其实每个保险商给客户提供的保险方案的内涵是不同的。在保险产品日渐成为日用消费品后，价格敏感度会大幅降低，服务敏感度会大幅提高。从英美保险市场看，在互联网大潮之下，大型保险公司的市场份额长期保持稳定，因为客户在比价的同时，更看重保险公司的品牌和服务，客户会心甘情愿多掏100元买品牌和服务。

最近几年大保险公司对中小保险公司的"挤出效应"非常明显，其主要原因是中小保险公司在品牌和服务能力方面与大型保险公司的差距越来越大。泛华希望打造一个公共服务平台，整合社会各种资源，为保险公司，尤其是中小保险公司提供与大型保险公司无差异，甚至比大型保险公司更多、更优质的服务，如泛华公估网络和车童网。

《中国保险报》：在O2O平台化转型中，泛华是不是遇到了一些挑战？

胡义南：过去遇到过，现在也正在遇到。

首先是思维。今天我们传统产业的很多人，是从"我"出发，对于保险公司，关注的是"我"卖什么东西给客户，通过什么渠道销售。而互联网所要求的是从客户出发，客户需要什么，怎么样让客户体验得更好。从"我"出发，会把很多事情复杂化。从客户出发，就要想办法把产品变得很简单。

打一个很简单的比方，所有的保险公司都把客户资源当成公司最重要的资产。但是在大数据时代，客户信息极易获取，客户是用户，谁的产品好，谁的服务好，谁提供的体验好，客户就忠诚于谁。

在泛华发展历程中，有两次大飞跃，都是基于开放客户资源。第一次大飞跃是在十年前，我们将公司的客户无偿分配给营销员，结果公司销售业绩年年翻番。第二次大飞跃是泛华把所有客户资源开放给合作的保险公司，保险公司想要的资料泛华全给！我们坚信，只要泛华的平台好，服务好，客户就会通过泛华买保险。

《中国保险报》：向O2O转型，泛华在组织层面进行了怎样的改变？

胡义南：传统组织模式是金字塔式，互联网时代要求扁平化，一切围绕着客户需求展开。为了向O2O平台转型，泛华进行了两次大规模的组织变革和重构。

第一次是在2013年，泛华将母子制变革为总分制。此前在每个省，泛华至少有两个机构、两个管理层、两支队伍。两支队伍，卖寿险的不卖财险，卖财险的不卖寿险。2013年的泛华组织变革，把它们合并了，一个地区一个分公司、一个管理团队，销售队伍可以销售多元产品。

第二次是在2014年底，泛华把线上和线下接通。我们原来的队伍线上是一拨人，线下是另一拨人，各自做各自的事情，管理和服务在组织上是隔离的。因此，进行组织重构，设置统一的O2O总指挥部，确保资源在线上线下自由流动。在KPI指标的设计上，线上承担线下的指标，线下承担线上的指标，考核指标一体化。

其次是推动营销员转型，"掌中保"推动营销员向"一人一门店"转型，推动营销员互联网化、精英化，促进他们成为家庭财务顾问，为家庭的全面金融服务需求提供解决方案，这些服务是互联网替代不了的。

《中国保险报》：对于互联网平台的盈利模式，您是如何思考的？

胡义南：泛华在推出O2O战略之后，我们明确了经营思想，从追求渠道利润到追求平台交易规模。我们将不再只是关注每一笔交易的保单要获得的最高佣金。我们的目标是顺应并力促保险消费者形成网络消费习惯。泛华的未来是要构建规模超过1000亿元的保险交易平台，我们在千亿元交易规模中赚1%的佣金，而不是要在100亿元的保险销售规模中赚20%的佣金。这是我们经营理念的一个重大调整。

▶国元农险董事长　张子良

超越商业做农险

——专访国元农险董事长张子良

赵　辉　杜　亮

> 国元农险在荆棘重重的农险市场中，为何能够脱颖而出？
> 从成立到现在，国元农险走出了怎样的一条道路？

"规范做等死，不规范做找死"，这是不少保险业内人士对当前农险市场的看法。农险市场是靠财政补贴刺激起来的，而由于农村土地太分散，农民保险需求不集中，保险公司展业是一件很苦的差事，由此衍生出种种弊端。

高额的国家财政补贴，让一些保险公司诱惑难当，更不乏一些抄捷径者，变通出农险市场盛行的种种"潜规则"。一些保险公司放弃了基层的网点建设，将承保和理赔都推到了基层政府，甚至与部分政府基层干部合谋，在农民不知情的情况下，代交保费，骗取政府补贴，制造虚假理赔、返还保费等，让农险服务无法真正落实，更糟蹋了大笔财政资金。面对这种情况，近年来政府部门开始重拳打击，令一些违规者付出了高昂的代价。渐渐地，农险市场从大家一拥而上转变为让财产保险公司望而生畏。有关数据显示，2014年农险累计保费收入为325.7亿元，同比仅增长6.2%。增速较上年大幅回落。大部分专业农险公司中，农险业务的比重下降。

就在如此难做的市场中，却有一家保险公司呈现出几分亮色。作为安徽省政府组建并控股的农险公司，国元农险在2014年取得了不错的业绩，公司保费收入突破30亿元，是2008年的15倍，利润总额近4亿元，连续7年实现盈利。更可贵的是，据报道，同其他几家农险公司相比，国元农险是唯一一家农险业务占比上升的企业。那么，国元农险在荆棘重重的农险市场中，为何能够脱颖而出？从成立到现在，国元农险走出了怎样的一条道路？

来了一群外行人

2008年，作为农业改革试点的安徽省计划组建专业的农险公司，由安徽省政府直属的地方大型金融控股集团——国元集团牵头，创办国元农业保险公司。长期浸淫在资本市场的国元集团副总经理张子良兼任国元农险的董事长，又从省里的一些农业部门抽调了大批人员参与组建公司。

彼时，国元农险的领导班子是一批不懂保险的门外汉。可就是这些外行人，无知者无畏，跳出了传统的商业保险思维，摆脱了一些保险业同行的机巧，按照农业的规律与保险的本质，扎扎实实地摸索，作出了令保险业同行们羡慕的成绩。

"我从离钱最近的地方，到了离钱最远的地方。"谈起自身的转型，张子良说，"农险无小事，一头连着政府，一头连着老百姓，把国家的支农惠农政策落到实处，不能马虎。"

他坦言，公司成立之初，对于能否做好农险，还带着大大的问号。"农业风险一旦发生，都是大面积的，公司能不能承担得了？安徽农民有几千万名，如此大的量，能不能做好？都说和农民打交道是很难的事，这么难的事，公司能搞定吗？"

使命感连带着承诺："我们一定要把农险做好，没有退路。"公司一组建，就全力投入到农险业务的探索中。

跳出商业思维做农险

"如果仅仅将农业保险当作商业保险来做，农民是很难满意的，农险也很难做得下去。"张子良说。在农险的赔付方面，国元做得非常充分，有的地方甚至达到300%多的赔付率。据统计，在四大农险公司2014年的总赔付率中，国元位居第一。

用商业思维运作农险，农险领域的同行们认为本是天经地义的事情。于是，面对发育迟缓、需求难以撬动，而又成本高企、风险难以控制的农险市场，一些保险企业开始投机取巧。它们没有扎实地在农村网点建设和产品创新上下功夫，而是通过与基层达成某种默契，套取保费，减少理赔，降低赔付率，专门寻找风险小的区域做，利用与农民之间的信息不对称逐利，越做越油滑。这些惯常的做法虽然让它们在短期内实现市场份额，利润水平激增，获得了迅速发展，但是长期下来，失去了农民与当地政府的信任，道路越走越窄。

究其原因，是一些公司骨子里还认为农险只是商业保险的一种。但是在张子良看来，农业保险是经济效益与社会效益并重的。"它事关农民的生计与农业的发展。"为此，国元农险将两者一起作为企业的目标。他认为，农险的社会效益就是要扶持农民这个弱势群体。

针对当时农业保险索赔难、理赔慢的问题，他提出了"不惜赔，不拖赔，不乱赔"。

"不要和农民太计较。"这是张子良常说的话，"第一，农业的灾害，特别是种植业，很多的损失需要二次定损，也就是说农作物本身有一个恢复生长的可能。第二，农业的损失评估很难精确到百分之几。如果太计较，争议太大，农民会很难认可农险。第三，不同地方灾害的风险高低是不一样的，如果按照商业规律，只保风险低的，这就不符合政府的惠农政策导向。"

后续发展的实践证明，正是这种理念让国元农险摆脱了一些商业化农险公司的浮躁，得以多年稳稳扎根于安徽农险市场，并有了一系列业界仿效的产品、服务、运营模式创新。而对于那些只想从农民身上赚钱的保险公司，农民最终也会抛弃它们。目前，国元农险占安徽农险市场份额高达90%以上，可谓一枝独秀。

政企联办模式

在农险查勘方面，由财政部门、农业技术专家、基层政府和国元农险等组成的"联合查勘小组"堪称农险理赔方面的特色之举。财政部门的介入意味着政府支持，技术专家会提出公允的损失意见，国元农险则作为主要的查勘方。这种三方联合的方式充分调动各个方面的资源和能力，提升了查勘效率。

不止于查勘，国元农险组建之初，就提出了与政府联办的模式。为什么这么做？张子良认为："农业保险有五个特点，点多、面广、政策性强、社会关注度高、成本大。如果政府不参与推动，很难推得开。最起码，你到农村去，谁家的地都搞不清楚。"

而此间，安徽省政府对农险十分重视，农险发展已经列入各个政府部门的考核指标里。2009年，安徽省委、省政府就把政策性农业保险纳入"民生工程"，这极大地调动了各级政府推动农业保险的积极性，所以联办模式一经提出，就得到各级政府的有力支持。

在国元农险的联办模式中，保险公司和地方政府分工，一起做农险。在农险宣传上，借力基层组织，在农村组织各种宣传活动；在查勘方面，与政府部门组织联合工作组进行查勘定损；理赔方面，为将农险公司的风险控制在可控范围内，三倍以上的理赔由政府负责。

通过联办模式，国元农险得以利用政府遍及农村的基层网络，来撬动农村市场，服务农民与管控承保风险，跳出了围绕财政补贴"做文章"的急功近利模式。

值得一提的是，在国元农险的发展上，安徽省政府的作用至关重要，正是政府的支持与参与，弥补了保险公司一些能力的短板，加强了后者和农民之间的信任，推动了市场的启动。

■■■ 拒绝变"轻"

在农险市场，始终存在着一个问题，由于农民的土地分散，要服务农民，就需要庞大的基层队伍，但是这也意味着巨大的投入。于是一些保险公司采取所谓的"轻资产"运作模式，只依赖基层组织提供承保、收费、查勘等服务，以节省布局网点的费用。在还不规范的农险市场，它们以很低的成本获得了爆发式的保费增长。然而当农险市场面临日益严格的监管，逐渐走向规范之时，这些保险公司的业务模式开始陷入难以为继的窘境。

国元农险组建之初，正是这些"轻农险公司"享受不规范市场的红利之时，但是国元农险却选择了"重"的道路。据报道，从2009年开始，国元农险就在全省启动了乡镇"三农"保险服务站和行政村服务点建设。2010年开始，在部分耕地面积5万亩以上的乡镇发展专职协保员，在部分10万亩以上的乡镇设立保险营销服务部。为了发挥乡镇农经、农技人员和村干部贴近农民的优势，国元农险在每个乡镇配备1~2名兼职协保员，在每个行政村至少配备1名兼职协保员，全省协保员总数达到1.8万人。

同时，2010年，公司开始实施驻点员制度（县级机构员工在乡镇驻点工作）。直到2013年，安徽全省44个农业大县的每个乡镇都有一名驻点员，其他业务规模较小的县，每2~3个乡镇配备1名驻点员。

从成立起，用了3年时间，国元农险建立了以协保员为纽带，以乡镇"三农"保险服务站为中心，连接每个行政村、覆盖全省的市、县、乡、村四级服务网络。"我们觉得农业保险要做到面对面，现在农业保险这个链条太长，它的现代化程度太低了，信息化程度也低，不通过这种服务网络，很难做。"张子良解释说。

针对行业普遍的"轻农险"做法，张子良认为："没有基层服务网络，农业保险很容易出问题，如虚假承保、虚假理赔等。如果过于依赖地方政府，有些地方会出现猫腻。"

事实证明，国元农险庞大的基层网络虽然增加了成本，但却加强了对农民的服务，增加了对风险的控制。

一位保险业资深人士认为，国元农险健全的服务网络成为国元发展之根，也成了国元在农险市场竞争的核心优势。

不受伤，怎知规范之义

所有国元人都还清楚地记得2009年的那个冬天，他们所经历的事情。就是这个事件，深深刺激了公司领导层，推动了国元农险迈向规范化的进程。

2009年12月，国元农险成立才一年多时间，在秋季赔付时，国元农险将定损的任务交给了蒙城县一个乡。本来不同村子受灾的情况不一样，但是到了乡政府后，为图省事就搞成平均主义了。在乡里公示时，老百姓就不干了，给媒体打电话投诉。为此安徽电视台做了一个深度报道，省里领导看到报道后，责令追究。

这次事件严重影响了刚起步的农业保险在政府和农民心中的形象，给张子良的内心也带来了极大的震动："合规关系到农险公司的生死。"当错误发生时，有人无视错误，麻木不仁；有人亡羊补牢，诚惶诚恐；也有人抓住错误，及时改正，化为机遇。国元农险属于后者。"我们想通过这个事件，掀起规范化整顿之风，将坏事变成好事。"为此国元农险处理了相关负责人，进行了一年多的规范化整顿，举一反三，从承保、理赔、查勘到定损等环节，一个不漏。谈及这次整顿的结果，张子良嘴角露出了欣慰的微笑："这次事件真让公司的规范化意识和水平上了一个台阶。"而那时，"规范化"对于大多数涉及农业的保险公司，还是一个陌生的词汇。

探索与创新

在积极的探索中，无论是模式创新，还是产品创新，国元保险都走出了一套属于自己的道路。无论是以村为单位出保单、农户电子档案，还是第三方查勘，都带来众多的效仿者。而问及国元创新的奥秘时，张子良却告诉我们："当时，我们很多方面没有经验可借鉴，只能从头摸索，自然就有了这些创新。"在记者看来，这是专注的力量产生的压强，让创新成为可能。

"村保单"的缘起

对于散户的保险服务，一直是保险公司的一个难题，因为散户的土地比较分散，保险公司很难搞得清谁家的土地在什么地方，即便依靠基层人员指引，时间成本也比较高。由于自然灾害风险往往是大面积出现，国元人想："以乡镇为单位，出一张保单行不行？"但实践中发现，乡镇太大。最后国元农险以村为单位出一张保单，附上一个分户清册。出险后，由协保员按照分户清册，调查清楚不同家庭的受灾情况与分布，再由国元农险予以赔偿。实践证明，这种做法符合农村市场情况，锁定了保险标的，提升了承保、理赔准确性和服务效率。

电子档案PK骗保

对于保险公司来说，一些农户，尤其是大户的骗保会给它们带来较大的风险。在一度极不规范的农险市场上，骗保的手段也是多种多样。有的为拿到更多的风险补偿，就在投保时多报些；有的将没有投保，但受灾的标的，作为投保的标的上报，骗取补偿。那些亏损的涉农保险公司往往深受骗保之害。

如何管控骗保风险，这关系到保险公司农险业务的成败。国元农险对此进行了大胆创新，创造了农户电子档案模式。国元农险为省里的上千万名农户建立了电子档案，里面有姓名、身份证号码、农户代码、直补卡号、粮补面积、投保面积、种植品种及保费金额等信息。这个电子档案就相当于国元的农户承保地图，对骗保行为形成了有力制约，除此外，也让国元农险对农户的服务有了信息基础，提升了服务效率。

那么这些数据从哪里来呢？国元农险着实费了一番心思。在安徽省，农险由财政局管，而粮食直补也由财政局发放。利用在同一个系统的便利，国元农险从财政局那里获得了粮食的直补数据，构成了电子档案的数据来源。借助政府信息资源，巧妙利用，这构成了国元农险创新的一个特点。

斩断中间利益链

以前，用"雁过拔毛"来形容一些基层农险市场并不为过，这种中间环节的盘剥是一个难以解决但必须要解决的问题。为此，一些保险公司加强了抽查，但收效甚微。如何真正让农民得到补偿？国元农险在探索中找到了一种打卡发放的模式：利用农民手里的粮食补贴卡，在里面开了个目录"农业保险"，在补偿时，直接将款项打到粮食补贴卡中，然后按照5%的比例进行回访和抽查。这一看似简单的做法直接斩断了中间的利益链，对于盘剥问题的解决起到了釜底抽薪的作用。后来，一些保险公司开始纷纷借鉴国元农险的做法。

引入第三方查勘

"秀才遇到兵，有理讲不清。"这是一些保险公司在与农民打交道过程中的感慨。一些农险人士抱怨，在查勘定损中，很难与农民达成一致。"有时甚至会被农民围住，不让走。"

这大大增加了保险公司的工作量和成本，伤害了保险公司与农民之间的关系。国元农险认为，这很大程度上是农民不信任保险公司造成的。有些保险公司在农险业务发展上重保费、轻赔付的做法起到了相当大的负面作用。

如何让农民信任，又保证查勘定损的公允？国元农险想出了一个办法：引入第三方农业技术人员查勘。此后，在查勘小组中，都会有一名乡镇乃至县里的农业技术人员，由农业技术人员定损，国元农险再进行抽样调查。国元农险肥东支公司的经理王亮道出了这样做的缘由："这些人长期与农民打交道，农民比较服气，这样可以减少与农民的矛盾。"那么万一查勘的农业技术人员偏袒农户呢？"他就是照顾点农户，我们也不与农民太计较。"张子良很坦然。事实证明，第三方的引入大幅提升了农民的满意度，也在农民心中树立了专业农险公司的形象。

引入地理信息系统

有关数据显示，安徽省有40%以上的农业土地由种植大户经营，他们是农业转型的主力，是保险公司风险管控的核心抓手。对于种植大户这样的重点农户，国元农险从最初开始，单独出单，单独进行承保、查勘服务和风险管控。在张子良看来，"农业大户既是保险公司要重点扶持的对象，他们的欺诈也是保险公司最主要的风险来源，因为他们的基数大，虚报给保险公司带来的损失就大。"

在防止大户欺诈方面，最关键的是将承保的土地与查勘的土地两相比较，从而看出大户所报的待赔偿土地是否在承保范围之内，而这项核对工作往往需要大量的人工投入，成本不菲。国元农险引入GIS地理信息系统，通过信息化手段减少人工投入的成本。在国元农险的GIS指挥中心里，其信息技术部总经理江斌和副总经理王璐为记者演示了这套GIS系统。这套系统会显示大户农户土地的地理平面图，经纬度清晰可见。当承保时，国元农险承保人员通过手持GPS设备，在田地周围，锁定承保地段的面积和方位，输入系统中。发生灾情后，承保人员会对受灾土地进行二次GPS测量，进入系统。然后系统会进行比对，看看受灾的土地是否在承保地段范围之内。王璐说，这套系统最大的好处是减少了逆选择给公司带来的风险。"我们希望它能够在以后分析受灾的面积、灾情风险的走势，从而让我们为农民提供更好的服务。"据农险业人士透露，直到今天，有这样系统的农险公司也屈指可数。

"从农民中来，到农民中去"

张子良喜欢到田间地头去看，他告诉记者，这就是接地气，让自己感到更充实。国元农险的一位员工还清晰地记得："一次田间积水，为看得更清楚，张总一下子跳到水中，查看农田情况。"每年，张子良会抽出一个多月的时间到基层中。而这在国元农险已经形成了一种风气，国元农险经常在农村召开座谈会，邀请农民参与，所谓"从农民中来，到农民中去"。

这种风气成为国元农险的产品创新之源。国元农险的产品开发处主任张轶说，每次研发新产品前，研发人员都要到农户那里看看，了解农民的承受能力、意愿，各个地方的风险特点，然后据此开发产品。2009年国元农险在国内首次开发天气指数产品并试点，专家指出，这类保险具有"查勘科学、定损合理、理赔简便"等突出优点，是解决现行农业保险提质增效难题的有效方式之一。

目前，国元农险的产品创新水平在行业中位于引领者地位，它先后开发了蔬菜、水果、茶叶、家禽、淡水养殖等40多个特色农业保险产品以及农房、农机、农民健康等涉农保险产品，风险保障范围从农林牧副渔向农村财产、农民人身等方面不断延伸。张子良自豪地说："很多农险产品是我们国元最先做的。"在他看来，产品创新是农业保险发展的驱动力，"只有创新才能实现农业保险的不断升级"。

经过多年的不断探索与坚持，国元农险得到了属于自己的收获。截至2014年底，该公司7年来累计承保农作物6.3亿亩、森林8842万亩、畜牲1100万头，累计为全省1200多万名农户提供风险保障2000多亿元，累计向3000万名农户（次）支付赔款65亿元，有效地发挥了农业保险的"稳定器"、"助推器"作用。安徽成为全国第一个大宗农作物基本实现保险全覆盖的试点省份，承保率达到90%以上，居全国第一位。

国元农险的努力也得到了各级政府的认可。在安徽，到2010年，最初和国元合作的市从9个拓展到了16个，业务占全省的90%以上。有的省份主动找到国元农险，希望在它们那里经营业务。国元自身也在借势扩展，目前已经在河南和湖北开设了分公司，并且计划用2～3年时间在周边省份设立4～6家省外分公司。

下一站：农村综合保险集团

低头拉车，抬头看路。在当前，金融服务愈发综合化的情势下，国元农险也在探索如何打造成一个综合性的保险集团。张子良透露："目前我们有国元农险，接下来还计划组建农村寿险公司，我们还想成立保险资产管理公司，投资互联网金融企业。"此中，"三农"成为国元战略的轴心，"这是我们的特色和亮点"。事实上，随着农民收入的提升，保险意识的增强，深耕农村市场的国元农险将获得越来越大的收获。

国元农险的实践打破了业界长期的悖论，谁说农险做不好？谁说农险盈利难？谁说在这个领域，社会效益与经济效益难以兼顾？国元农险告诉你，不是这样的！

▶华泰财险董事长　丛雪松

华泰"创业帮"

——专访华泰财险总经理（现任董事长）丛雪松

赵　辉　杜　亮　姚　慧　李敬伟　吕　林　陈祺翌

从试水EA"吃螃蟹"，到以EA为核心重构商业模式，引领和支持大众创业，华泰财险经历了怎样的涅槃？

"一直在做保险，但以前自己就是个保险"串串"，像游击队一样，给人的感觉不正规，自己也觉得没着落，说话也没底气，报酬也不高。最初加入华泰门店就是觉得有营业执照，合法，很正规，能够和客户建立长期信任，有归属感，等等。"

——华泰四川EA店主陈通超

"我比较喜欢华泰EA的模式，这个EA门店是自己开的，自己就是这个店的老板，我会把它当成事业来干。"

——华泰福建EA店主凌女士

今天，一些城市小区附近的居民散步时，会不经意地看到一个装饰着明快的蓝黄背景、白色"华泰保险"标识的门店，还有里面一个个忙碌的身影。

这就是华泰财险的EA门店，目前华泰财险在全国有1600多家这样的门店，正是这些门店贡献着华泰财险车险产品近50%的收入，超过15亿元的营业额，其数量和所带来的收入每年都在迅速增长。在车险市场普遍以4S店为主的渠道结构下，这称得上独树一帜。

当然，华泰财险所构建的绝不仅仅是一个全新的销售渠道，其本质是一个服务大众创业的平台。在华泰EA模式中，这1600多家门店就相当于1600多个小微企业，它们就像一个个引擎，在华泰这个后台支撑下，彰显活力，各显身手，驱动着华泰财险高速成长。

华泰财险的EA门店就好比"寄生"在阿里巴巴淘宝网上的一个个淘宝店。区别在于，华泰财险的EA门店是在线下，看得见，摸得着。

"我们不是把EA模式当作渠道，而是变成整个公司的商业模式。"华泰财险总经理丛雪松表示："我们这样一家中型公司不可能做多渠道，现在我们正在做的就是聚焦于EA，而整个公司的架构、理念文化、业务流程、后台支持、产品设计以及理赔服务的观念，所有的东西都为门店老板服务。门店老板就是我们公司所有员工的衣食父母。"

在保险营销员忠诚度不高的今天，在重收入、轻服务的浮躁保险营销氛围下，在车险价格战、规模战的粗放式增长环境里，我们看到华泰财险以壮士断腕的勇气大幅度缩减传统渠道，决战EA；店主们将EA门店当成了自己热爱的事业，在企业家精神的驱动下，从出单、验车，到维修，乃至更换车胎、加油，为城市居民提供各种贴心的服务，赢得了一个又一个的回头客。在居民心中，逐渐树立起华泰专业、可信赖的保险形象。华泰财险围绕着EA的一场革命，恰如一场劲风吹荡着中国保险业。

那么，从2009年的试水EA到2013年围绕着EA的颠覆式变革，华泰财险经历了怎样的蜕变？

寻找蓝海

引进 EA 之前，我国的财险市场已经形成了人保、太保和平安保险三足鼎立，三大财险公司占据了一半以上的市场份额，中小公司生存受到很大挤压。在激烈的价格战面前，在对手凶悍的拼抢下，华泰财险这家一贯注重效益、行事稳健的中型公司，显得颇为被动。华泰财险领导层深知，未来，规模效应带来的车险市场大洗牌是迟早的事。要发展，华泰财险就必须要扩张，但对于财险业的主要战场车险，"传统的渠道大公司都占据了，很多4S店进不去。"

怎么办？华泰财险领导层陷入苦苦的思索中。

美国寻路

跟许多迷茫中的企业一样，华泰财险把眼光投向了大洋彼岸，开始了它的美国考察取经之旅。2008年，华泰财险的主要领导层在时任总经理赵明浩的带领下，开始了为期7天的美国考察。由于华泰财险的股东ACE和以专属保险代理人模式著称的美国好事达保险公司交往密切，安排了好事达公司为华泰财险高管提供考察门店经营模式的机会。

在芝加哥，华泰财险高管进行了7天的密集封闭式培训。好事达的经营理念让华泰财险高管如获至宝。他们看到，以其为代表的专属代理人模式已经成为了美国保险销售的主流模式。它们解决了代理人活力、服务与长期稳定经营等一些保险销售的核心问题。门店店主的企业家精神与做持久事业的情怀，给华泰财险高管留下了深刻的印象。丛雪松回忆道："我们看见门店老板维持着与社区周边上千家客户、家庭的关系，退休以后还可以把门店经营权交给孩子，让子女继续经营，社区的居民也愿意将自己家的保险都交由他们打理，这些门店就像社区居民的保险管家。门店平均每年的收入可达几百万美元。"

事实上，在美国个险市场的前五大保险公司的营销模式中，采用专属代理人营销模式的就有3家，即州立农业保险公司(State Farm)、好事达保险公司(Allstate)和美国家庭保险公司（American Family），每家公司都有上万家门店，其销售额占到了整个市场份额将近90%。通过贴心、专业的服务，长期稳定的信赖关系，美国的专属代理人撬动了巨大的家庭保险市场，这无疑给正在困境中求索的华泰财险领导者带来一丝曙光。对此，时任华泰财险董事长王梓木在内部总结中提到："这一模式必然会给中国保险市场带来前所未有的活力。"

福建试水

回国后，华泰财险领导层开始寻找机会尝试美国专属代理人模式在国内的应用。一个时机来了，2009年，华泰财险在福建设立了分公司。彼时，福建的财险市场已经为平安、人保等财险巨头们瓜分，分公司成立以来，很难打开市场，更进入不了当时主流的车险渠道4S店，经营状况异常艰难，保费几乎为零。华泰财险高层心中于是涌出了一个大胆的想法："反正也没有生意，不如尝试些新的东西。"

于是华泰财险领导层开始尝试着在福建推行其在美国学习到的专属代理人模式，就这样，专属代理人模式（EA模式）第一个舞台落地福建。2009年中旬，华泰开始在福州开设专属代理人门店，并向全省推广。

在华泰财险推行的专属代理人模式中，代理人承担门店的租金和运营费用，华泰财险给予门店一定的经济支持。依托门店，代理人以独立创业者的姿态，通过协议，与华泰财险结成伙伴关系，专门代理华泰财险的保险产品，面向社区进行销售。它凭借可信赖的服务带来社区家庭用户的黏度，从而为专属代理人带来源源不断的收入；而华泰财险为代理人搭建统一的平台，为其提供产品、销售、培训、理赔、指导等服务支持。拿华泰财险北京分公司EA二部区域经理林威的话说："华泰EA的平台上，个个都是创业家。"这种颇具互联网公司特点的组织架构，在当时的国内还是全新的尝试。

"专属代理人是一种全新的保险销售模式，由于国人观念的问题，新生事物往往刚开始很难被人接受。"华泰财险副总经理王晶的话道出了

EA模式初建时的艰难。当时，由于大家对这种模式还不了解，所以加入者甚少。为此，华泰财险更多地采用了内部业务员自愿转岗和员工推荐的方式，就近取材。于是，华泰财险的最初代理人队伍更多地来自于员工家属、朋友和原来的业务员。

第一批专属代理人只有4个人。针对这4个人，华泰财险的副总带着培训团队，进行了整月的培训，培养了华泰财险专属代理人的第一批种子。"偌大的教室里，只有几个听众，但老师还是很有激情地讲解。"

依靠持续的努力，华泰财险找到了25个专属代理人，一口气开了25家店，形成了不小的声势。当保险业的同行走在福州的大街上，看到这些门店，不禁非常好奇。"很多人就来问怎么回事，我们就推荐大家参加我们的说明会。"王晶告诉我们。当时也不乏一些人更多的是为了得到一个保险牌照，加入了华泰财险的队伍。但"进入这个队伍后，他们发现，这个不像当初想象得那么容易，逐渐放弃了。"

丛雪松还记得他们的1号店主是一位律师出身的大姐，人不错，很敬业，虽然资源差一些。

经过了几年的努力，华泰财险的专属代理人模式在福建扎下了根，取得了开门红。华泰财险在福建的EA门店发展到几十家，已成为华泰财险福建分公司的主要业务来源，其贡献保费的占比由2009年底的2.1%上升至2011年上半年的95.2%，其中车险业务占比达99%。随着福建的试水成功，2011年，华泰财险专属代理人模式进入广东、江苏等省。

"华泰EA门店做到了'四有'：有利于保险公司，有利于门店店主，有利于保险消费者，有利于监管部门。"这是保监会领导对华泰EA门店模式的评价。

创新的烦恼

招人只是创业的一个难题，EA模式最开始遇到的是法律障碍。

在监管这个层面，我国保险中介的监管对象只有三种：第一种是专业代理公司、经纪公司；第二种是兼业代理，包括银行、4S店、邮政等机构；第三种是寿险营销员、代理人。

这其中，没有华泰EA门店的法律地位。"EA门店既不是专业代理公司，又不是机构，它有固定场所，不是兼业经营，但属于个人创业。"丛雪松表示。

华泰财险的专属代理人模式作为一种前所未有的创新，还没有明确的政策支持和认可，这给华泰财险带来了不小的挑战。此时华泰财险采用了变通的办法，采取兼业代理的形式开展，后来向各个省复制时，遇到了一些质疑和阻力，推行不下去。

为此，华泰财险尝试进一步的变通之道，建立了自己的销售公司，然后将门店划归为销售公司的一个营业部，同时作为一个实体的、经营保险以外其他领域的营业机构在当地工商局注册。要成立一个门店，一方面要获得保监部门的批准，另一方面要获得当地工商部门的批准，而销售公司就相当于一个壳。在这个期间华泰财险做了很多过渡的门店。

但是这种变通也有瑕疵。王晶回忆起那段日子："当时是非常艰难的，保监局不理解，人家说，'你这怪怪的，你应该是财险直接和门店对接，为什么中间隔了个销售公司？'北方的有些省份甚至采取观望态度。而我们自己呢？开设一个店的流程也非常复杂，开设一个店，要先自己注册一个公司，租房子，参加考试，然后把资料准备齐了，报保监局，保监局审核后，再批下来。这样一来，一个门店下来，一般3~4个月。但你要先租房子，租了后还不能开展业务。"一些店主告诉我们："那时，很多门店的门脸装修出来后，得先用块布遮住，等着审批下来才能开业。"

在纳税方面，也有很大的"额外"负担。"光是税钱，就要增加一道税，我们先要把保费的手续费付给销售公司，作为销售公司的收入，它就要交营业税，通过它再将手续费返给门店，门店还要向当地部门再交一遍税，每个月的税钱就是几千元。"

在此期间，为了获得政策和管理部门的理解及支持，华泰财险高层甚至一家家地拜访各地的保监局和工商部门。在广东、福建等沿海地区的一些省份得到了监管部门的支持，减小了政策阻力。

谈及此事，一位资深的业界人士认为，我们国内的监管政策和法规很多时候是滞后于创新的，需要创新推着走。

直到2016年，局面有了很大改观。政策上有一个大的突破。

保监会专门给华泰财险批复了四川、山东、辽宁、广东、广西5个省区的改革试点，就是直接批专属代理人的门店。

全新运营模式

"这些年，我们每一年对于EA模式的理解都不一样。"王晶的话道出了华泰财险在此中的探索和试错。作为一种全新的尝试，在不断的试错中，华泰财险逐渐接近EA模式的本质。

找对的人

EA门店店主找什么样的人？这是EA门店发展最关键的问题。起初，华泰财险在选择店主时，倾向于有相关保险从业经验和车险资源的人，如保险公司的业务员、汽车厂的小老板或汽车美容店的店主等，甚至一些"黄牛"。但过了一段时间后，发现两个问题：一是有些人有自己的主业，很难全心投入；二是某些保险公司业务员和"黄牛"转过来的店主，会有一些短期套利、冲保费的手段，丛雪松称之为"坏毛病"，如飞单、贴费、从4S店收单等。而这与专属代理人模式的本质——通过累积的服务与信赖关系撬动社区家庭保险市场背道而驰。"我们要老老实实做市场的人，即使他们是外行，即使他们成长较慢。否则，你家的保险好，它就卖你家的；别人家的好，它就卖别人家的。"

为此，华泰财险逐渐淘汰了那些注重投机行为的店主，特别是"黄牛", 同时也放开了眼界, 将更多的外行, 但有志于通过专属代理人创业的人纳入选择范围之内。

除此外, 华泰财险发现, 门店开业第一年, 往往不赚钱, 到了第二年、第三年才赚钱, 一些店主由于生存压力, 不得不中途放弃。华泰财险管理层在惋惜之余, 也得到了教训: "做这种事的一定要有一定的经济力量支持它的前期投入, 而不能一开始将它当饭吃。"所以他们在招募店主时, 更侧重有一定经济能力的店主。

随着时间的推移, 华泰财险专属代理人选择方式日益成熟, 逐渐在创业意愿、资源条件、理解能力等方面建立了成体系的专属代理人选择标准。

打破以保费为核心的收入模式

"中国传统的保险市场, 就是拼价格、拼费用, 这样一来, 销售人员今天搞这个, 明天搞那个, 根本顾不上服务。"这句话道出了传统保险销售的弊病, 为了获得短期利益, 一些销售人员误导客户, 飞单, 重承保、轻理赔, 不分客户质量接保单, 给企业带来较高的赔付率、投诉率和费用率, 给客户提供较差的服务水平, 而这些问题很大程度上来自于保险销售人员以保费为核心的收入模式。

在专属代理人的建设过程中, 华泰财险高层下决心要解决这样的问题, 引导专属代理人队伍将目光放长远, 以良好的服务实现门店的可持续经营。为此, 在专属代理人收入设计上, 华泰财险设计了两部分代理人收入结构: 第一部分是当月保费收入的手续费; 第二部分是业务品质与服务方面的奖金。后者一般情况下会占门店店主当年收入的1/4, 奖金考核标准包括续保率、赔付率、投诉率、客户信息准确率等。"这样一来, 就能够激励店主长期做生意, 实现公司和店主的双赢。"华泰财险东莞分公司总经理黄剑波说。这种收入分配结构由于打破了行业惯例, 曾经不为一些保险行业的业务员所理解。他们会问, 为什么不一次性按照佣金付酬, 华泰财险想玩什么猫腻吗? 起初, 这给店主的招募带来了麻烦，为此华泰财险的各个分公司管理者进行了大量的解释和说服工作。

决战EA

随着不断地探索，华泰财险的专属人代理门店建设取得了显著的成效，到2012年，车险收入的7.66%来自于EA渠道。而此时，国内的财险市场份额进一步集中，到2011年，人保、平安、太保三家大公司已经占据了全国高达67%左右的财险市场份额。与此同时，除了少数渠道外，华泰财险的大部分渠道增长乏力，在大公司的迅猛攻势下，华泰财险的市场份额跌出了全国前十名，而且还在下跌。

EA模式初获成功，但是面对无情的市场，华泰财险领导层不断要面对自己内心的拷问："EA到底真的能不能够取代得了现在做的东西，成为一个核心业务的模式？离开传统的主渠道，华泰财险还能不能活下去？"

丛雪松认为："以前只是知道我们不能干什么？但是始终不知道未来要干什么，就造成我们公司增长乏力。不知道能干什么的时候，你只能是落后，就是守住这个小的规模，有比较小的盈利性，就是赚一点小钱，不断被大公司超越。"

此前，华泰财险从2009年开始做以渠道为导向的组织变革，按渠道配置公司资源，当时，除了EA渠道外，还有4S店、代理、直销、银行、电销、网销、经纪公司等渠道。到2012年，华泰财险高层感觉渠道的配置过于分散，不够专注。王晶回忆道："我又要操心车商怎么干，又要操心和哪家代理人合作。"企业迫切需要一个轴心战略，实现资源的集中配置与定点突破。

此时华泰EA渠道由于巨大的市场空间、旺盛的发展态势，再次获得了华泰财险高层的专注。华泰财险高层认为，这种面向社区家庭的保险业态将承载着华泰财险突破的历史使命。

华泰财险领导者认为，专属代理人门店作为一个深入到社区的服务平台，可以通过与家庭达成的信任关系，以及家庭对其服务的依赖，渗入到家庭保险，乃至理财服务的各个领域。"理想的模式，是专属代理人门店成为家庭保险、理财的管家，这是一个广阔的蓝海。"

2012年底，华泰财险宣布，做细分市场的领导者战略，宣布公司围绕三大主渠道，即EA、商险、网销，全力进行战略转型，其中EA市场成为战略的核心。虽然战略已定，但是当时一些人还是持怀疑态度："这种模式能行得通吗？"丛雪松坦言："一些人心里有不同意见，嘴上不说。"直到2014年，EA渠道渐成气候，这些人的看法才逐渐改变。

"石桥一期"的争论

2013年9月，为了统一思想，梳理专属代理人建设中的问题，形成体系化的思路和战略。华泰财险在北京顺义郊区召开为期三天的闭关讨论会。华泰财险领导层、主要部门负责人和各个省的分公司老总参加了讨论。面对窗外秀丽的山水，大家无暇欣赏，而是闷在会议室里，围绕着决定公司未来命运的专属代理人模式，展开了激烈的头脑风暴。

一位参会者还记得当时的情景："每天都要争论到晚上10点多钟。由于食堂和会议厅是相邻的，大家在会议厅里讨论完后，到食堂里吃饭时接着聊，那种热烈的氛围感染着我们所有人。"

会议讨论的问题从门店是应该开成"洗脚店"还是精品店，各个省分支机构能否用门店代替，门店的服务半径可以达到多少，各种问题都被放大，继而引发深入的思考。

通过这次会议，最终系统地形成了华泰EA渠道的价值主张、客户定位、商业模式和愿景等，提出未来三年要开设6000家门店，这些门店以服务社区家庭为主，成为客户获得全方位金融服务的平台。

回想起这次讨论会，王晶觉得价值非常大。"原来做了那么几年，得到的经验都是碎片化的，需要梳理，这次会议恰恰提供了这样一个机会，如果没有这次会议，我们很多东西现在仍要探索。"会议本来是为了统一思想，但却深入讨论和解决了很多问题。参会者感到这次讨论可谓是集思广益，为EA战略的实施搭建了一座桥梁，由此，王梓木董事长战略性地给此次讨论会起了个名字——石桥一期。

三天梳理完之后，又开始做三个月的行动计划，集中落实聚焦EA渠道的战略转型。每个老总带领一个团队，分配一个任务，从组织变革，到盈利模式分析，到IT系统改造。华泰财险整体转型箭在弦上，弓已拉满！

设立个人客户部

战略是组织结构的先导，战略已定，华泰财险进行了相应的组织结构变革。为了保证对专属代理人渠道的资源集中投入，避免精力分散，华泰财险将4S店、电销等渠道划入EA渠道，在此基础上建立专门的个人客户部。同时围绕着这个渠道配备了专门的产品开发团队，就门店的需求进行定制化的产品开发。

之前销售公司是为了规避政策限制设置的壳，但是仍然履行着门店管理与支持的职能。这样一来，它的运营就和各省财险公司很难完全衔接，带来了较高的沟通成本。拿王晶的话说，"二者之间的距离有点远。"而实际上，负责产品和服务的财险分公司应该是离门店最近的，对门店的运营管理也是最有话语权的。为此，华泰财险将销售公司的一些职权，如财务、人事等，合并到各个财险分公司，进行整合，并在各个地区明确地设立了门店区域管理经理和门店支持专员，配备了专门的管理团队，来支持门店的发展。"去销售公司化"稳步展开。

壮士断腕

"华泰财险的渠道转型是一个对于意志力的考验。"丛雪松说道。在华泰财险专属代理人战略下，开始以此渠道为核心，进行渠道转型。具体说来，就是收缩传统车商、中介等渠道，将更多的精力与资源配置到EA渠道上。但在当时，华泰财险的专属代理人门店业务收入仅仅占车险收入的20%，而华泰财险的4S店等渠道的盈利状况还相当不错，它以90%左右的综合成本率成为行业内最赚钱的车险业务，占车险业务的大头。但是华泰财险的领导者认为："4S店等渠道早已进入规模战、价格战、佣金战的阶段，华泰财险在此没有核心竞争力。"为此华泰财险逐渐减少对4S店等渠道的投入，大胆地砍掉了一些省区亏损的车商渠道业务。王晶回忆："当时一些分公司持观望态度，老总觉得，虽然我这块业务亏损了，但是如果清理掉，管理成本很难随之下降。"此时华泰财险采取了坚决的手段，"亏损就停，管理成本入账"。

改革的震荡不期而至。随着4S店、中介等渠道业务的压缩，大批的业务员离开，据统计，当时走了1000多人。业务员的离去也带走了大批客户资源，渠道的压缩带来了每年20%的负增长。而在华泰财险领导者看来，这是转型所必须付出的成本，"一旦转型，没有回头路。"

更大的考验在后面。随着4S店等渠道的收缩，剩下的是一些优质的、盈利态势好的渠道，对于这些渠道，怎么办？"这个时候还砍，很多人不舍得。"但是"即使挣钱，它也会萎缩，你还要花精力维护它，带来精力的分散"。此时公司的高层选择了变革到底，资源继续向EA渠道倾斜。对于这场变革，丛雪松认为："EA渠道需要公司整个系统的支持，而不是当成一种渠道，我们必须退出其他渠道，做到专注，我们的公司文化、流程、产品设计、理赔服务必须围绕着EA渠道运转。我们不一定成为最大的公司，但一定要成为最专注的公司。"

■■■■ "麦当劳模式"

到2013年，华泰财险的EA门店已经有近千家，它们彼此相互呼应，构成了华泰EA渠道的品牌形象。那么在合作伙伴关系下，如何把控这些门店的服务质量，已经成为华泰财险面临的一个越来越重要的管理挑战。对此，华泰财险选择精细化管理的道路，丛雪松称之为"麦当劳模式"。

在王晶的主导下，公司开始了精细化管理的探索，在此过程中，公司对整个与客户接触的流程进行了分析。"比方说，你是一个客户，首先是什么让你走到这个门店来？进到门店里头来，这个门店给你什么样的感觉？店主给你什么样的宣传？如何报价？客户如果喜欢用支付宝支付怎么办？我们的分析细化到每个环节。"

对于公司和门店之间的互动，也在逐渐进行精细化运营，包括"我要让你加盟，该怎么跟你谈？第一轮面谈讨论哪些问题？第二轮面谈讨论哪些问题？问什么？告诉你什么？什么样的人给你培训？"等方面。

到目前为止，这些已经成为了华泰财险高层在EA门店管理方面的核心工作。王晶认为，精细化管理的实施，一方面有利于通过标准化运作减少管理成本，另一方面也可以统一把控门店质量，实现门店更高的复制性，为未来的进一步拓展打下基础。

搭建综合金融服务平台

华泰财险专属代理人在为客户出单时，往往系统中会出现一些家庭险种、商铺财险的推荐。虽然车险是华泰EA渠道最主要的销售来源，但是目前家庭险、商铺财险已经占到EA渠道一定比例的保费收入。而这正是华泰财险转型的目标——成为面向社区家庭的综合金融服务平台。其中的原因，一方面是单一的产品结构无法满足专属代理人的需求，面向家庭客户、小微商户，代理人希望公司能够开发更多的产品，带来更多收入；另一方面也在于华泰财险领导班子对美国专属代理人模式的研究。丛雪松看到，"在美国，互联网虽然吸引了大批年轻客户，但是EA渠道非常吸引家庭客户，针对家庭客户，门店往往卖很多产品，不光是车险，还包括财险、房产险、旅行意外责任险，甚至小猫小狗险。""更有利的是，客户购买的保单越多，续保率越高，四张保单后，客户续保率甚至接近100%。所以产品越多越好，这样你才能有更多的机会与客户互动。"

当然，这也与领导者高度的危机意识有关，华泰财险领导层看到车险正成为全世界竞争最激烈、利润最薄、最容易受到互联网冲击的产品。"只卖车险就是死路一条。"对此，华泰财险努力将几十种保险产品整合到专属代理人系统中，供其销售。当然，这些多险种也受到了店主们的欢迎。

除了家庭保险市场外，华泰财险还将目光盯在门店周围商户的财产险，为此定制开发了一些产品。华泰财险北京海淀区太平路的EA店主于会华告诉我，周围的很多商铺已经买了她的保险。

综合家庭保险的销售更多地依赖于店主与家庭之间的信赖关系，而这源于服务的积累。华泰财险鼓励店主通过贴心的服务，增强与社区家庭之间的黏度。华泰财险高层将之总结为"接地气，与客户手拉手，心贴心"。华泰财险的店主对于家庭服务的深入，让保险公司的业务员们望尘莫及。他们除了给社区客户提供专业、贴心、面对面的保险产品和理赔服务外，还会主动帮着客户办年检、交罚单，乃至换轮胎、给车加油，等等。长期以来，一些家庭甚至形成了对店主的依赖。于会华告诉我们一个细节，一个客户冬天外出时汽车坏了，眼睁睁地看着有救援厂家电话的保单，却不知怎么办，于是直接给门店打电话。

这种深入的服务与信赖增强了客户黏度和良好口碑传播，为华泰财险的EA门店争取到了更多的客户。

未来，华泰财险也在考虑在专属代理人门店平台上销售寿险和其他一些理财服务，最大化地挖掘这个平台的价值。

▇▇▇ 六年耕耘，厚积薄发

不懈的坚持，决然的变革，整个集团的全力投入，让华泰财险的EA渠道赢得了迅速的发展，华泰EA模式自2009年在福建试点成功后，目前已在全国20多个省市开设。初步形成以广东、江苏、辽宁为中心，辐射长三角、珠三角、环渤海地区等重点区域、布局全国的EA网络。截至2014年底，EA门店数量已达到1621家，保费规模实现跨越式增长。2014年，EA渠道的收入已经占车险收入的近50%，平均每家门店的收入达到上百万元。随着"大众创业、万众创新"时代的到来，华泰财险在EA渠道方面的创新得到保监会的高度肯定。2015年2月15日《中国保监会关于开展保险公司专属代理门店试点的通知》下发，明确华泰财险为首个试点单位，在辽宁、山东、广东、广西、四川5个省区进行试点。华泰财险在试点地区的新EA门店，无须再通过销售公司，只需要在这几个省区的工商部门注册，就可开业。保监会各级领导多次视察华泰EA门店的模式。在良好的政策支持下，华泰EA门店大发展的契机到了。

华泰EA——一个孕育创业梦的舞台

《中国保险报》在各地调研时看到，在保险业从业人员流动性极高的今天，在华泰EA平台上，店主们找到了自己的事业，感受到那份创业的激情。他们付出了创业所需的资金和精力投入，也得到了创业的舞台。他们像呵护自己的孩子一样，呵护着门店，珍惜着客户关系。

为了自己的事业，他们无悔付出，为客户提供着令同行惊叹的服务，大到车险理赔、年检、救援、汽车维修，小到轮胎更换、保险知识解答。大连店主李信贵每周七天营业，提供的服务甚至纳入了违章查询、代收包裹、孩子托管等。

固定场所带来了客户的信赖，贴心的服务带来极高的客户黏度，最终激发出的客户保险需求的不断涌现，正唤起广阔的家庭保险市场。北京的于会华店主告诉我们，一位到她的店来入奥拓车保险的人，由于感受到良好的服务，将家里的六台车都入了保单。济南的司慧店主告诉我们，其业务结构中，由车险业务衍生出来的非车险业务已经占据了10%。一些店主告诉我们，对于互联网带来的车险低价，他们毫不担心，因为"我这里的服务，在互联网上找不到"。

在不断累积的客户黏度和客户需求下，越来越多的EA门店的店主们将门店视为自己可传承的基业，将周边的小区作为自己的经营园地。司慧告诉我们："我这个EA店的服务范围人口密度很大，有大约10万人聚集在这里生产生活。他们对保险有着各种需求。自从我在这里开了EA店，济钢集团的职工和家属可以就近办理保险事宜，而且我是每周七天营业，遇到急事，加班加点，夜里也可以随叫随到，从不误事，所以回头客越来越多。"济南的张焕霞店主自豪地说："我现在服务的居民社区主要有5个，居民有1万多户。每个月我出单达40多份，新的客户不断增加。这与我经常在周围小区搞保险业务宣传有一定关系。"

当店主们攒足劲向前冲时，华泰财险则在后面产品、服务、培训、流程等方面给店主以"油料"。我们看到了一艘航空母舰上，上千架飞机正在起飞。华泰财险正在成为互联网时代的平台化企业。在这里，"大众创业、万众创新"的浪潮正在兴起！

▶华泰人寿总经理（现任董事长）　李存强

推开"旋转门"

——专访华泰人寿总经理（现任董事长）李存强

赵　辉　高　嵩　杜　亮

> 一个在美国享受"朝九晚五"安逸生活的人，回到中国的三年做了什么？

一个在美国过着"朝九晚五"生活的人，为什么选择回到中国打拼？

"我的人生没有太多规划和追求。"华泰人寿的总经理李存强笑眯眯地说。在美国期间，这个出生在甘肃农村的穷小子，从一个普通的会计开始做起，一路平步青云，走上了美国万通集团国际业务CFO的高位。在这家百年国际保险巨头工作的11年，他连升了5级，成为集团高管层唯一的亚裔。

此时，李存强的职业生涯进入了平稳期，"朝九晚五，周末和家人一起去休闲，生活很舒服，从来没想要回到中国工作。"就在人生最顺风顺水时，华泰集团董事长王梓木和其股东安达保险集团首席执行官埃文·

格林伯格的召唤，让他放弃了舒适的生活，加入了刚刚创业不到8年的华泰人寿。

众所周知，中美寿险市场存在巨大差异，处于创业阶段的华泰人寿与160多年的跨国保险巨头美国万通集团自然不可同日而语。那么，李存强脚下的路还会那么平吗？

受感召而来

李存强还清楚得记得2012年6月的一天，他在猎头的撮合下，来到了华泰集团18楼，与王梓木董事长就保险业的经营进行了长达3个小时的聊天。晚上他又与华泰集团副董事长赵明浩一起吃了3个小时的饭。在这次长聊中，华泰集团高层的保险经营理念和对于国际寿险人才的渴望，深深触动了他。

这种渴望是有原因的。事实上经过近8年的发展，华泰人寿的管理与运营已经打下了良好的基础，但是却未能找到自己的核心竞争力。在寿险业市场份额集中的情况下，面对竞争日趋同质化的态势，如何突围，找到华泰人寿未来之路？此时，华泰集团迫切需要具有成熟市场视野和经验的人士，为华泰人寿探索出发展方向。

在此前后，李存强又收到王梓木和埃文·格林伯格的多次电话邀请。"我是一个自视不高的人，这几位业界大佬的盛情邀请，我很受感动，再不去就不好意思了。"更重要的是，李存强发现，华泰人寿的质量效益为先的经营理念与自己的寿险经营理念居然不谋而合。

许多海外归来人士怀着勃勃雄心，希望用国外所学，创一番事业。李存强却不然。"虽然我也想将国外的积累，应用到一个新型的创业企业，但还未构成足够的驱动力，我真没有人家那宏伟的理想，更多是受感召而来。"于是，曾认为事业只是生活一部分的李存强离开了美国的妻儿，回到了北京。至此，华泰人寿的发展从创业阶段到了职业经理人驱动的体系化运营阶段。

■■■■ 破解战略迷失

"外表很光鲜，实际上积弱。"这是李存强来到华泰人寿时的第一感受，实际上这是当时寿险行业现状的一个缩影。从华泰人寿2005年成立以来，赶上了国内保险行业市场化进程最快的十年。2002年全国保费收入仅为3053亿元，2011年已经达到1.43万亿元。但在高速发展的同时，伴随广铺机构、人海战术等传统的粗放式圈地战略，整个行业也埋下隐患。从2011年开始，粗放式增长的恶果开始展现，许多寿险公司陷入了亏损的泥潭。华泰人寿也未能幸免，2010—2012年，连续3年亏损，且亏损额不断增大，保费增幅首度出现负增长，机构产能不断下降，人员能力薄弱。

但是，在李存强看来，这只是问题的表象，战略缺失则是背后更致命的。"没有清晰的方向，基本上是打哪儿，指哪儿。"事实上那时，华泰人寿只有一个笼统的 "做大做强"的"八股"式战略目标，至于公司往哪个方向去，很模糊。"人人都知道如何做大保费，但是为什么要做这个保费？这个保费是怎么来的？今年来了，明年能不能来？为什么明年不能来？没有人能说得清楚。"于是高风险、高费用的短期高现价理财业务盛行。

体现在高层团队上，"没有战略思维，个个都是武工队长，能够在局部范围去打个胜仗，但要把他整合成一个军团是不可能的。"事实上，作为一家创业企业，当时的华泰人寿和国内的许多寿险企业一样，还处于市场机会驱动下的狂奔阶段。而李存强一贯相信，战略是一个企业的头等大事，这种现状是他所不能容忍的。"没有战略，路子只会越走越窄。"他相信，此时的华泰人寿迫切需要一个"切实可行的，具有前瞻性的，能够鼓舞士气的，大家共同认同的这样一个战略"。在华泰人寿市场总监张建斌看来，"李总是一个目标非常明确的人"。

如何找出华泰人寿之路？李存强带领团队走访几十家华泰人寿的分支机构，进行了长达半年的调研。张建斌对这次调研记忆犹新。"李总没有像一些保险公司那样，只是高层团队关起门来，制定一个所谓科学的战略，而是推动我们中层的人员深度地参与了战略调研，这就让我们对最终战略的认可度很高。"半年调研后，华泰人寿领导层又经过了激烈的讨论，达成了共识。2013年7月底，华泰人寿确立了"差异化竞争"的战略思路，盯住中高端家庭保障和财富管理与传承领域，做细分市场的领导者，这就是所谓的"大市场的小者，小市场的大者，中高端市场先行者"。自此，华泰人寿的奔跑才有了方向。

为何要回到保障

"每年春节前后，银保的销售是最好的，为什么？因为农民工回去了。这是典型的误导销售。农民工打了一年工，挣了几万块钱以后，回去买一个寿险，买了寿险以后，他父母亲生个病，孩子要上学用钱的时候怎么办？"国内寿险业的一些功利化的现象让李存强感到震惊。"无论你做什么业务，首先要为客户带来价值。"在李存强看来，当时的华泰人寿正在逐渐偏离这种价值。实际上，近年来，短期高现价理财产品已经成为一些保险公司冲击保费规模、迅速做大做强的一种手段。李存强认为："短期高现价理财业务竞争白热化，成本越来越高，更重要的是给企业带来了非常大的资金风险，没有给客户、股东和员工带来多少价值，从战略上没有意义。"

作为一名经过美国保险市场理念熏陶的职业经理人，李存强相信，寿险最核心的能力就是人生保障和财富管理与传承，而不是做短期理财。否则，"我们这个行业的特色没了，保险的获取成本比银行、信托证券行业高，短期投资能力又不如人家。如果我们做短期理财，它们做什么？"

他清楚地看到人口老龄化趋势下，人们养老需求的迫切，市场空间的高速增长。他也洞察到，目前中国创富一代，正集中面临着财富向下一代传承的问题。经过对华泰人寿的调研、市场的分析，他和管理层达成共识，认为华泰人寿应该走家庭保障和财富管理与传承之路。他认为这是非常适合华泰基因的，"华泰集团一直以来走稳健发展与合规经营之路，扎实做保险更适合华泰。"聚焦家庭保障和财富管理与传承，成为华泰人寿新战略的核心内容。

为此华泰人寿2013年全面停售短期高现价趸交产品，提升期交产品的比重。到2013年底，期交标准保费占比达到了90%。同时，从注重保费规模，到注重内涵价值转变。这种转型解决了公司的可持续发展问题。"我们要看到保费、利润是如何成长起来的，而不是今天有、明年没有的保费规模。"一位专家指出，当短期高现价趸交业务已成为寿险公司冲刺保费目标的标配时，华泰人寿作为一家中小型寿险公司，毅然停掉了这类业务，非常不易。所谓战略，定有取舍，而取舍之难，考验着领导者的信念和智慧！

这种舍弃影响到了保费增长的速度，在当时的寿险市场竞争环境下，李存强感到了莫大的压力。"有时候，我都不好意思和其他保险公司老总交流，人家一下子增长30%、40%，我这边就增长3%~6%。"

他还记得面对一个可能涉及违规的分公司业务时，他所感到的踌躇。"这笔业务涉及上千万元保费，对于当时的华泰人寿是不小的数目，怎么办？不做？不做就会挨骂！" 李存强在椅子上足足坐了5分钟，最后说，"我担了，不做。"压力之下，价值观成了抉择的标准。"如果我们要通过违规来增长业务，那我宁可不做这个总经理。"

找到差异化优势之源

"人人需要寿险，但寿险不是生活必需品，有一定财务能力的人才能买得起。"这是李存强的理解。"如果你家里可支配的钱有限，当家里短期内有什么事就必须用，你就不应该买寿险，因为保险是保障未来的，未到期的时候取出来损失是非常大的。"为此，李存强相信聚焦于中高端市场是寿险的自然之选。

而此间对于中国寿险市场趋势的洞察，也坚定了李存强的想法。两大趋势浮现在李存强的眼前：一是随着中国经济的发展，中产阶级的数量在快速增长，中高端市场变得足够大；二是在2012年后，寿险业市场的细分化趋势在一些发达地区开始显现。

"这才是华泰人寿该做的事。"作为一家中小型寿险公司的领导者，李存强颇具自知之明。在寿险市场份额集中在几家大公司手里的情况下，在华泰人寿的资源、市场份额和网点都有限的情况下，与其短兵相接，不如建立自己的差异化战略，寻找"蓝海"。立足中高端市场，做细分市场的领导者，将有利于公司资源全面聚焦，形成巨大的压强，单点突破。

为此，李存强带领华泰人寿领导班子，提出华泰人寿战略的第二个支点，定位于中高端市场。

这时候，一线城市的高端保险市场已经巨头环绕，无论是友邦，还是平安，其市场格局根深蒂固，怎么办？避实就虚，李存强将突破点放到了二三线城市的中高端客户上。那么，他是如何界定高端客户的？"其工资一定是当地社会平均工资的两倍，不超过家庭可支配收入的30%可以用于购买保险"。

聚焦中高端市场就意味着放弃大量低端市场，鉴于当时华泰人寿的保费开始出现负增长，李存强这个战略选择的艰难性可想而知。值得庆幸的是，华泰保险集团的高层给其很大的支持。而李存强也深知战略沟通的价值。"我每两周都要给董事长和赵明浩总经理汇报工作，每周都要与安达人寿总裁进行电话沟通，得到了他们的理解和支持，这是非常不容易的！"

从国内外保险业的实践看，中高端人群的保险需求更集中于个险渠道，因为唯有个险渠道，才能够更有效地提供针对于中高端人群的个性化贴心的保障服务。为此，华泰人寿确立以代理人渠道为战略主渠道。截至目前，个险渠道的新单标准保费占比达到了72%。

让代理人匹配中高端客户

"当我第一次见到国内的代理人时，心里是无限感概。"李存强略微放缓了语气说。

美式的代理人形象早已成了李存强的标准记忆。"国外代理人收入和地位是很高的，他们为中高端客户提供财务安全的保障规划，很多优秀的代理人都是西装革履，很多人都配备自己的直升飞机。但是在国内，代理人要遭受风吹、雨淋、日晒，工作无定所。"

要匹配中高端客户的个性化需求，就需要高素质、专业化以及服务贴心的代理人队伍。华泰人寿代理人队伍的再造势在必行。

面对鱼龙混杂的代理人队伍，要走精兵路线，就要淘汰那些不合格的代理人，这就意味着短期内要舍弃大量保费收入，而眼前正面临股东的绩效压力。这个风险冒不冒？李存强深信，人海战术必将无法持续。于是，在国内诸多保险公司抱怨"增员难，留存难"时，华泰人寿从2013年开始，大幅度缩减代理人队伍，淘汰掉不合格的代理人，从2012年23000人左右，缩减到2014年3月的1万人。

除此之外，为提升代理人能力素质，华泰人寿开始打造一套代理人培训体系。2013年启动个险营销"金蜜蜂计划"，为连续3个月标准保费超过1万元的营销员提供专业培训，提供名师指导、绩优交流、学员建档、专人关注等服务，甚至还为绩优营销员设计适合目前社会需求的专款产品，只有达到绩优标准的人员才可以销售。除此外，将更多的资源放到了新人培训上。

在两年的努力中，华泰人寿代理人的素质得到极大提升，个险金蜜蜂会员已经从2013年的55人，增长到2014年的512人。代理人产能显著提升，人均寿险标准保费同比增长36.94%。

"今天，华泰人寿代理人的年轻化、知识化已经不可与之前同日而语了。"李存强自豪地说。随着代理人队伍的精英化，华泰人寿才开始逐步扩大代理人数量。到今天，华泰人寿的代理人队伍已经增加到2万人，其有效人力比2012年增长了1倍。从2012年到现在，代理人的月均收入也有了99%的增幅。李存强坚信："高素质的代理人才能服务中高端客户。"

当然，要提升代理人的素质，形成面向中高端客户的竞争力，人才培养和招募只是一种浅层次的解决方案，更深的层次还需要系统的力量。所谓"通过不同的排列组合，碳元素可以形成煤，也可以形成金刚石"。2014年，李存强领导公司再次对公司营销发展战略进行了系统的梳理，提出了"四化"建设：第一个"化"是专业化，主要指质量、流程和效率。第二个"化"是智能化，包括互联网、大数据、电子化、自动化。凡是机器能做的，希望若干年以后都不用人了。第三个"化"是体系化，将来培训有培训的体系，绩效管理要有绩效管理的体系，营销管理要有营销管理的支持体系。第四个"化"是自主化，打造代理人团队主管独立自主经营的能力。

组织变革——打破边界

组织变革紧随战略变革，在新战略指引下，华泰人寿进行了相应的组织变革。

中层轮岗——消除思维定式

新战略对于当时华泰人寿内部原有的思维模式带来非常大的挑战。李存强看到，当时在中高层团队中，存在着由来已久的部门本位思维，这让其听不到客户的声音，成为企业真正的威胁。如何让他们动起来？很多新的领导人上任后，习惯性地进行高层"洗牌"，将符合战略需求的人插入。但是李存强认为，这将引起组织的震荡。他也看到华泰人寿的中高层团队中有大量的高潜质人才，只是他们缺乏更大格局的战略视野。

为此，在李存强的主持下，华泰人寿的中层进行了大轮岗，做精算的去做投资，办公室的去做市场，等等。"这么做，就是让大家活起来，看到原有岗位看不到的问题，改掉多年的思维定式，实现成长。"不仅如此，李存强还给这些中层更大的挑战和任务。后来，一个中层戏称，"你给我们一个洗澡盆，就把我们扔到大海里游泳。""那你们也都游出来了。"李存强很自豪。

这么做，除了战略变革的需要，也在为组织培养未来大发展所需的人才。不给他们这样的机会，以后谁来接替我的位置。"李存强说。在变革之时，李存强就考虑到了传承人才的问题。正如李存强所言："在我心目中，寿险企业应该打造百年老店。"

让听得见炮声的人来决策

2009年，华为集团的创始人任正非提出："谁来呼唤炮火？应该让听得见炮声的人来决策。而现在我们恰好是反过来的。机关不了解前线，但拥有太多的权力与资源，为了控制运营的风险，自然而然地设置了许多流程控制点。"事实上，他所指出的问题是任何企业在成长中都无法避免的问题，如果不能有效解决，将带来了企业的臃肿、迟缓，最终淹死在物竞天择的市场大潮中。

而当时的华泰人寿，也遇到了类似的问题。李存强抱怨："一个东西要经过无穷审批，有时甚至对于已经批完的预算，其具体费用都要领导重新批准。"面对这种情况，在李存强主导下，华泰人寿开始简化业务审批流程，加强前线的自主权。

机制与流程再造——让管理变得精细

李存强眼中，国内的某些寿险企业管理方面极为粗放。"很多企业弄来保费就行了，像旋转门一样，搞一批保单，一些人就走了，再进来一些人，再搞一批保单。"粗放式的经营让企业的成本高企，效率低下，所谓"大而不强"。

这种经营模式也一度将华泰人寿裹挟其中。在华泰人寿，机构产能的下降和人员能力的薄弱问题突出，机构发展不均衡的问题不仅出现于各机构之间，甚至出现在二级、三级机构本部与分部之间，人员成本和机构成本很高。

成本与效率一直是CFO出身的李存强极力推崇的，而这两方面，当时的华泰人寿表现得都不理想。为此，李存强领导团队，将2014年定位为"精细管理年"：从2013年底开始，以投入产出比为抓手，向管理要效益。在此过程中，李存强强调数字说话，一切有记录，可分析，可衡量效果。"比如，营销员除了业绩外，还有你今天要访问几个陌生人，什么时间、什么地点访问了这些客户，客户有什么需求，为什么没有签单，所有的东西都要记录在案，最终汇总到总公司层面。"他要求分公司每周都要有一份数字详尽的总结报告。而在业务指标上，一些反映效率的指标，如活动人力、费用率、新业务价值等得到了更多关注。

李存强有个外号，首席CFO，但是这个CFO非彼CFO，而是"Cheap Financial Officer"。会计师出身的李存强有着非常浓厚的成本意识，其出差都只坐经济舱。李存强发现，华泰人寿的亏损很大程度上来自于其高昂的经营成本。从2012年底开始，华泰人寿将内部管理流程进行梳理和优化，降低不必要的成本。以成立一个中支机构为例，以前人员和场地规模实行的是标准配置；转型后，华泰人寿根据机构产能和监管要求，对资源进行有差异的合理配置，并鼓励一人多岗，提高效率。"费差是三差中唯一一个保险公司能够自行控制的。作为一家要实现盈利的中小型保险公司，管理成本是首先要解决的问题。"李存强说。到2014年，公司价值保费的管理费用率从2013年的101%降低到2014年的88%。

在李存强心目中，数字化、精细化的终极意义在于解决战略执行力的问题，"让一切说到，见到，做到"。

精细化管理的推进中展现了李存强更多的个人特质。"我是一个对数据非常敏感的人。"李存强坦言。"我要求分支机构的总经理对于机构的情况了如指掌，一切用数字说话，我善于从数字中发现管理问题，这会给分公司领导很大压力。"看得出，在精细化管理变革中，李存强充分发挥了自己的个人特质，不仅有效地推动了企业转型，也树立了个人的威信。

能力培养——形成战略思维

在执行战略的过程中，李存强认为，公司的企划能力太弱，无法让战略有效地落地。虽然顶层设计了战略，但是各个机构缺少规划能力，指哪打哪早已成为一种习惯。所以关键是提升各个部门的企划能力，尤其是财务部门和业务部门的企划能力。

李存强将2015年定位为"能力建设年"。在这一年，他经常亲自辅导各个部门的负责人，提升相应的能力。"比如就业务而言，我们这条线是如何考虑的？我们要考虑规模，考虑价值，考虑保障水平，考虑自己的特色；开门红打什么产品，打多少，多长时间，什么时候调整结构，何时盈利；我现有的资源，我现有的资本金，偿付能力限制；等等。"在此期间，职能部门逐渐从业务发展考虑问题，业务部门也逐渐从职能部门的资源配置考虑业务规划。

李存强欣喜地发现，人们现在谈论这些问题的时候，财务人员会想到业务人员，业务人员会想到财务人员应该怎么样来配置。"如此，才不会让这个公司年底的利润达不到我们的预期。"渐渐地，每个部门中层开始主动进行战略思考，战略能力走向高层，成为华泰人寿的核心能力。作为战略导师，李存强笑称："我曾经做过CFO，财务与业务的互动结合对我来说是小菜一碟。"

发挥"李氏领导力"

作为一名来自西方的职业经理人，要在一个组织发动如此大规模的变革，李存强在领导力上面临着相当大的挑战。如何解决跨文化交流？如何赢得华泰和安达高层的信任？如何建立员工中的影响力，让他们信服？如何减少变革阻力，赢得员工的理解和共识？这些挑战着李存强的智慧。看看李存强是怎么做的？

跨文化领导力

"刚刚回国时，我不了解中国企业文化，也不了解华泰文化。"李存强坦言。"中国社会近三十年来发生了巨大的变化，如果谁敢说了解中国文化，他一定会失败。"

"我的优势是在一个非常成熟的企业和市场里摸爬滚打了十几年，所以我知道一个优秀的企业应该怎么来经营，方向在哪里。在这个意义上，我的弱势也正好是我的优势。我要推动一些东西的时候，我可以说我不懂，所以你得按照你懂的来。有的时候我是一个桥梁，要把中国人的很多东西讲给美国人听，要把美国人的很多东西讲给中国人听。有的时候，因为中国社会、中国监管、中国企业经营的特殊性，美国人不能理解的时候，我就说这就是我们中国的特色，你要按照我们的来。有的时候，中国的一些做法不符合现代企业管理的时候，我也会说，美国人不能这样来做。"游走在跨文化地带，李存强尽量维护这种微妙的平衡。

不过，李存强仍然试图把握中国的市场环境、中国的监管、华泰的文化，尽力让自己中国化。很多职业经理人在这个阶段时，往往会被同化，放弃了自己西方的思维方式，但是李存强没有。"虽然我了解中国企业的游戏规则了，但是我的价值观不是完全中国化，而是在了解中国后，如何把西方的东西嫁接到中国企业里，形成现代企业制度。"

如何处理两者之间的平衡？李存强认为，关键就是把握可变与不可变的。"在华泰，合规的问题绝对不可以变通，但是人的问题是可以变通的。例如，你犯了一个技术性错误，这是可以变通的；但是如果你弄虚作假，就是绝对不能容忍的。"

领导风格平易近人

"我们总经理是很随和的人。"随和到什么程度？每次李存强下基层，从没有迎来送往，都是自己一个人拎着包到基层的办公室，拎着包离去。这在保险公司的高管们看来，是不可想象的。在李存强看来，这倒是很自然。"这个世界，尊敬是赢得的，而不是摆的，我从来没有把自己看得多高。"

李存强很喜欢和一线员工打交道。市场总监张建斌说："他没事就喜欢到员工的各个工位转悠。"

这种行事风格也树立了李存强在基层员工的影响力，李存强也借助自己的这个特点，在基层员工中，不断传播华泰人寿的新战略。他认为："战略没有影响到基层员工，就无法落地。"华泰人寿的新战略制定后，李存强在 1 个月内，到 8 家分公司，面对一线员工亲自进行战略宣讲，并与基层销售人员多次交流。结果令其惊讶，在战略调查中，员工对于战略的认同度非常高。

为了持续地传播战略，华泰人寿在 2014 年组织了多场战略论坛，推出了《老李讲故事》栏目，其中的老李自然就是李存强。

简单的领导方式

深受美国企业的熏陶，李存强推崇简单化，他非常讨厌将事情复杂化。"坐在办公室里令行禁止，但是在大街上就是一个普通人，大家可以吃饭喝酒。"

到了华泰人寿之后，他提倡简单的文化，反对拉帮结派，互相扯皮。"就事论事，在会议室，大家可以争吵，但是走出会议室高层必须是一个高度一致的声音。"

当大家都就事论事，就少了很多利益纠葛和心里的猜疑。这种改变成了华泰人寿变革的润滑剂。"这种简单给华泰人寿的变革减少了很多阻力，大家没有觉得变革有多累。"

三载变革，成效显著

经过了 10 年积累，3 年系统的变革，华泰人寿在战略上逐渐找到感觉。从 2014 年开始，华泰人寿结束了连续多年的亏损，实现 7000 多万元的盈利。2015 年前三个季度，华泰人寿已经盈利近 3 亿元。更重要的是，通过组织变革，业务结构的调整，华泰人寿已经摆脱了保费规模依赖，走上了一个可持续发展的道路。其传统保障业务的比例从 2012 年的 12% 提升到 2016 年的 50% 多；其个险渠道的标准保费占比达到了 72%。在利润来源中，死差益不断提升，费差损不断下降。李存强正将华泰人寿打造成一个他心目中具有长期价值的寿险公司。

在谈到自己在华泰人寿的表现时，李存强表示这需要由股东、董事会甚至是员工们来打分。"华泰人寿实现了软着陆，这不是一个休克疗法，公司的经营和管理没有出现巨大震荡，而业务总体发展比较平稳。"

未来之路

展望未来，华泰人寿的战略方向已明晰，即华泰人寿将为中高端客户提供人生保障和财富管理解决方案，致力于成为一家效率领先、服务为上、具有竞争力和市场影响力的寿险公司。在对公司战略的探索中，李存强已经找到了华泰的核心竞争力。

"我想华泰未来的核心竞争力主要是两个：一是客户服务和体验。我们提出来未来的发展是以客户需求为导向，我们要围绕这个打造我们的核心能力。二是效率。我们为什么要智能化、电子化、流程优化？这一系列的动作，说穿了是要效率最高。至于创新，一个中小公司不可能在创新上形成核心竞争力，因为你没有那样的资源来支撑。我们会提倡和建立创新文化，但创新并不是我们的核心竞争力。"

在华泰人寿新的五年计划中，"服务领先，效率至上"被写入了华泰人寿的发展战略之中。李存强提出，到2017年，华泰人寿要开始三级跳，2020年成为中型寿险公司。在李存强心目中，华泰人寿的未来要成为百年企业。至于能否实现他的梦想，还需要时间的考验。

▶泰康在线总裁兼CEO 王道南

互联网思维的知与行
——专访泰康在线总裁兼CEO王道南

赵 辉 李 画 张 爽 杜 亮

> 2014年2月28日，"微互助"正式推出那一天，王道南和丁峻峰正在成都开会，接到了陈东升董事长的连线，获知总公司将2月28日这一天定为泰康人寿的"互联网日"。

知易行难，这是所有转型中的企业面对的困惑。而在现实中，只有少数企业能够突破这种禁锢，达到"知行合一"的境界，成功转型。

传统的寿险公司能否做好互联网保险？这是个"知"的问题。寿险公司庞大的金字塔形代理结构、保守的精算体系、根深蒂固的推销文化，以及复杂的产品……这些都与互联网的扁平化、简单化、碎片化、客户自主驱动化的特点格格不入。

近1亿户可触达用户，4000万户付费用户，逾70亿元保费收入，互联网保费名列业内前茅，一个个一度大热、颇具互联网思维、引领行业潮流的保险产品，从满足淘宝生态、为卖家提供的"乐业保"，到用微信为朋友 1 元投保、用社交网络自发传播的"微互助"，再到免费到底的"飞常保"。这些奇迹，是"行"的结果。

如果说相对于传统的保险，互联网带来了新的三维世界，这个世界有新的玩法和竞争思维，那么泰康人寿是如何用行动力推开了新世界的大门？作为国内目前仅有的四家互联网保险公司之一，泰康在线又是如何知行合一、创造奇迹的？

互联网战舰启航

"无论企业多大多强，都将面临环境变迁的挑战，转型都是它的宿命。"泰康在线总裁兼 CEO 王道南说。从 1996 年成立到 2008 年，泰康人寿已经走过了 12 年的历程，此时凭着 500 多亿元的保费收入，全国的上百家网点，泰康人寿已经成为寿险业巨头。当泰康人寿埋头于寿险业的耕耘之时，整个商业世界却在发生着巨大的变化，随着阿里巴巴、腾讯、百度等一批互联网企业的强势崛起，互联网开始重新书写商业世界规则。

而作为具有敏锐战略思维的领导者，泰康人寿董事长陈东升显然也看到了这一点：互联网如何影响和改变寿险业？会带来哪些颠覆性的变革？又会带来哪些威胁？

在陈东升看来，泰康人寿需要一艘独立的舰队，摆脱传统业务体系的羁绊，像大航海时代的哥伦布一样，探索互联网海洋中的无限可能，率先把握住时代变革的机会。

此时泰康人寿的互联网保险业务早已有了一定的基础。早在 2000 年，泰康人寿最早成立了自己的电商部门——泰康在线。最初泰康在线在互联网上的销售额很少，主要负责一些品牌宣传，并为客户提供自助服务。到 2008 年，其在互联网人才、信息架构方面已经有了一定积累。此时的泰康在线还仅仅从属于泰康人寿的传统业务体系。

面对互联网的迅速发展，泰康在线作为探索互联网的主力军，其战略地位迅速上升。2008 年，在泰康在线的基础上，泰康人寿建立了创新事业部，这个部门负责公司互联网业务和电话销售业务。这时候，泰康人寿开始以这个部门为核心，探索互联网保险创新业务。

"今天中国的保险业在很大程度上依赖于人，你用了好的干部，就可以成就一片天。"在陈东升看来，用人是创新事业成败的关键。那么要选择什么样的掌门人？

50岁的山东分公司经理王道南进入了陈东升的视野，这是个有着极其丰富经历的台湾人。2001年，王道南作为泰康人寿的首个CIO，负责信息系统，实现了整个泰康人寿信息与数据系统的大集中，为泰康2002年后的高速发展奠定了基石。2006年，为推动泰康人寿从人海战术向精细化管理转型，王道南以CIO身份兼泰康人寿的业务体系负责人，推动泰康人寿停止外延式的扩展，走内涵式发展道路。2007年，王道南被外派到泰康人寿业务第一大省山东做分公司总经理，领导分公司业务走向正轨。

作为泰康人寿信息系统的核心人物，同时一度在业务体系中掌控中枢，王道南对互联网和传统业务都有着深入的理解，能以跨界者的视野看待创新。此外，创新事业部的两项业务——电销和网销，背后是泰康人寿强大的信息系统，作为第一个CIO，王道南无疑把握住了关键。这些特质让他映入了泰康人寿领导层的眼帘。2008年，王道南成为创新事业部首个总经理。从后来的表现看，他的一些领导力风格也确实成为泰康在线发展的关键因素。

此外，创新事业部的副总由在泰康人寿信息部门工作多年的高管丁峻峰担任，作为一名干练的女性高管，她极强的运营能力为业界称道。

乘风破浪会有时

"未来当很多的交易都在网上进行的时候，那个生态里就会产生许多保险需求，那是我们需要覆盖的。"现任泰康在线副总裁兼首席运营官丁峻峰道出了创新事业部互联网业务（以下简称泰康在线）的使命：覆盖传统保险业无法覆盖的人群——成长起来的互联网一代（他们往往要比传统保险客户年轻10～20岁）的保险需求。

泰康在线采用独立的组织架构，从产品设计、营销推广、网站设计到客服全部线上完成，开始向互联网保险公司靠近。

为避免传统业务体系的束缚，减少业务冲突带来的阻力，泰康在线采用独立并区隔于传统业务的产品体系，有着自己的精算与服务团队。这时候的泰康在线，就像千里跃进大别山的刘邓大军，要打出自己的一片天。

要做互联网保险，首先要解决流量的问题。最初泰康在线和新浪金融超市合作，把一些产品放到上面去卖，但发现效果不理想。王道南认为投放的网站属性有问题，"到新浪都是看新闻的。"2013年，泰康在线开始和淘宝合作，将一些理财产品、简单的保障性产品放到淘宝上去卖，本来是试试看，效果却令人惊喜。一款理财产品一天就卖了5亿元。王道南开始找到了感觉。

互联网讲究用户互动与黏性。"如何将保险做得更有黏性一些？"后来，王道南发现理财型保险是黏性非常好的产品，尤其是投连险。"你每天都要看账户上的钱，多了还是少了。"为此创新事业部成立后，理财型保险开始成为事业部的一个核心产品。

在这个过程中，面对互联网的特点，泰康在线在不断尝试着将产品碎片化，业务与服务流程互联网化。此时泰康在线还是在盲人摸象，一点点探索。

用互联网思维打造价值链

"传统保险公司没有互联网经验，抱着立马赚钱的态度来做，反而走不远。在目前阶段，互联网保险不亏不赢就很好，在这个基础上把用户黏性做得更强，扩大市场，再考虑盈利。"

这是王道南对于互联网运作规律的理解，而这个理解来自于泰康在线对于互联网思维的探索。

今天，互联网思维已成为互联网领域的第一热词。许多人认为，能否驾驭互联网思维决定企业互联网战略的成败。有人夸夸其谈，赋予了层层神秘感，引无数企业家竞折腰，膜拜者却发现，它似乎只可意会，不可言传。在王道南看来，互联思维就是对互联网运作规律的把握。"如何从获客到黏性，再到转化，用互联网思维打造自己的价值链？"这是他一直在思考的问题。作为一家脱胎于传统寿险行业的互联网保险运营团队，从理解到把握这些，经历了诸多突破。

第一环——获客

做互联网保险，首先要考虑流量从哪里来。尤其在当前的互联网，以广告推广方式获取流量的费用水涨船高，早已很难持续。

"乐业保"——拥抱场景

"未来，传统产业一定转型互联网，我们只有拥抱它。"在2013年，陈东升参加华夏同学会，听了马云、马化腾的演讲，感到非常震撼。陈东升告诉泰康在线高层，要了解互联网的样子，不能够靠自己想象，一定要深入互联网公司里面去，近距离接触学习。

几个月后，泰康人寿历史上第一款用互联网思维打造的产品——"乐业保"出现了。

2013年，泰康在线看到淘宝上大量的店主没有基本的保障，开始酝酿结合这一场景和特定人群，为淘宝生态打造一系列产品。为此泰康在线主动和淘宝接洽，组成了一个项目组。通过淘宝上的问卷系统，在10万卖家中，抽取1000人，进行了问卷调查。调查发现卖家主要关注门诊、住院和防癌这三项内容。为此，泰康在线开始尝试推出满足这些保险需求的产品。

在产品设计和定价上，为了满足互联网客户的简单化需求，产品按照碎片化方式设计，复杂的产品责任被拆解成若干简单项。由于淘宝上的卖家流动很频繁，承保时间也被碎片化，按月来算，10元钱保1个月。10元钱定价对于传统保险公司是不可想象的。但是王道南认为，"传统模式下，需要大量的中间费用，但是通过互联网，去掉中间环节，产品能够做到便宜。"另外，"低门槛、低件均也是互联网海量流量的基石。"

虽然如此，在推出这款产品前，定价问题一度让泰康在线踌躇。淘宝上的卖家群体一般比较年轻，所以相对于防癌险与住院险，更关注门诊险，但是门诊险在传统渠道里往往是亏钱的，要搭着一个主险来卖。不少卖家希望能单独买门诊险。但仅仅10元钱1个月的定价意味着很大风险。

当泰康在线找到再保险公司时，再保险公司不敢承保，有的再保公司就10元的保费要30～40元的再保险费用，这着实让部门的领导层心里没有底。但对于王道南而言，风险意味着机会。"门诊险增强了与客户互动的机会，保险本身就是一个冷产品，如何将冷变热很重要。"

尤其这个产品的探索对于泰康在线有重大意义，毕竟它是进入一个新的领域，面向新客户群的尝试，也是第一次碎片化的尝试，"不亏钱就可以"。

尽管如此，泰康在线还是进行了研究，发现在淘宝场景下，风险可以有效控制：淘宝上的卖家还是比较讲究信誉的，淘宝上也有评分机制。此外，同淘宝大数据合作，可以有效地控制风险。

于是在2013年，泰康在线推出了"乐业保"产品系列，最初的产品分"乐业保"1号和2号两款保障产品，主要针对淘宝卖家。其中1号为癌症及身故保障，每月保费10元即可获得10万元保障；2号为误工津贴，一旦因病或意外而住院，即可获得每天50元的补偿，每月保费仅需5元。2013年底，泰康在线为卖家提供了门诊津贴保险。

事实证明，"乐业保"最终实现了保本微利，这对于一个创新的保险产品而言，非常难得。

丁峻峰告诉我们，作为一款互联网保险产品，"乐业保"的推出给泰康在线带来了很大的流程挑战：客户群都是网上活跃的卖家，对体验要求很高，如何按照互联网渠道特点，高效地承保和理赔？为此，泰康在线推出了拍照理赔：3天内，客户可凭住院单据，拿手机拍照上传后，就可以获得理赔。为了实现这一点，泰康在线在内部流程上进行了很大的改变。

"乐业保"推出了几个月后，已经覆盖了10万名用户。乘势而行，泰康在线推出了针对淘宝数亿名群体买家的"乐业保"产品系列，目前该系列已经有几十个产品。

对于泰康在线而言，"乐业保"让它真正找到了互联网思维的钥匙。"'乐业保'是我们用互联网思维来设计产品的第一个产品，它对我们后面这些产品的设计思维产生很深远的影响，没有'乐业保'10元的碎片化，就没有后来'微互助'1元的碎片化。"王道南说。"乐业保"的推出过程中，泰康在线与淘宝的合作模式也给王道南很多启发："外面的互联网生态不仅能够带来流量，也能够带来创新的空间，同它们合作，你就能够看到前沿的东西，找到创新的点。"

"乐业保"推出后，泰康人寿强大的地面服务网络起到了支撑作用，王道南还记得一个乐业保的客户在当地住院后，当地的网点给送去了鲜花，引得旁边其他保险公司的客户羡慕不已。而前者的保费只是10元，后者的保费却是几千元。这是丁峻峰赖以自豪的，"泰康人寿广泛的服务网点就是我们互联网保险业务强大的后盾。"

"微互助"——社交网络自传播

"保险自传播力很差，几乎没有口碑传播。因为在赔偿时，被赔偿的客户心理状态不好，很难传播。我们要利用社交化网络，把传播点放在购买和体验上面，而不是放在要理赔的时候，所以就设计了'微互助'这个产品。"丁峻峰说。2014年，一款花1元钱为朋友买保险的产品（"1元求关爱"）在微信朋友圈热闹转发，一些上班族将它丢到朋友圈中，然后炫耀有多少人帮自己投保，比拼人气。一时间，"求关爱"萌遍了朋友圈。

这就是泰康在线"微互助"产品。截至目前，它与微信社交场景极高的贴合度和趣味性为其赢得了上百万名客户。

这个产品背后则是泰康在线对互联网思维的深入理解。"既然我们叫互联网保险，就是用互联网的方式来实现广覆盖，触达用户，而不是用线下"一对一"的方式，这就意味着我们的产品是碎片化的，是便宜的。没有办法用人海战术去做，只能靠客户相互传播。那么客户愿意传播什么样的产品呢？关键是好玩。"王道南说。

这个产品的推出也源于泰康在线团队作为保险人一种本能的愿望："一直以来，我们想做一个最体现保险本质的产品，将'人人为我，我为人人'的保险互助精髓发挥到极致。"

而2014年微信朋友圈点赞功能的火热则直接触发了这个产品的诞生。"能否将朋友圈点赞的功能显象化，把这个点赞变成你为他支付一块钱，一个实实在在的动作？门槛很低，但又聚小成多，把这种关爱真正物质化表现出来？"

此后，泰康在线组织了专门的团队，尝试开发相应的产品。相比之前，这次开发过程带给了泰康在线许多新突破。

在微信上卖保险，不可能让客户去填写复杂的信息，不能让客户去经历漫长的核保。于是，简单再简单，就是"微互助"产品设计的关键。只需要填写姓名和身份证号便能让别人投保，从而尽最大可能保护客户隐私，也能让客户放心进行传播。同时，使用一条简单的健康承诺和产品条款告知，替代漫长繁杂的核保环节，只需要勾选即可确认。

除此之外，在开发过程中，原来是一人交费一张保单，现在变成多人交费一张保单，如何显现？健康险产品的费率往往和年龄相关，但这样就将产品搞复杂了，如何保证客户体验？

为了解决这些问题，项目组着实动了一番脑筋，尤其是对于后者，为了保证产品既好玩，又安全，微互助开发团队将产品费率进行了简化，变成两档费率：49岁以下的和49岁以上的。这样既能保证保险产品在盈亏方面相对安全，又实现了产品传播的朗朗上口。

丁峻峰用"猝不及防"来形容当时产品内测时的情景。"在我们内部先转发一下，马上就传播出去了，行业内外非常火爆。"数据显示，该产品自2014年2月20日内测上线以来，已有接近6000人购买该产品，平均每人又获得了5~6个好友的"关爱投保"，微信用户的覆盖达到3万多人。

丁峻峰的心情既兴奋又有些紧张。兴奋的是这个产品已经击中用户的痛点，引起了自传播。紧张的是当时还没有完全准备好，事后一些项目经理感到还有很多遗憾。更重要的是，社交网络的放大效应瞬间提升了系统的压力，系统的负载数百倍、数千倍于平时，"大家如临大敌"。

"微互助"火了，"1元求关爱"成了互联网热词，朋友圈疯传，用户成倍上涨。令王道南自豪的是，泰康在线没有召开一个发布会，做一个广告，完全是社交网络的自传播。这让王道南充分领略了互联网的魅力："你不需要给什么奖励和政策，只需要好玩，贴合场景，好传播。"

对于泰康在线，乃至泰康人寿而言，"微互助"这款用纯互联网思维打造的社交产品，被视为泰康人寿互联网进程的里程碑。

2014年2月28日，"微互助"正式推出那一天，王道南和丁峻峰正在成都开会，接到陈东升董事长的连线，获知总公司将2月28日这一天定为泰康人寿的"互联网日"。从此，这一天成为泰康拥抱互联网的纪念日。

"微互助"——不仅仅是一款产品

"互联网产品的生命周期很短，可能一下子就会红，但是消退得也很快，留下长尾。很多传得热闹的应用，还没来得及让大家明白是怎么回事，就被遗忘了。"丁峻峰说。这也给泰康在线的"微互助"团队带来了挑战。打造一个爆款很容易，但是要让它持续地火下去，需要很强的功力！否则，三四个月开发的产品，一周就不流行了。如何让短生命周期的产品长期化？

为此，团队抓住时机，持续地在产品包装和功能上做文章。在微互助推出的第二周，学雷锋日，转发"微互助"的求关爱保险时，标题变成了："快来关爱×××吧，真爱不留名，今天都是活雷锋！"在接下来的妇女节中，被关爱次数达99次的"女王"，可以获得韩剧《来自星星的你》中女主角千颂伊同款兰芝丝润盈彩唇膏。这样的营销方式让"微互助"既好玩，又符合移动互联网的特点。

2015春节，"微互助"发布了"点亮中国"活动，鼓励春节在城市工作的人回到老家后，彼此送祝福。用户就会看到祝福来自全国各地，祝福来自哪里，哪里就点亮，在手机地图上散布的祝福之光让你眼睛一亮。泰康在线向每位用"点亮中国"收发新春祝福的网友发送了为他们量身定制的大数据，在这份大数据中，大家可以看到自己发送的祝福和收到的祝福数据，网友愿意在朋友圈晒人脉，这在微信朋友圈传播中又掀起了一轮高潮。

2016年，"微互助"团队做了"谁看了我的朋友圈"活动，满足网友的猎奇和偷看心理。

这些包装和功能好玩又有趣，贴合微信的传播场景。但这还不是最关键的，丁峻峰告诉记者，"微互助"产品演化的核心思路是："我们要突出保险的本原，把互助的概念发挥到极致。让网友知道'任何一个风险，你自己抵御不了，要大家共同抵御'。"

为此，2015年"微互助"开发了部落的功能，任何人都可以发起部落，邀请朋友参加，在部落里面，大家一起玩互助。丁峻峰透露，未来将就此功能进行不断的优化和迭代。

这种理念更多来自于"微互助"团队成员朴素的客户价值观。团队成员相信，没有理赔的产品不是一个好产品。丁峻峰给我们讲了一个小故事："我们这里有一个小伙子，做了'微互助'的运营，有一个客户给他打电话，问他，'我被查出来是癌症，在不在这个理赔范围？如果我能得到这笔赔付，就准备去医院再接着去治，我要得不到这笔赔付，就不准备去了。'听到这句话以后，小伙子觉得自己的工作特别有意义。"

在丁峻峰看来，这才是互联网思维的本质："真正从客户角度想问题，而不是想自己能够赚多少。"

经过三年持续改进，"微互助"从风行一时的互联网保险产品，变成具有持续生命力的产品系列，取得了巨大成功。它不断地在朋友圈中掀起热浪。到现在，其客户已经达到上百万人，累计赔付超过100例。

"飞常保"——免费思维的尝试

2014年初，陈东升邀请奇虎360公司董事长周鸿祎到泰康人寿做分享，周鸿祎关于互联网免费的思考给了陈东升深刻的触动。陈东升后来形容这次分享时这样说："他把这张纸捅破了，当年他把一个数亿用户的杀毒市场免费掉，造就了百亿美元的市值。我在想，我是不是通过免费造就一个千亿元市值的互联网保险公司。"就这样，来自互联网大佬，最前沿的免费思维撞击着陈东升和泰康人寿高管们的心，当然也包括王道南。

能否将一些产品免费，用低门槛的服务获取客户，然后提供后续有价值的产品，形成获取客户和深度经营的链条？就像王道南所说的，"先圈住客户，然后抓住痛点，找到盈利模式"。

泰康在线希望做这个大胆的尝试，这对于以严谨著称的保险行业是不敢想象的！传统保险体系，保险产品的设计和精算要考虑到各个环节的费用分摊，定价一定是以合理利润为基础的，所有流程都在这个前提下展开。免费了，一切都要被颠覆！

免费还是收费？在内部引发了热烈的争论。有的人提出，如果我免费送，但没有场景，有多少人愿意领？有的人提出保险怎么能免费呢？免费来的客户，后续开发的价值又能有多大？

但泰康在线的领导层认为，如果同一些互联网平台，如搜机票的搜索引擎等地方合作，应该不缺乏场景。另外，那些坐飞机的人，大部分是中产阶级，应该有一定的购买保险能力，值得深度经营，免费可以带来入口。

面对不一致的观点，公司在内部做了大量思想统一工作。"我们希望引导员工们用更长期、更整体的方式来看互联网。"

2014年4月15日，泰康人寿与奇虎360公司达成战略合作，宣布正式启动"安全启航"项目，推出年保额达100万元的"飞常保"航意险产品。符合条件的中国公民只需要在首次领取时填写姓名、身份证号和手机号，即可免费获得一份有效期1年、保额100万元的航空意外保障。随后泰康人寿在腾讯游戏平台等地方也推出了"飞常保"。

此后，充满神秘感和未来感的"免费"一词在保险领域刮起了旋风。到今天，"飞常保"的客户已经有了上千万名。顺势而为，在2014年9月，泰康在线推出了免费的铁路交通意外险——"铁定保"。

"免费只是第一步，关键是要抓住用户的痛点，带来长期的交互。"王道南说。对于奇虎360而言，当杀毒功能免费后，后续有手机（或电脑）清理、优化、修复等多项可以和用户交互的功能，黏住用户。受其启发，泰康在线也尝试着通过多种手段增强与用户的互动，如签到、帮用户作出行规划等。

■■■ 第二环——互动

"互联网思维远远不仅是获客，还要通过服务，黏住客户，打造闭环。"王道南说。王道南是一个非常讲究客户互动和黏度的人。在采访中这两个词汇频频出现。

泰康在线通过了很多方式来增强客户的互动。其中，健康检测是一个核心策略。在泰康在线的微信公众账号中，有许多健康测验，每个测验中有若干道题，主要是关于答题者的身体健康状况的，答完后，就可以知道你的健康指数。让这些答题者惊喜的是，每到一定季节，泰康在线会根据其体质情况，推送健康咨询，如你要吃什么、注意什么。当然也会推送一些针对性的保险产品，引来不少人购买。

不要小看这些健康测验，这是泰康在线收集客户健康大数据、与客户互动、带动转化率的通道。如丁峻峰所说："我们想和客户建立长期关系，保险的最终目的是事前预防，而不是事后补偿。"

第一次推出这样的测验时，王道南很忐忑，"谁有耐性在手机上把60道题做完？"结果发现40%的人做完了。这个结果证实大家对于自己的身体健康非常关注。

通过健康测验，用户就可以了解自己的健康状况，而泰康在线则可以根据大数据看出不同群体的差异，然后有针对性地推送服务和产品。"例如，根据中医的体质分类作出一个问卷，有9种体质类型，我就可以根据你的体质类型，根据节气，推送跟你相关的健康资讯。"此后，泰康在线与专业机构合作，不断开发新的调查测验，从寿命测验、体质测验、"大姨妈"测验、乳腺癌测验到少儿性格测验等。目前有500万名用户做了这些测验，泰康在线也和他们达成有效的互动，不仅掌握他们的健康数据，还用测验黏住了用户。

最近，泰康在线专门成立了大健康部，负责客户数据的收集，标签分类与服务的推送。

第三环——转化

无论是获客，还是互动，最终是为了转化。对于王道南而言，当获客以及服务带来的互动做好后，转化是自然而然的。"这实际上是价值链的一个打造，从获客到黏性，再到转化。"先通过免费，便宜的产品让客户从别的互联网生态来到我的平台，然后通过服务留住他，一旦他购买后续保险产品，就会逐渐增强对我们的忠诚度，不断释放购买潜力。"目前泰康在线的保费中，有一半以上来自老用户的经营。

无服务，不互联

"保险的本质在于服务，互联网保险也是如此。"作为资深保险人，多年来，王道南对于这一点也是深信不疑。王道南认为，虽然泰康在线主要覆盖互联网一代的年轻人，但是对于相对复杂的产品，仅依靠互联网是不行的，还要有服务人员承接。

但传统的电话客服体验非常不好，针对于年轻人互联网交流的习惯，泰康在线建立了300人规模的网络客服团队，通过网聊为客户提供服务。在泰康在线网站上，你可以体会一键呼叫客服的简便。王道南认为，"我们最终还是要在网上承保的，在线下，我们没有这个优势"，而"他们在网上承保一次后，第二次可能就自助了"。

全面进军财险

财险公司的成立意味着泰康在线的发展进入一个新阶段。在陈东升的规划中，泰康在线不仅覆盖互联网客户群，还承载着挺进财险、形成完整产业链、为线下医疗和养老服务导流的重担。

为此，泰康在线专门成立了生态保险部门，承接各个生态场景的财险产品开发。此时，对于泰康在线而言，一个重要的挑战就是从寿险思维向财险思维的转变，如丁峻峰所言"互联网财险产品开发更多依靠对流动大数据的快速收集与分析，产品的快速迭代。而寿险产品开发更多以精算为基础"，"我们过去采取的是寿险思维，现在面对财险的时候，某些业务还是不是风险"？

为了应对这样的挑战，泰康在线努力寻找那些需要保险来完善的生态，与各个行业生态的合作也加速开展。

财险公司成立之时，一下子推出了几款保险产品，其中的"癌情预报险"堪称财险、寿险与互联网思维结合的典范。投保只要9.9元，投保人填写患癌风险评估报告（专家开发的问卷）后，判断为低风险的，一年内患癌将获得3999元的赔付；高风险的投保人将获得泰康指定的癌症筛查（用1滴血筛查15种高发癌症）或深度体检，筛查和体检费用由保险公司承担。这款产品的背后是泰康在线所掌握的互联网大数据，移动医疗以及基因检测（滴血检测）技术。

■■■■ 互联网组织的打造

互联网价值链的前提是扁平化的组织结构，开放的领导力，否则事倍功半。在这两个方面，泰康在线都具备了一定的条件。

扁平化的组织结构

"传统保险产品，中间要经过若干个渠道，离客户比较远。但以客户为中心是互联网的强项，因为互联网的销售和服务路径短，基本上面向客户。在设计产品时不需要平衡多方利益，而是要真正考虑到客户的感受。"丁峻峰说。扁平化的互联网威力虽然大，但也需要扁平化的组织结构。

泰康在线采用项目制驱动的组织结构。开发一个产品时，组成包括精算、推广、设计、IT等人员的项目组。当项目稳定运行后，项目组解散，留下运营部门的人员运营。随聚随散，快速应对，可攻可守，绩效随着项目走，展现出互联网时代小团队、自组织的特性。

这种结构非常灵活，每年都随着布局的产业、合作的生态而调整，保证了组织结构能根据外在环境快速应变。

用人所长的领导风格

"领导分两种类型，有的是领着团队往前冲的，而王总则是给下属发展空间的领导。他不会只选符合其价值观的人，而是善用各种类型的人，他能发挥这些人的长项。"丁峻峰说。作为一个寿险业老兵，王道南的心态很开放，他认为自己没有年轻人更懂互联网。"不懂就不要瞎指挥。"在他的脑子里团队的建设是头等大事，"我很重视年轻人的发挥，在互联网时代，年轻人担负大责任。"在泰康在线，以王道南为首的领导层更像是一个平台，为前面的项目经理提供资源支持和方向指引。

在某些时候，王道南又更像是一个产品经理，几乎每个泰康在线的互联网产品，他都会试用，然后在朋友圈里分享。这个外貌儒雅的中国台湾人会蹲在你面前，充满激情地用手机给你演示他试用的泰康在线健康测验产品，描述每个细节。

事实上，产品经理、极高的开放度，这些特质从互联网公司成功的领导者中，很容易找到影子。这也许就是泰康在线小宇宙爆发背后的领导力因素吧。

陈东升的战略思维

"泰康人寿是传统保险公司，在传统机制里，泰康在线每天受保费、保单价值的考核，束缚太多。泰康要做好'互联网+'，就得坚定地把泰康在线推出去，成立全资子公司，让它们跟 BAT、360、小米混，混出'人'样。"陈东升说。2015 年下半年，创新事业部被单独拿出来，组建泰康在线财产保险股份有限公司（以下简称泰康在线财险公司），泰康人寿总裁刘经纶担任泰康在线的董事长，王道南担任总经理。作为新中国第一批专业保险人才，作为亲历行业从无到有、从小到大历程的保险行业元老，刘经纶在担任泰康人寿总裁的近 20 年间，领导并亲历了泰康人寿几何级的飞速扩张和发展。在风起云涌的互联网金融时代，陈东升再次对刘经纶委以重任，任命其担任泰康在线的掌门人，无疑是希望他带领泰康在线"二次创业"，从国内首屈一指的互联网保险平台转型为专业的互联网保险公司。

"我们陈董是下大棋的人，他会从整个泰康的战略布局、产业链上、整个行业的变化，甚至社会的生态的变化来看互联网保险。"丁峻峰说。陈东升很早就认为，传统企业向互联网转型是大势所趋。为此，2000 年就设立泰康在线，坚持投入。泰康在线财险公司的成立则意味着泰康人寿更长远的战略布局。在陈东升的棋局中，"作为泰康'互联网+'战略的重要布'子'，泰康在线财险公司立志建成互联网产寿险相结合的普惠保险体系，并成为泰康大健康战略的互联网平台和入口。"

这种布局思路为泰康在线的发展提供了有力的后盾。如丁峻峰所说，"作为一个互联网部门，你的创新都是在挑战公司很多传统的东西，包括考核体系、价值体系，没有陈董事长发自内心的期待，很难 PK 过那么多部门。"陈东升参与了泰康在线的很多关键节点。每年泰康人寿的互联网日，陈东升都会跑到泰康在线站台。对于泰康在线，陈东升从未用利润这个指标来考核，而是更多地按照客户数等互联网指标。

在整个集团，互联网战略是整体的一盘棋，在传统保险体系中，也有一个部门，研究怎么用互联网工具提升传统业务的效率，与泰康在线一起，被称为"左手抱右手"。

陈东升的期待中，拥有独立体系的泰康在线应该像一只高飞的鸟，有自己独立的发展空间，而不要受到传统业务的羁绊和影响。为此，尽管泰康人寿在线下有着上亿名客户，但泰康在线没有共享这些客户，而是依然独立发展自己的客户。据丁峻峰透露，泰康线上的客户平均要比线下的客户年轻10～20岁。当然，未来线上与线下整合与协同是必然的，关键是时机。目前，泰康在线已经使用泰康人寿的线下服务，这也成为它有别于其他互联网保险公司的一大优势。

先千里跃进大别山，打出一片天，然后"品"字形部队跟上，这就是陈东升对于泰康在线,乃至整个泰康互联网战略的筹划。

在数年的探索与创新中，泰康在线渐成气候，目前泰康在线可触达用户有1亿人，付费用户达4000万人，老客户投保占大部分，累计保费收入逾70亿元。今天的泰康在线已经不再缺乏互联网思维。传统寿险公司到底能否做好互联网保险，玩转互联网思维？泰康在线告诉你四个字，"敢想敢做"！

▶众安保险总经理　陈劲

无场景　不保险

——专访众安保险总经理陈劲

康　民

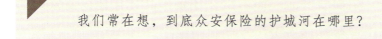

我们常在想，到底众安保险的护城河在哪里？

"作为首家互联网保险公司，众安保险常常会被问到：为什么做这个产品的又是众安保险？是否只有众安保险才可以做？我们也常在想，到底众安保险竞争的护城河在哪里？其实仔细思考，这也许并非仅从产品设计理念就可以解释，或者换句话说，这其实是互联网思维重新打造保险价值链的结果。"众安保险总经理陈劲如是说。

2014年，陈劲从一家银行的高层，跨界来到众安保险，作为一名业外人士，面对全新的行业，他没有束缚住自己的手脚，反而跳出保险业传统思维模式，以互联网思维大胆地进行各种产品创新，将众安保险的运营玩得风生水起，很多外行人士都以为他来自于互联网企业。

2015年12月中旬，全球四大会计师事务所之一的毕马威（KPMG）

与澳大利亚科技金融风投机构共同发布了《全球金融科技100强》报告。此次上榜公司中有40家美洲公司，20家欧洲和非洲公司，18家英国公司，22家亚太公司。令人自豪的是，众安保险在《全球金融科技100强》榜单中名列第一。

保险场景化

在国内的保险业领导者中，陈劲是最强调"保险场景化"的，无论是和小米合作的账户安全险，还是为美团外卖的在线商家提供食品安全责任保险，或者与全球最大的基因测序中心华大基因合作，打造国内第一款互联网基因检测保险计划"知因保"，都充分体现了陈劲的场景化思维。

事实上，众安保险的诞生就是场景驱动。陈劲坦言，当时成立众安保险，最主要来源于淘宝这个场景。从2012年开始，当时淘宝的保险频道和华泰保险开始合作，后来众安保险加入，推出了退货运费险，它是基于电商场景的一个保险产品。而第二个场景产品就是面向商家的信用保证保险，这就使得淘宝商家不用再向平台缴纳保证金，就可以解决小商家由于质量问题而"跑路"的问题。

对于陈劲而言，要让场景驱动产品，关键是解决数据的问题。没有对数据的把握，一切是空中楼阁。在一次演讲中，陈劲透露，老百姓经常投拆线下美容店、健身房等，把钱存进他们的储值卡后，老板就"跑路"了。众安保险曾经考虑能不能再给这个场景做一个保险产品，以后消费者买了保险，当出现这种情况，就直接来找保险公司。但是，它最终发现，这个做不了，因为众安保险缺少对线下的这些商家数据的把握。

利用阿里生态的大数据能力，众安保险不断地延伸到各种场景。

2015年7月，众安保险与"蘑菇街"共同推出个人消费信用保证服务"买呗"，这是国内第一款基于电商平台的互联网消费信用保险，投保客户可体验"先消费、后付款"的服务。而这背后是众安保险强大的数据处理系统和独有的风控体系，"买呗"将对用户在"蘑菇街"的消费记录及信用情况进行信用评分，并提供相应的消费信保服务，最高消费额度从500～20000元不等。

2015年9月，众安保险联合微信、飞常准、航联等，推出国内第一款在机场场景下"即买即用"的延误险——微信摇一摇航延险。

2015年11月，众安保险与自己的大股东中国平安联手，推出国内第一个O2O合作共保模式的互联网车险——保骉车险。保骉车险更是众安大数据能力的集中体现。定价方面，保骉车险依靠互联网大数据，根据车主的驾驶行为习惯等多维度因子进行定价。

"今天我们从事的是创造性的工作，所以需要员工有发自内心的对这个工作的渴望。"

走向跨界共创

脱胎于传统金融体制的陈劲，却有着追求颠覆与创新的血液。据媒体报道，他曾经是虚拟信用卡等概念的创新者和实践者之一。陈劲相信，互联网金融创业需要从0到1的颠覆性思维。这种思维与众安保险的独特之处紧密地耦合在了一起。

很多业界人士认为，众安保险含着金钥匙出生，背景强大，但是却没有看到众安保险的独特之处。为什么是众安保险？就是因为下面这些独特之处：

首先是先天性的互联网基因。作为国内首家互联网保险公司，众安保险技术部门人员占员工总数的一半，有互联网背景的员工更是远超过一半。更值得一提的是，众安保险还是首家将自有核心系统架构在阿里云上的金融机构。

其次是扁平化的组织结构。与传统保险公司不同，以互联网企业为范本的众安保险设立了较扁平的组织架构和以产品为导向的团队机制。除了中后台的支持部门，产品经理可以直接和总经理对话，完全扁平化管理。小步快跑，迅速迭代的精益创业理念在众安保险得到充分体现。

在陈劲看来，"今天我们从事的是创造性的工作，所以需要员工有发自内心对这个工作的渴望"，而组织架构是保证。

而产品设计碎片化和注重长尾效应，也让众安保险的事业版图越来越广阔。与传统保险产品追求"大而全"截然不同的是，基于互联网生态圈的互联网保险立足于"碎片化"设计，即把过去一张保单承保的风险项目一一拆开变成若干个小单，开发周期大大缩减，充分体现了互联网保险小额、海量、高频、碎片化的特征，让碎片化的需求聚集在一起形成"长尾效应"。

在陈劲的领导下，众安保险逐渐找到了自身核心优势的密码。发展过程中，众安保险形成三种业务模式：互联网保险1.0版本：保险的电商化，把传统保险搬到线上去卖；2.0版本：场景共生，如淘宝退货运费险、众安轮胎意外保等；3.0版本：跨界共创，将互联网保险和其他行业结合，创造出完全不一样的东西。目前在众安保险，三种业务模式是共生的，它们有的为企业带来现金流，有的为企业带来利润，有的则更是为企业带来未来。

截至2015年11月底，与众安保险合作的互联网平台和金融机构超过100家，上线的互联网保险产品超过200款，服务客户3.56亿户，服务保单33.62亿件。

众安保险合作伙伴包括中信、小米、蘑菇街、华大基因、Airbnb、大疆创新等；推出诸多国内首款保险产品，如国内第一个O2O合作共保模式互联网车险——保骉车险、国内第一个基于电商平台的互联网消费信用保险——"买呗"、国内第一个互联网基因检测保险计划——知因保、国内第一个与可穿戴设备及运动大数据结合的健康管理计划——步步保等。

成立两年不到，众安保险A轮融资获得以摩根士丹利为代表的财团近10亿美元投资，成为名副其实的"独角兽"企业。

令人关注的是，2015年"双11"当天，众安保险全部保单超过2亿件，保费收入超过1.28亿元。2014年，这两个数字分别是1.5亿件和1亿元。如此庞大基数上仍能实现高速增长，在于众安保险对产品做了"全面升级"：从购买货物时的信用保险产品，到保护账户安全的账户安全险，到物流运输途中的货运类保险，再到解决退货之忧的退运险，最后到保障整体购买流程的云计算保险，整个电商生态闭环都有众安保险的保障服务。

"我自己体会最深的一点是，传统保险给人的感觉是，只有当你出现问题了，保险才会来到你的身边。"

让保险更有温度

在陈劲看来，众安保险的产品哲学是"做有温度的保险"。

"我自己体会最深的一点是，传统保险给人的感觉是，只有当你出现问题了，保险才会来到你的身边。众安保险要做的，应该是另外一种有温度的保险，我们希望能够把保险变成一种正能量，在风险出现之前就能够发挥作用。这个想法说起来很容易，但是到底怎么去做却非常具有挑战性。"

"最近我们做了一些很有意思的互联网保险尝试，力图将其延伸到保险服务实践当中。比如，现在越来越多的人都喜欢带一个运动手环，众安保险就专门为小米手环设计了一个健康险，最特别的地方在于，用户只要每天坚持走到1万步，那么当天的保费就可以免除。为此我们还做了一个企业版，在群里鼓励大家每天坚持走到1万步。这样，改变了保险仅是在风险发生之后再提供健康保障，通过积极运动来改善健康状况，使得健康保险保障的方式向前大大地迈进了一步。"

这一点很像余额宝。在市场上一系列交易过程中，金融只是一种服务，这种服务利用科技的力量可以做得更有温度。这种温度的价值在于提升用户的幸福感。

"领导的风格有很多种，有的是榜样型，走在前面，这固然很重要，但是对于互联网金融公司，更重要的是要做好一面镜子。"

镜子和教练

"我们的实践就是在创造一个完全不一样的新业务，业务形态、业务方向、商业模式以及技术系统等都是新的，这对CEO也有完全不同的要求。大家都在同样一个创新的起跑线上，不管你处在什么年龄都要拼命地成长，这一点跟过去非常不一样。我感觉这不就是乔布斯说的'Stay hungry，Stay foolish'吗？这种自己努力往上生长的愿望，是新时代每个CEO都需要的第一条。"

陈劲认为："领导的风格有很多种，有的是榜样型，走在前面，这固然很重要，但是对于互联网金融公司，更重要的是要做好一面镜子。""员工都很年轻，没有多少经验，要让他们通过我们看到他们自己：哪些地方需要不断地提高？哪些地方需要改进？这要求领导更多的是教练的角色，而不是告诉员工怎么去做。"

这种谦逊来自于一种敬畏，对互联网时代员工创造力的敬畏，对新经济下领导力规则的敬畏。

"新兴经济在蓬勃发展的过程当中，每个人都是创业者，不管是在传统领域的转型，还是在新经济中创造完全不同的生态。"陈劲说。在一个全新的市场上，谁都没有过去的业绩，谁也证明不了什么。

众安保险2015年的场景化产品系列

2015年3月

众安保险与小米支付公司合作推出小米盗刷险，保障小米支付客户的账户安全。

2015年4月

众安保险与美团外卖联手，为美团外卖的在线商家提供食品安全责任保险。与此同时，众安保险还与大疆创新合作推出了无人机第三者责任保险，与途虎养车网、新焦点汽车维修服务有限公司共同推出国内首款轮胎意外保障服务。

2015年6月

众安保险与全球最大的基因测序中心华大基因合作，打造国内第一款互联网基因检测保险计划"知因保"。

2015年7月

众安保险与"蘑菇街"共同推出个人消费信用保证服务"买呗"，这是国内第一款基于电商平台的互联网消费信用保险，投保客户可体验"先消费、后付款"的服务。

2015年8月

众安保险携手小米运动与乐动力APP，推出国内首款与可穿戴设备及运动大数据结合的健康管理计划——步步保。

众安保险联合"法大大"法律服务平台，借助双方所擅长的资源整合和风险管理能力，用互联网金融的解决方案推出国内第一款互联网法律诉讼维权保险——维小宝，将法律与保险挂钩。

2015年9月

众安保险联合微信、飞常准、航联等，推出国内第一款在机场场景下"即买即用"的延误险——微信摇一摇航延险。

2015年11月

众安与自己的大股东中国平安联手，推出国内第一个O2O合作共保模式的互联网车险——保骉车险。

众安保险联合腾讯、丁香园，为糖大夫用户量身定做"糖小贝"糖尿病并发症保险，共同为糖尿病患者打造全球首个大数据智能医疗保障计划。

▶安信农险总裁乔中兴（左）（现任党委书记）、副总裁（现任总裁）石践（右）

小而美，如何美

——专访安信农险总裁乔中兴（现任党委书记）、副总裁（现任总裁）石践

赵 辉 杜 亮

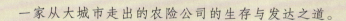

一家从大城市走出的农险公司的生存与发达之道。

安信农险副总裁石践为我们讲述了一件让他非常尴尬的事："在全国农险工作会议上，别的公司汇报工作时，一般都是讲多少万公顷，而我们安信只能说多少万亩。"的确，在承保面积动辄数千万亩，乃至上亿亩，保费收入动辄数十亿元的农险领域，安信农险数百万亩的承保面积，几亿元的农险保费收入就显得少得可怜。

这背后有地理的因素。作为一家主要业务集中于上海的专业性农险公司，农地面积自然极其珍贵。

但就是这家"小"公司，孕育出了一个个有着示范效应的创新。市场所有关于农险的创新，安信农险几乎都有：从第一个蔬菜价格指数保险的推出，到成为农产品期货价格保险的率先试水者、第一个互联网气象指数保险、水产养殖保险互助联保模式的创造；从上海到浙江、江苏、广西、内蒙古、云南，安信农险的创新正走向全国。凭此，安信农险入选"2014年度中国价值成长性十佳保险公司"。

安信农险办公大楼

今天的安信农险，农险产品达57个，不同于传统农险产品的创新产品共14个。截至目前，公司创新产品保费占农险总保费的37.8%。安信农险早已不是一家传统的农险公司。

在农险市场同质化竞争，乃至恶性竞争的今天，安信农险的创新如同一抹亮色。大家都知道，从农险创新来看，大公司往往更具有优势，毕竟产品研发需要更强的资金实力，推广需要更广阔的承保面积。但是，上述创新却来自于一家小公司。

为什么是它？

■■■■ 被"逼"的创新

"成立安信农险以及我们所确立的战略，都决定了它必须走差异化的道路。"安信农险总裁乔中兴说。

对于老安信人来说，2004年注定是难忘的一年。这一年，安信农险开始了全国农业保险专业化经营的破冰之旅。安信农险的前身是上海农业风险基金管理委员会，代表地方政府经营一些初级的农险业务，由政府指导、中国人保经办。随着2003年中国人保上市，开始剥离这部分的业务和机构。而恰在此时，上海市推进都市农业战略，希望成立一家专业性的区域农险公司，服务于农业转型升级，于是有了安信农险。限于当时上海的农业面积，注定安信农险无法成为规模巨人。"那么一点点农业，逼得我们做精、做专、做细。"乔中兴感慨道。

公司成立后，在 2005 年，上海市农业连续遭遇了台风的侵袭，受灾损失严重。此后，农民的投保意识增强，安信农险的承保面积快速增加。到 2007 年，上海的生猪、水稻、麦子、奶牛这些大宗类的农产品，保险的覆盖面基本在 80% 以上，农险市场趋向饱和，安信农险传统农业保险的发展空间越来越窄。

恰在此时，全国农险市场的狂飙突进也给了安信农险非常大的压力。随着 2007 年国家正式推出对农险保费的补贴政策，各大保险公司开始跑马圈地，迅速形成几百亿元的保费规模。此时，作为最早组建的专业性保险公司，安信农险却显得步伐缓慢。石践回忆到："上海地区农业保险本身存量很小，做到应保尽保这个目标，规模也就几亿元而已，而全国动不动一个产品出来，一下子十几亿元的、几十亿元的业务规模就起来了。从公司自身的发展角度来讲，这是非常巨大的压力。"

"仅仅停留在传统的农业保险这个模式里，未来话语权就会越来越弱。"安信农险的领导层意识到了危机。

与此同时，上海的农业在掀起一场波澜壮阔的革命。2004 年底，上海开始推行都市化农业模式，从分散的农户，向农业的集约化、规模化、组织化转型，鼓励合作社、家庭农场、龙头企业带动等模式。这意味着农业产业的运营模式，农业经营的主体正在发生着巨大的变化，这种变革为安信农险带来了外部的压力。毕竟当时 2005 年的农业保险还只是停留在怎么服务千家万户，为农民个体来提供更好的保障服务。

怎么办？彷徨不前是等死，硬拼规模是找死。只能寻找自己的差异化优势，探索如何满足农业转型中新的农险需求。何以解忧，唯有创新！

■■■ 产品与模式创新

安信农险最初的创新就是立足解决实际问题，基于客户痛点的需求，而不是等构建宏大的架构体系后才来开展和实施创新活动。这形成了安信产品和模式创新的起点。

菜贱伤农，菜贵伤民，怎么办

"菜贱伤农，菜贵伤民"，这是令很多地方政府头疼的问题。但在上海却是另一番景象。

2013年暖冬，上海市场蔬菜严重供过于求，菜价暴跌。这次，农民们没有去找政府，因为有了安信蔬菜价格保险。2014年，在全国蔬菜价格指数排行中，上海这个高消费城市竟然排在全国36个大城市的第25位；而在历史上，上海市的蔬菜曾经卖到猪肉价。这是怎么回事？

2005年，在一次农民调查中，安信农险惊异地发现，在回答"你最担心的风险是什么"的问题时，大部分农民没有选择"自然风险"、"政策风险"，而是选择了"市场风险"。从中，安信农险感到，随着都市农业的推进，上海市农民对市场风险保障需求日益迫切。至此，安信农险领导层心里开始有了价格保险的想法。而恰在同年，上海市农委蔬菜办领导也提出了这个要求，以保证菜价的稳定，保障市民的菜篮子。

安信农险开始酝酿蔬菜价格保险。"最初将其想得比较简单，但是却经历了不断地试错。"

从2006年开始，在大部分农险公司仍然停留在灾害保险时，安信农险尝试着开始做蔬菜价格保险。安信农险从每个区选择了一个蔬菜品种，共选了10个品种，然后根据农产品批发市场的历史价格确定保险零售价。一年试验下来，最终赔了几百万元。

2008年冬季，南方发生特大雪灾，上海是重灾区。面对蔬菜种植大面积损失，为保证市民春节期间能够吃上绿叶菜，市政府紧急部署，号召菜农抢种4万亩绿叶菜。但是，此时正处于绿叶菜的淡季。在这个季节，冰冻雨雪较多，绿叶菜的自然风险较大；如果集中播种，则会带来集中上市，很容易引起价格暴跌。为了消除菜农的担心，安信农险推出蔬菜价格保险，结果亏了600多万元，也不太成功。

为什么想得不错，但结果却不尽如人意？如何实现维护农户利益、平衡市场供求和企业稳健经营目标的三者统一？安信农险最终找到了问题的所在——不均衡。品种不均衡，在上海市，除了绿叶菜90%来自本地外，大部分蔬菜产自全国各地，在大流通格局下，蔬菜的价格波动很大，难以预测；季节不均衡，最初的蔬菜价格保险覆盖了所有季节，无论春夏秋冬，但是在春秋季，由于自然条件好，蔬菜常常丰收，菜价下跌得很快，风险难以把控；种植时间不均衡，菜农的播种常常扎堆，结果带来集中上市，使价格暴跌，风险突现。那么为什么没有做到"均衡"？石践指出，这背后是单纯的就保险而看保险的思维，没有将价格保险和市场上的供求关系联动起来，从更大的经济体系中看价格保险。

怎么做到均衡？由于上海市90%的绿叶菜来自于本地，所以绿叶菜的价格风险更可控；除此之外，上海市民对绿叶菜有特殊的偏好，所谓"三顿不见青，两眼冒金星"。为此，安信农险将绿叶菜作为蔬菜价格保险的承保品种。在上海，冬淡（12月15日至3月15日）和夏淡（6月15日至9月15日）这两个季节，农业灾害较多，蔬菜种植的风险较大，蔬菜价格波动较大，安信农险就选择了这两个季节的承保。

2010年，安信农险推出了创新产品——绿叶菜综合成本价格指数保险，这意味着安信农险也由"保自然风险"向"保市场风险"迈出了坚实的一步。

但是在推行过程中，出现了问题。品种、季节可以选择，但种植均衡则更多涉及农民的个体行为，如何解决？安信农险和市农委想出了新招——将保险和种植计划联动起来。从2011年起，上海市农委下发文件，明确了冬淡季节和夏淡季节，提出了每个地区在不同时间段种植绿叶菜的品种、面积的指导意见，最终落实到每个合作社、农场、农户。农民的种植在确定的范畴内，可获得上海市级财政给予绿叶菜价格保险50%的保费补贴。在市场无形的手、政府有形的手的协同用力下，种植终于得到均衡。安信农险专家徐涛指出，这个均衡意味着蔬菜价格保险已经不仅仅是一种保险了，还成为了一种事前的风险管理手段。

按照这种思路推行绿叶菜综合成本价格指数保险，菜农的心里有底了，减少了生产的盲目性。一段时间后，大部分绿叶菜农的收入保持稳步上升，政府补贴不断减少；上海市场的绿叶菜价格波动明显趋缓，市民的菜篮子也得到了保证。"从市场反应来看，绿叶菜综合成本价格指数保险为绿叶菜淡季供应、保障菜农基本利益和完善价格调控保障体系发挥了积极作用。"上海市农委蔬菜办领导告诉记者。而作为蔬菜价格保险主体的安信农险，也第一次做到了保本微利。2011—2014年，绿叶菜综合成本价格指数保险的保费收入9800余万元，赔款7600多万元。

此后，许多过来取经的农险人士发现这种做法难以复制。但在石践看来，他们只是看到表象。"大家都很关心产品问题，但实际上这是经济问题；大家都认为这是价格风险与自然风险的对冲，但实际上这是价格风险与供需关系的对冲；大家都认为这是产品创新，但实际上这是模式创新。"

▉▉▉ 传统公司办"互助"，异想天开

"赔付率已经很高，但农户还不满意。"安信农险的一位员工是这么形容淡水养殖风险面临的窘境。众所皆知，水产养殖受自然风险影响非常大。除自然灾害外，技术、管理，乃至各种人为因素都是可能造成经济损失的风险源，且勘验定损难度大，也难以完全杜绝诈保骗赔等道德风险的情况发生。承保亏损成了家常便饭，乃至于保险公司将这份业务视为雷区，畏缩甚至不愿意承保。安信农险也一度面临这种情况，2005—2006年，淡水养殖保险业务连续两年出现亏损，2006年，安信农险的南美白对虾养殖保险，赔付率竟然高达283%。

"你根本搞不清水下死了多少虾，什么原因死的，被捞掉还剩多少，很难界定我们的保险责任，也带来了一些逆选择。"没有办法，安信农险曾尝试通过抽塘等办法来定损，但这种做法代价很大，无法持续。怎么办？

"如果要做，就不能用传统的模式做，要创新。"乔中兴说。安信农

险调研了日本、中国台湾的一些农业保险，发现互助模式是一个不错的解决方案。"这样，保险公司就不再和农户形成对立面，而是大家利益捆绑。"但是否意味着安信农险成了一家互助保险公司？当时，决策者们是非常矛盾的。

安信农险没有放弃，而是尝试走一条自己的路。2010年，它推出了南美白对虾互助制保险。其中，对传统的互助保险进行了改良，创造了一个互助联保模式。具体而言，就是每个地区成立一个理事会，理事会由该地区的养殖合作社构成，每个理事会的理事们互保，一般一个地区二三十家合作社形成一个互助保险单元，有自己独立的资金池，托管在安信农险那里。每年合作社要缴纳保费，进入资金池。如果年度赔付超过资金池里的钱，安信农险拿出资金垫付，然后在以后的结余中逐步摊回。

在查勘定损时，理事会的其他成员都会在场。一位理事会成员笑称："这是以夷制夷"。因为同一个地区的合作社往往知根知底，"天天互相转悠，损失多少一眼就看出来了"。更重要的是，如果一家合作社出现超赔，直接影响整个资金池，也影响各个成员的利益。于是赔付率大大降低，从283%竟然降低到了60%以下。

找到了症结，下对了药，安信淡水养殖保费规模迅速增加到6000多万元，排全国第一。"我们今天可以很大胆地说一句话，越是高风险的农业产业，越是高风险的领域，我们越应当关注，越要做，因为我们有自己的风险管理方式。"石践自豪地说。

■■■■ "保险+期货"：分散农业风险

"我们总想着要比别人先走一步"，这就是创新者的逻辑。当蔬菜价格保险正为各大农险公司效仿时，安信农险又开始琢磨更进一步的课题。

"2014年美国取消了农业直补政策，进入了农业保险时代。世贸组织鼓励农产品取消直补，由'黄箱政策'转'绿箱政策'，加大农产品价格竞争力。美国的做法对中国农业金融导向影响巨大。中国农业体量很大，多年实施直补，农业转型升级，必然要往这个方向发展，而价格保险是其中的一个关键点。"作为主要供应上海本地的绿叶菜，可以通过保险实现均衡，控制价格风险，对于其他全国范围内大流通的农产品，如何进行价格保险？

在石践看来，农业本身就是期货行为。"当苗种买回来的时候，怎么知道几个月之后市场价格会怎样？"

那么，是否可能将期货市场的金融风险与农业风险进行对冲？这就意味着，将农民的一部分保费集中起来，购买价格看跌期权，一旦价格降低到某个点以下，可按照约定的价格卖出农产品，从而让期货市场分散价格风险。对安信农险领导层而言，"想到，做到"就是创新者的特质。

于是，安信农险在2015年初就开始探索期货价格指数保险。在这个保险中，面向农民的是一张保单，农民缴纳保费，政府补贴后，保险公司集中起来，到期货市场购买下跌期权。这样一来，就将农业风险转移给了资本市场，化解了大流通格局下农产品价格大起大落给农民和保险公司带来的风险。"再大的价格风险我们也不担心，跌得越多，期货市场摊回的越多。"2015年6月，安信农险推出鸡蛋价格期货指数保险，成为国内率先推出农产品期货价格指数保险的公司。目前保费收入达到100多万元。2015年12月，安信农险的期货价格指数保险开始走出上海，在多家竞标中，以创新的方案，赢得了广西壮族自治区政府的青睐，获得了40万亩糖料蔗价格保险试点的资格，成为保监会的重点创新项目。一位专家认为，这种尝试极具跨界思维，让更广阔的社会系统和社会资源来分散农业风险。

农险的本质不是靠天吃饭

除了绿叶菜综合成本价格指数保险、南美白对虾互助运作模式保险和农产品期货价格保险外，安信农险还在业内较早地推出了一系列气象指数保险、产量保险、家庭收入保险和小额信贷保证保险等。事实上，这与上海农业的规模化、合作社化、产业化发展紧密呼应，与市场经济武装起来的农民需求相辅相成。借鉴美国多年来的经验，乔中兴认为，中国的农业保险一定会从现在低保障、保成本、广覆盖的方式，向保产量、保产值、保收入方向发展，单一的保险模式很难行得通。

"很多人认为农险是靠天吃饭的，理所当然要靠补贴，但我认为这是片面的理解。自然灾害是靠天吃饭，但不意味着农险要靠天吃饭，如果农险要靠天吃饭，那么保险风险管理的核心价值在于什么？农业保险就是要通过保险这一风险管理工具改变靠天吃饭的窘境。虽然灾害来了要赔，但这个过程中，有很多风险管理手段可将之分散，如果这个职能无法发挥，就只能去赌。"

安信农险推出的系列保险品种见图1。

资料来源：安信农险。

图1 安信农险推出的系列保险品种

■■■ 战略创新

所谓"聚沙成塔"，从企业发展规律上看，当产品和模式创新进展到一定阶段，将带来领导者视野和格局的提升，促成更具有重大意义的战略创新。

从农险供应商到农业金融综合服务商

"用一张保单，让农民享受到全部的金融服务，从保险到期货，到融资。"这是安信农险对未来的设想。随着上海市都市农业的深入推进，农民的产业化、组织化已经成为主流。上海在2015年，农业的集约化程度已经达到70%。新兴的农业产业化组织在做大、做强过程中，对于资本，金融服务的需求极其旺盛，但是由于规模所限，无法得到及时、有效的融资等金融服务，而这就成了安信农险进一步纵向渗透价值链的机会。随着安信农险价格保险产品的不断完善，从2010年，安信农险就提出了努力打造成一个基于农业保险、农业信贷、农业融资、农业期货的农业金融一体化的公司。在安信农险领导者的心中，未来要让企业成为国内的农业金融综合服务商。

早在2008年，诸多保险公司还在观望时，安信农险就开始做小额信贷保证保险。它与上海农商银行一起，推出了不高于50万元的无抵押信用贷款，此间"将农业保险与小额信贷保证保险相结合，解决农民的信用问题"。这给上海农业产业化的进程提供强有力的支持。浦东有家红刚青扁豆专业合作社，出了一位"扁豆姑娘"。上海市场90%、华东市场70%的青扁豆都是她家合作社供应的，她的父亲正是通过安信担保获得贷款后起步壮大的。目前，上海农业小额信贷保险的贷款规模已接近18亿元，是全国农业无抵押信贷担保规模最大的。随着新兴农业组织规模的扩大，对资金需求急剧增加，安信农险将不断提升小额信贷保证保险的额度。目前，农户的无抵押信用贷款的额度已达到200万元。面向一些已经形成品牌的农业组织，在2015年开始公司开展品牌质押，提供500万元的贷款保证。下一步，安信农险还考虑对更大型的组织，做财务管理和上市前辅导等服务。除此之外，安信农险还在不断推出各类期货价格指数保险，让农民享受期货的服务。

"这样一来，就通过保险的方式，将银行、证券等跨界资源整合起来，让农民通过一张保单，解决价格风险的问题，解决融资的问题。"安信农险战略发展部总经理助理胡德雄告诉我们。

在这个过程中，保险成为黏住各个生态伙伴、整合各类资源的核心要素，如石践所言："所有金融服务前提都是风险控制，把风险管理好了，很多金融产品就衍生出来了。一张保单完成对农民的风险保障，后面的各种金融服务就水到渠成。"

■■■■ "互联网+"时代：和阿里巴巴一起玩

"农业保险不能独自玩，一定要和社会各类资源结合，和各类的环境、体系结合起来。如果仅将农业保险定性成一个保险产品，背离了第一产业自身的发展，背离了社会围绕农业的很多资源，农业保险就玩不好。"从银行到证券公司，这次安信农险的玩伴是阿里巴巴。于是，安信农险厚重的农业保险开始与轻灵的比特世界走到了一起。

很多保险公司看来，阿里巴巴最有价值的是销售渠道的平台，这也是它们合作的重心。但是在石践看来，这是不够的，"我们在做农业保险的互联网化，目前我们的合作产品中不是仅仅停留在卖的层面，而是借助阿里巴巴的大数据体系共同研发，来深度解决农民的金融需求。"

■■■■ 融资贵，怎么办

安信农险在推动小额信贷保证保险时，发现融资难的问题虽然得到了一定解决，但是融资成本却依然较高。仔细分析，金融机构的网点渠道和昂贵的人力成本使融资成本无法降下来。那么能否用互联网来降低成本？为此，安信农险和阿里巴巴的网商银行合作，将之作为融资渠道。渠道问题解决了，但只是表象。融资成本最终因素还是决定于农民的信用问题。为了解决这个问题，安信农险借助阿里巴巴"千县万村"项目中积累的农民信用数据，以及自身积累的数据，来提供相应的服务，消除银行的顾虑。跟着阿里巴巴的"千县万村"走，目前通过安信农险，农民可以拿到6%的融资成本的纯商贷资金，这远远低于市场所能给到的平均水平。

网点不足，怎么办

"要做全国业务，互联网是最佳服务平台。"乔中兴说。安信农险覆盖的网点主要集中于上海，在保险大发展时代，必然要到全国扩张。但是如果只是依靠开设机构、网点这样的传统模式，投入太大，跟不上高速前行的农险市场发展列车。但对于农险而言，互联网是一个没有区域限制的平台。这意味着，可以通过这个平台将安信的创新农险产品触达到全国。怎么做呢？"要做标准化、指数化的产品。"这一方面可以消除地面的核保、查勘等多重的环节，避开安信农险的网点劣势；另一方面，这样的产品与互联网强大的聚合力相匹配，可以快速辐射到全国，形成海量规模。在2015年9月11日，安信农业保险联手蚂蚁金服旗下网商银行、支付宝，上线了一款互联网保险产品——风力指数保险。根据互联网特点，投保金额1元起，保障大风灾害后的农业生产。当用户投保的地级市日最大风力达到6级以上时，保险公司将按照各地级市所对应的保险金额进行理赔。

该产品"简单化"、"小额"的设计极具互联网思维，在强大的互联网张力下，产品在支付宝上线一个多月，已经有超过4万人投保。首次试水效果不错，让安信农险领会了互联网的张力。值得一提的是在风力指数保险中，没有任何政府补贴，是纯商业行为。"我们打造了中国第一款纯商业化的互联网农业保险。"石践说。

除此之外，安信农险还与阿里巴巴合作，推出了农产品质量保证保险等。对于安信来说，保险已经成为其服务农民的入口，背后是多种资源的接入，互联网是关键。"我们会推荐农民在互联网上购买产品，获得科技资源，形成产供销联动，让农民充分享受'互联网+'的红利。"

不走"开机构、铺网点"的老路

"安信未来不能困守一地，否则创新会受到限制，一定要走出去。"

乔中兴说。那么如何走出去？

"在未来公司发展模式的设想中，安信不会走传统的开机构、铺网点、大量地投入等方式，我们不会再按这个模式去发展。"开设机构、设立网点可是保险公司拓展的铁律，安信农险能打破它吗？

但无论如何，必须要打破。2008—2012年，安信农险曾经通过开设分公司的方式，在浙江、江苏开展业务，但是发现进展缓慢。总结其原因，石践谈到："毕竟这几个地方的市场环境、政府环境与农业风险和上海差别很大。"而背后有更深层的原因，作为一家小型区域性农险公司，拼网点，拼覆盖，根本无法与大公司竞争。

随着安信农险创新产品的不断涌现，一些地方政府和保险公司主动要求引入安信农险的创新产品，而这让安信农险找到了对外发展的感觉。"完全可以利用我们的创新产品，结合当地保险公司的服务网点，来向全国渗透。"2015年安信农险开始与云南当地的保险公司合作，共同推广安信创新产品。

2014年，太平洋保险集团（以下简称太保）受让了上海国际集团所持有的安信农险34.34%的股份，成为安信农险的第一大股东。至此，太保强大的全国网络为安信农险创新产品的"走出去"插上了翅膀。目前，安信农险在广西的期货价格指数保险，在湖北、山东的奶牛养殖保险都已与太保展开全面合作。在合作中，安信农险提供创新产品技术，太保提供本地化的服务网络支持。

这种合作对于合作伙伴来说，意味着更大的增量。"给它们自己价值链上缺少的产品，一起将饼做大。""在创新产品方面，我们除了一手打造外，还完成与政策、监管部门的沟通，新产品意味着新业务，这种活水很难有公司会拒绝。"胡德雄说。

"创新飞轮"开启

"安信农险未来的创新不会再是被动创新，而是基于国家大的战略，不断通过产品创新、模式创新、战略创新，乃至平台创新，去服务于现代农业转型升级，服务于国家战略体系的调整，最终引领农户对农业金融的需求。"从十年前的尴尬与压力，到今天的自信昂扬，安信农险的发展始于被动创新，走到主动创新。一步步积累，安信农险人逐渐形成了创新的理念与习惯，一切都变得那么自然。

在物理学上，有一个"飞轮效应"。为了使静止的飞轮转动起来，一开始你必须使很大的力气，一圈一圈反复地推，但是每一圈的努力都不会白费，飞轮会转动得越来越快。达到某一临界点后，飞轮的冲力会成为推动力的一部分。这时，你无须再费更大的力气，飞轮依旧会快速、不停地转动。

今天在安信农险，"飞轮效应"已经呈现！伴随着上海市农业的产业化，新型农业组织的崛起，安信农险已经不是一家传统的农业保险公司，它已经变成现代农业新金融的探索者和引领者。

依靠持续的创新，安信的发展空间越来越广阔。十多年来，安信农险累计保费收入47.42亿元，业务平均增速达27.7%，除个别灾年，实现多年盈利。

安信农险生长于农业可保资源较少的上海，为了发展，只有创新，向农民需求、政府需要的纵深方向推进，纵向延伸价值链，最终为农户提供全方位的风险保障服务。"小企业，大创新"是安信农险的写照，正因为其"小"能够成就其"大"。在规模大战激烈的农险市场中，安信农险让我们反思，企业真正核心的竞争优势是什么？

▶安华农业保险总裁 张剑峰

决然的市场化之路
——专访安华农业保险总裁张剑峰

张 爽

"我们还是想成为一家更加市场化的保险公司"。安华农险总裁张剑峰如是解释这样的策略布局。

"2016年是我自2013年上任以来，经历的最艰难的一年。"这是安华农业保险股份有限公司（以下简称安华农险）总裁张剑峰见到记者后说的第一句话。

自然灾害频发，资金运用收益下降，市场成本上升，作为一家中型财险公司，安华农险的艰难确实在情理之中。

但促使张剑峰发出这般感慨的关键原因并不在此，而是市场主体增加带来的农险市场竞争加剧。其实，大部分背靠地方资源的农险公司都不像安华农险有这般强烈的危机感。所以，今天面临的困境，很大程度上是这家2004年成立的农业保险公司"自找的"。

▓▓▓▓ 一条"自寻烦恼"的发展路

与大部分农险公司不同，安华农险的注册地虽然在吉林省长春市，但其主要管理团队已经在几年前迁移至北京。用一个并不十分恰当的比喻来形容，这家刚好经历了一个生肖轮回的公司，大本营设在东北，而指挥中枢则落在了首都。

"我们还是想成为一家更加市场化的保险公司。"安华农险总裁张剑峰如是解释这样的策略布局。

这有些超越常理。如果一直在注册地做一家"安静"的农险公司，很多政策性农险业务便有机会近水楼台；一旦选择做了"北漂"，就只能在激烈的市场竞争中劈波斩浪，找到安身立命之地。

选择了创新，去市场上拼刺，但安华农险一路走来，却是跌跌撞撞。2013年，安华农险通过自己的产品研发，率先推出了生猪价格指数保险，获得了广泛关注，"发展改革委多次到我们这调研，开现场会，向全国推广。"回忆起当时的风光，张剑峰依然自豪。

但很快，受到猪肉市场价格波动的影响，这个保险产品遇到逆选择的难题，猪肉便宜时，养殖户的购买意愿虽然高，但赔付率也高；猪肉涨价了，赔付率虽然降低了，可投保意愿也随之下降。2016年4月，该险种的保费收入同比大约下降了55%。

其实，最让安华农险担心的是逐渐白热化的市场竞争。已经在保险行业摸爬滚打近30年的张剑峰用"初级阶段的节点"形容当下的农业保险市场，试点仍在进行，种种利好消息却引得各方力量趋之若鹜，使得行业处在极其变动的状态。"2016年我们能做的业务，2017年就很难判断。"张剑峰说："在这种情况下，零增长也是增长，起码说明在市场主体越来越多的情况下，我们的份额没有掉。"

▓▓▓▓ "市场化"就是要找到市场的痛点

2016年8月，经过了5个月的研究，安华农险的多宝鱼产品责任险开发完成，每年保费收入 5 万元，最高赔偿限额 1000 万元。最特殊的地方在于：这款保险目前只有一个客户——辽宁省葫芦岛市的一家养殖合作社。

为什么在经营如此困难的情况下，安华农险仍愿意投入几倍于保费收入的资金量身定制保险产品？张剑峰给出的答案是，既然要做一家市场化的农险公司，就必须学会找到市场的痛点，不仅要看这个市场现在的需求是什么，更要预期未来的需求。

张剑峰说，农业保险从 2007 年发展到现在，仍然处在低水平广覆盖的阶段，无论是种植业还是养殖业，扩大的只是补贴范围和品种，保障力度远远不够。主要是因为其制度设计就是保障物化成本投入，不至于使农户今年受灾，明年没钱投入生产。

但是，这样的制度设计在为农业生产风险兜底的同时，并没有为农业保险刷出太多的存在感，特别是对一些经过土地流转、进行集约化生产的种养大户来说，更是如此。

在 2016 年举行的中国农村保险保障论坛上，一位来自黑龙江省的村支书就直言不讳地说出了这个问题。在他看来，现在的一些农业保险，对农民而言是可有可无的。保了险可能有一点好处，但没有问题也不大。比如，水稻绝产，补偿为 200~300 元，连生产成本的 1/3 都难以覆盖。

"这就说明现在的农业保险保障程度没有随着需求的变化而提升，所以对很多农民来说，不是特别'解渴'。"张剑峰说。

■■■ 向大宗农作物进军

针对市场保险保障不足的问题，安华农险将痛点进一步聚焦到了主要农作物上。

这是有着时代背景考虑的。2007 年，国家为保证粮食安全，鼓励主产区种植玉米，设立了玉米临时收储政策。随后这项政策又扩展到其他粮食作物。然而，2011 年之后，包括玉米在内的国际农产品价格大幅跳水，而中国玉米收储价格却逐年提升，这让国内库存不断堆积，玉米出现严重供给过剩。根据美国农业部统计，截至2015年底，全球玉米库存数量为2.06亿吨，其中，超过一半的库存在中国，是全球去库存压力最大的国家。

2016年4月，实施了长达9年的临时收储政策被宣布取消，下一步很可能会聚焦到小麦、稻谷。行政手段的取消是希望被扭曲的农产品市场回归价格反映供需的正轨，但是由此而产生的新的风险敞口就为商业保险公司提供了新机遇。

"本身就保障不足，再加上即将面临的市场风险，现在只能保障基础成本的农业保险就更不够用了。"张剑峰说，未来的农业保险，特别是大宗农作物的保险一定会是保产量、保收入的。

国际上早有印证。1996年美国农产品价格和收入保险开始试点运行，截至2014年，农产品价格和收入保险在全部政府支持保险项目中，保单比例达到77%，保费规模比例达到80%以上，成为美国最受欢迎的农业保险项目。

2016年初，由安华农险开发的玉米产量保险开始在吉林省公主岭市试点实施，该产品与政策性的玉米成本保险相配合，为农户在遭受巨灾以致面临绝收风险时提供保险保障。按照吉林省农业保险的有关规定，将农作物80%（含）以上损失确定为绝收，从而启动保险赔付。而玉米产量保险将这一比例降低到40%，因为根据测算，当年玉米产量只要达到标准产量的40%，农民的收入就能偿还生产所需的贷款本金，这样一来，农户受保障的程度就大大提升。

张剑峰说，产量保险可以被看作是收入保险的过渡阶段，当我们能更准确地将产量作为赔付标准之后，距离实现保障农民收入，让农业保险更加"解渴"就不远了。

也因此，安华农险是又向前了一步。前段时间，安华农险的大豆收入保险在吉林省敦化市开出了第一张保单，共承保大豆种植面积14505亩，承担自然风险和市场风险保障额度共计665万余元。让安华农险念念不忘的收入保险终成现实。与旨在保障生产风险，即由于自然灾害、意外事故等造成大豆产量下降的成本保险不同，收入保险既保自然风险又保市场风险，用于补偿由于自然因素造成的大豆产量波动和市场因素造成的大豆价格波动带来的农户总收入减少的损失。

两个产品，两个试点，却着实让安华农险感受到农业保险每向前走一步所要经受的挑战。"像玉米产量保险，我们的产品团队研究了很久，三年前这一产品就成型了，但是受很多方面的影响，直到2016年才被推向市场。"说到这，张剑峰有些无奈。

其实，他所说的"影响"中，最重要的还是保费问题。根据相关政策，2015年，吉林省玉米成本保险费率为10%，而此次试点的玉米产量保险保险费率仅为2.02%，但是由于没有财政补贴，农民对能够大规模提高保障水平的产量保险并不买账。

契机来源于中粮信托在公主岭市开展的"吉林玉米种植供应链农事综合服务一体化集合资金信托计划"，该计划中，中粮信托对农业合作社贷款提出了一项要求，要求合作社寻求商业保险解决方案，保证不会因巨灾造成损失而导致资金链断裂，这才最终促成了玉米产量保险的落地，几家参与该信托计划的合作社也顺利获得了中粮信托的贷款支持。

用张剑峰的话说，要不是赶上中粮信托的计划，玉米产量保险就只能被一直束之高阁，"其实我们很多产品研发出来之后，只能被动地等待时机。"

尽管如此，安华农险的创新还是得到了认可。2016年6月，12个"保险+期货"试点项目获批立项，安华农险的吉林省"玉米+期货／期权"试点项目便为其中之一，获得了130万元的补贴资金。

张剑峰说，国家每年给农业保险补贴几百亿元，农业直补上千亿元，为什么农民还是对保障程度不满意？这是需要农业保险公司思考的问题。"现在政府表现出让市场解决的趋势，农险公司应该抓住这个机遇。对于安华农险来说，更应该抓住这个机遇。"张剑峰特意强调了一下，意味深长。

市场化——创新为驱动力

"如果安华农险想成为一家专业化、市场化的农险公司，就不能和同业比规模，要比创新能力"。2016年2月，农业部与中国保监会联合召开了保险服务农业现代化座谈会。在会场上，张剑峰感受到了两部委对农业保险的重视。会议结束后，他更深刻地感受到创新对于中小险企的重要性。

为此，在张剑峰的主导下，即使2016年面临严峻的经营形势，公司还是设立了安华产品创新基金。此前只是在产品部门做预算的时候会给一个特别的投入，现在成立专门的基金，目的就是在公司内培养创新基因和机制。

事实上，安华农险对于农业保险创新的执着已经延续了很多年。早在2011年，安华农险就被中国民用航空局授予了中国第一张民用无人机特许飞行证书，从而获得了利用无人机航拍测绘查勘的飞行资格，"这标志中国农业保险经营进入了以高新技术为核心的全新历史时期。"为了使无人机技术更适合农业勘察的需求，安华农险成立了专业的工程技术研究所。自2012年开始，安华保险各基层公司就已经大规模应用无人机进行标的检验或灾害查勘工作，彻底改变了通过地面人工定损的方式，避免了人为因素导致的定损结果误差。此后几年，安华农险将无人机技术不断升级，先后推出四款应用于不同场景的无人机机型。

前面提到的安华农险首创的生猪价格指数保险，尽管遭遇了一些问题，但安华农险没有停止创新的脚步，继续尝试推出生猪价格指数保险2.0版、3.0版，目前正在计划4.0版，所采取的方法从延长承保周期，到引入动态费率模型，尝试浮动费率，不一而足。

在令许多保险公司望而却步的养殖险领域，安华农险也进行了创新尝试。"养殖业保险必须精准到个体上，如果达不到这个程度，就会出现大做大赔、小做小赔、不做不赔的局面。"张剑峰说。

所以安华农险开始在风险精准管理上下功夫。经过几年的探索，

2016年，安华农险与一家数据公司合作，共同研发了BES养殖眼远程作业系统和BARP养殖险智能风控系统。简单来说就是，通过给养殖户安装智能监控设备，保险公司能够24小时掌握养殖场猪舍情况，并实时通过视频查勘定损。这样一来，"鱼目混珠"、"偷梁换柱"等养殖险赔付难题得到了大大缓解。

创新的基础是人才。这也是让张剑峰颇为骄傲的地方，从筹建之日即加入安华农险的他说，公司从创立之初就特别重视专业化人才队伍的建设，为此还设立了安华农业保险学院。

"我们要培养的不仅仅是农业保险人才，而是'农险+'的复合型人才。比如'保险+期货'的项目，做产品设计的人员要既懂农险，又懂期货市场知识。而从几年前起，我们已经酝酿这类保险产品，并开始积累相关的人才。"张剑峰说："要在市场中竞争，就不能打无准备之仗。"

张剑峰说，既然安华农险选择了走市场化的道路，就意味着没有更多的资源可以依靠。所以，只能去尝试，去打拼，否则将难有立足之地。不过，"市场化"并不是要逞匹夫之勇，毕竟任何一个国家的农业保险都需要政府的支持和推动。"我们是希望利用有限的条件，通过一些更先进、更专业的手段，让农民所获的保障程度更高，实惠更多，在此过程中为这个行业创造一些可能。"他说。

2017年，安华农险的注册资本金将会大幅提升。在这条市场化的农业保险路上，安华农险正艰难并坚定地探索着。

▶新华保险前董事长　康典

诗意的康典
——专访新华保险前董事长康典

丁　萌

> 我本江湖客，时作北冥游。　　出入问良知，进退识潮流。
> 一把浑铁剑，两斤二锅头。　　水激三千里，静观云起浮。
> 置身寻常事，亦为庙堂忧。　　百年只一瞬，不负此白头。

康典喜欢读经典，也喜欢作诗，这不是一个难得出的结论。

读经典能让人见微知著，作诗能让人举重若轻。从职业履历来看，30多年的时间，信托、证券、银行再到保险，康典的经历已经是中国金融业的一张全景图。

金融变幻如洪流，寻找确定性与坚持，方能不被弃于未知的滩涂。读经典是信息输入，作诗是信息输出，输入与输出间连接的，是牢固与坚定的价值观，康典以知行合一的方式，谨慎地向世界表达着敬畏。2015年保险业奔跑迅疾，"弯道超车"的故事成为常态，但在2015年最后一天发布的新年致辞中，康典提出"不忘初心"，要坚持寿险业"本原"的发展方向，并且要"泰山崩于前而色不变，麋鹿兴于左而目不瞬"。

这是考验魄力也考验定力的方向。在此前的经历中，康典在中国金融业不同领域行走了30余年。在保险业领域，康典用6年时间，让20岁的新华保险渐渐习惯稳重与淡定的行事方式。2016年1月12日，当康典未来不继续担任新华保险董事长的消息变得确定后，选择回归"匠人精神"的新华保险的未来发展路线，是逆势而行还是有先见之明，只能等待时间给出答案。

2010—2011年：壮士辞行，不胜不还

康典在2009年底来到新华保险时，面临的局面并不理想。

之前各种管理混乱和无序经营，让新华保险需要做一次全面的手术来重新恢复平常。

最直接的挑战就是偿付能力不足的问题。2009年12月31日，新华保险偿付能力充足率为36.2%，如果这一情况无法改变，意味着保监会的进一步监管就将到来。暂停经营以及其他监管限制的影响，显然会带来一系列的多米诺骨牌式的负面效应。

通过向股东定向增发等方式，新华保险在2010年底的偿付能力充足率超过了100%，但离保监会规定的偿付能力充足正常Ⅱ类标准还有距离。于是，针对偿付能力提升的第二项计划——公开上市就需要立即启动。当时的全球资本市场处于后金融危机时期，大病初愈，市场情绪也处于缓慢恢复过程中，并非上市的理想时间窗口期。康典自己也记录了当时的市场情况："（2011年）11月27日，余带队出征香港，新华上市路演正式启动。此前，股市连续数周下挫，欧债噩梦不绝，环球投资机构畏缩，几家欲上市者，皆无功而返。然而对新华来讲，上市已是年底前的背水一战。赴机场路上，倍感压力。"

当时，新华内部对于上市时间也有分歧，但康典认为，等并不是好选择，毕竟后市如何发展无法预料，而选择等的话，将等来保监会因为偿付能力问题的监管处罚到来，对于当时仍待重整的新华保险而言会是

巨大打击。此外，上市对于企业而言，是提高员工凝聚力与士气的重要方法，对于当时的新华保险而言，士气与凝聚力至关重要。

挑战在前，康典也知其中难度，当时他即有诗作如下：

"百战疲师，力竭身残，功毕一役，持锐披坚。关山万里，波云诡谲，迷雾千重，滩急流湍。将军受命，谁知其苦。壮士辞行，不胜不还。肩负之重，难眷私情，人老江湖，梦断南山。"

2011年12月2日，几经周折，新华保险在A股和H股同时上市。在2012年3月，新华保险第一次作为上市公司发布年度报告，这也是康典发布独具风格的"董事长致股东函"的开始。在2011年的"致股东函"中，康典表达了对世界变化不停的喟叹，同时再次明确了新华保险将根据自己的能力边界行事，坚持专注且踏实的态度。他写道：

"天下熙熙，皆为利来；天下攘攘，皆为利往。为利益所驱,商业社会上仍然充斥着各种短视的杂音。我要求我们的管理团队一直要保持清醒和定力，不受到干扰，认准了天下大势，就坚决执行，甘于寂寞。保险行业存在的意义不仅仅在于资本逐利的商业驱使，还在于它同时真正服务于社会，承担着无比重大的社会保障职责。我们应当感到无比幸运，能够在从事商业的同时，从事着一件关系国计民生的伟大高尚的事业。"

他还引用了米兰·昆德拉《不能承受的生命之轻》中最著名的一段，来表达将会充分履行责任、充分维护股东和投保人利益的坚决态度："最沉重的负担同时也成了最强盛的生命力的影像。负担越重,我们的生命越贴近大地，它就越真切实在。相反，当负担完全缺失，人就会变得比空气还轻，就会飘起来，就会远离大地和地上的生命，人也就只是一个半真的存在，其运动也会变得自由而没有意义。"

2011年12月31日，新华保险偿付能力充足率达到155.95%，"手术"基本完成。

2012年：不等不绕，就在此刻

2012年，康典在继续推动新华保险战略调整的同时，也把变革创新的要求提得更明显。在2012年的"致股东函"中，康典引用大卫·休谟曾说的"理性是且应当是激情的奴隶"，来表达公司上下需要激情与动力来推进变革与创新，而不应该仅仅停留在制度和流程建设层面。其中，对于新华保险变革创新的迫切性的比喻和论证，成为后来业界提及康典屡屡言及的经典段落：

"在公司的内部会议上，我告诉大家,我们面对着一座高山，我们有两个选择：要么我们在山底下看别人开路，成功了我们再跟着走；要么我们另外找平坦的路绕过这座山。我的选择是，不等不绕，翻过这座山，就在此刻。"

谈及未来的变化，在康典看来，认知与方法论的局限性，使人类在活动中并无法决定结果。他引用了哈耶克1974年发布的题为《知识的僭妄》的演说上的言论："我们所能确定的，仅仅是决定着某个过程结果的一部分而不是全部具体情况，因此对于我们所期待的结果，我们只能预测它的某些性质，而不是它的全部性质。"但他认为，踏实工作、诚心对待保险事业，人类能够争取更高的概率去获得期望的结果。

"我不想让我的股东们寄希望于幸运。我想说的是，我曾经长时间生活在农村，这段时间给我的一个不可忘却的人生启示是：没有一颗颗汗珠的下滴入土，没有一犁一锄的辛勤耕耘，没有上天的眷顾，就不可能有秋天的收获。因此，我对我自己和我的团队的要求是：做勤勉的耕耘者。"

2013年：不敢为天下先，故能成器长

2013年，新华保险经历了在康典看来"最为艰难"的一个"开门红"——2013年2月底，新契约保费同比下滑48%，规模保费下滑12.2%。实际上，这背后是全新考核体系的推行和分公司主打产品的调整。

但彼时，新华保险内部的各项体系建设和渠道优化，已经初步展现出效果。在2013年的"致股东函"上，康典向新华保险公司上下传递了一个信息：转型是漫长而艰苦的，需要新华保险所有人都做好准备。

"谁也不会否认，冰上舞蹈给予人们美的享受。然而当人们沉醉于此之时,大概只有运动员自己才知道，为了这短短几分钟的展示，他们付出了怎样成年累月的代价。对于我们经营者来说，抛开浮躁的激情、浮躁的妄想、浮躁的心态，正面面对商海的艰辛、商海的枯燥、商海的平淡，那才是我们走向成功的最为宝贵的起点。"

事实上，康典在2013年的"致股东函"中，第一次清晰地表明了自己对于一些急功近利的商业模式的态度，他也敦促新华保险上下，要对于商业传统与规律保持敬畏：

"回顾人类几千年的商业活动，从古人抱布贸丝，到现代的货币战争，我们看到，总有一些行为、规律和价值观，如草蛇灰线，脉络清晰，一以贯之，串起我们数千年的商业传统，不仅始终未变，也是不能轻易背弃的。这些核心规则，存在于商业社会的每一个层面、每一个角度，高效有序地约束、影响、规范着所有参与者的行为举止和职业操守……贪婪常常战胜恐惧，市场每每善变健忘；传统屡被投机钻营者摒弃，而变化又常为固步自封者罔顾。我们已在不知不觉中滑进了一个不断追求所谓'成功'、不断发现所谓'奇迹'的怪圈……合眼风涛移枕上，抚膺家国逼灯前。这种价值观和意识形态上的扭曲，迟早将在经济行为中给我们以惩罚。令人难以释怀的，除了有对市场惩罚深度和幅度的担忧，更多的还是那些对传统价值观沦陷的沉恸。"

"总是使一个国家变成地狱的东西，恰恰是人们试图将其变成天堂。"康典引用荷尔德林的诗句，表达了自己对一些行业乱象的担忧。

2014年：周虽旧邦，其命维新

相比2013年的阵痛，新华保险在2014年展示了战略调整的初步成果。从营销员渠道和服务经营渠道合计来看，健康险保费销售同比增长了89%，传统险保费销售同比增长了376%，拉动两渠道健康险和传统险占比达到一半以上。银保渠道期交保费中缴费期限在5年及以上的占比也比2013年增长了7个百分点；营销员渠道队伍合格人力、绩优人力同比增长均接近 30%，合格率、绩优率也明显更高；客户基础也呈现从低端客户向核心客户迁移的趋势。

康典在 2014 年新华保险的工作会议中提出了"棋至中盘"的概念，表示新华保险在战略转型之路步入了新阶段。在 2014 年的"致股东函"中，康典以自己的方式解析了战略调整之路沿途的景色：

"布局初始，挂角拆边，是隆中对、曹刘敌，是战略市场定位、实施路径选择。序盘展开，则是春冰渐销，奇花初胎，干将发硎，是占大场，据要津，筑墙积量。而棋至中盘，则须判形势，辨厚薄，定取舍，争短长，谋定后动，守正出奇；考虑的是六出祁山，大江飞渡，还是十面埋伏，步步为营。"

在 2014 年的"致股东函"中，康典也系统地讲述了自己对于互联网的理解：

"由互联网企业主导的生态圈建设应运而生，如火如荼——虚实之间，虚实互动，虚实相济，虚实转化，轻灵与厚重相携，虚幻与真实相衬，在一阕相惜相助的乐曲声中，虚拟与实体都可以得到升华，机构在 online 和 offline 双翼支持之下，时鲲时鹏，亦鲲亦鹏，水击三千，扶摇九万，我想，这应该是一家优秀企业——无论是来自北冥还是来自天庭的共同梦想。新华的转型战略设计，与互联网思维完全契合。"

康典引用《诗经·大雅·文王》中的"周虽旧邦，其命维新"来比喻新华保险作为一个传统金融企业，能够在战略调整中焕发新的生命力。这也让康典再次呼吁，要在保持敬畏之心的同时，要保持专注：

"人类所观察、研究的最大对象是宇宙。人类对宇宙的研究已有几千年的历史，我们现在能够观察到的宇宙，其边界约达 100 亿光年；然而，宇宙对于人类来说，仍然是一个不可穷尽的神秘空间。人类所观察、研究的最小对象，从分子到原子一直到夸克，尽管投入巨大的力量，然而直到现在也一样无法穷尽。事实告诉我们，无须困惑于宏大或微小，只要我们认定了一个方向，并顺着这个方向坚持下去，都应该能有所斩获。然而，不管是机构还是个体，能获得的资源是有限的，驾驭资源的能力也是有限的，历史所给予的时间和机遇更是有限的，因此,我们必须把有限的资源、能力、时间聚焦到历史所赋予我们的机遇上，才可能有成功的机会。"

2015—2016年：出入问良知，进退识潮流

2016年1月18日，在确认不再在新一届新华保险董事会中担任董事长后，康典在新华保险2016年的工作会议发言结尾，吟出自己所写的一首诗《乙未岁末感怀》：

"我本江湖客，时作北冥游。一把浑铁剑，两斤二锅头。置身寻常事，亦为庙堂忧。出入问良知，进退识潮流。水激三千里，静观云起浮。百年只一瞬，不负此白头。"

在发言材料的最后一页，是"再见"二字。背景里，一位老人的背影在原野中飘然远去。

▶幸福人寿董事长　李传学

幸福的逻辑

——专访幸福人寿董事长李传学

赵　辉　李　画　杜　亮

> 要想重现幸福人寿的辉煌，就要抓住关键点，施展组合拳，从内部打造执行力，将组织重新引导到以绩效为导向的文化上，在外部进行大胆的战略调整。

在这个互联网思维盛行的时代，对于企业家来说，穿休闲服上班成为一种时尚，很多企业家都不敢说自己穿西装上班。而幸福人寿的董事长李传学却是一个例外。

"我上班时必须穿白衬衫，到了办公室就开始换正装，下班才穿休闲服。"在李传学看来，一个人要讲究不同场合的角色转换。在他的职业生涯中，其角色也在不断变化，先是20多岁起就开始在建设银行的支行担任行长，在分行担任计划处长，接着在中国信达安徽和重庆分公司担任掌舵者多年，2013年7月到了幸福人寿担任董事长。幸福人寿员工称他是"消防队员"——在公司陷入低谷时履职上任。

　　幸福人寿这家由中国信达资产管理股份有限公司为大股东的保险公司创办于 2007 年，创立后的 3 年里，幸福人寿获得了飞速的发展。到 2010 年，已经完成了 22 个省市的机构布点，在保费规模上排名第 17 位，彼时的幸福速度成为保险业的奇迹。

　　但是 2010 年后，随着"股债双杀"引致的投资下滑和巨额浮亏，保险业的寒冬来临。作为一家迅速成长的新公司，在缺乏足够的网点深度和多元化的银保渠道的情况下，幸福人寿遭遇到了很大的顿挫。从 2011 年到 2013 年，出现了连续的巨额亏损，且止亏乏力。从 2010 年到 2013 年，其行业排名从 17 位掉到 30 位以后。

　　随着公司的发展进入迟滞期，在内部管理和运营上积累的潜在问题开始爆发。虽然这是企业发展的必然阶段，但是对于当时的幸福人寿来说，却可能是致命的。新班子接手的是一个烫山芋。

　　在李传学的职业生涯中，进入一个管理不善的机构，让其由乱入治，他并不畏惧。但是幸福人寿当时的现状仍然让他忧虑不已。怎么办？接手幸福人寿以来，李传学和他到团队看到了员工的努力。"大部分员工还是很敬业的，是组织文化和运营战略出了问题，这些问题的解决需要系统性思维。"要想重现幸福人寿的辉煌，就要抓住关键点，施展组合拳，从内部打造执行力，将组织重新引导到以绩效为导向的文化上，外部进行大胆的战略调整。

▰▰▰ 福利干部

　　"我这人自称福利干部，我工作过的地方，员工的收入一定要高于行业平均水平。"刚到幸福人寿，李传学就在会议上说。在当时士气低落的员工面前，这段话无疑是一剂强心剂。

▰▰▰ 逆市涨工资，重燃希望

　　"员工薪酬福利有保障，他才能热爱这个公司。"对于员工薪酬福利的重视早已构成了李传学的领导风格。但是当李传学来到幸福人寿时，他看到了他所不愿意看到的一幕。当时的幸福人寿员工的工资已经5年没有涨了，甚至一些出差补助都取消了。在这种情况下，员工的士气低落，大家期待收入的增长。

由于当时的经营状况，涨工资就会加大公司的经营压力，引起股东的反感。一般情况下，都是先将业绩做上去，再涨工资。如果没有业绩，先涨工资，能够带来所期待的效益吗？这是个先有鸡，还是先有蛋的问题。

"只有让员工兴奋起来，组织变革才有动力，我就是要让员工不断地兴奋。"这是李传学的管理哲学。为此，他上任不久就给员工连涨了两次工资。第一次叫作"普惠"，给所有员工都涨了一级工资；第二次则给那些绩效突出的员工再涨一级工资。

作为一个国有控股企业，连涨两次工资并不是一件容易事。效益不好的时候，先涨工资，这几乎是一个匪夷所思的，甚至有些任性的做法。但是李传学就是用这种胆识让员工看到希望，让企业的薪酬机制更趋于市场化，也树立了其作为领导者在员工心中的影响力，为后续的组织变革铺平了道路。幸福人寿市场部总经理助理吴玉平认为："我们董事长的一个特点是能够取信于人，答应别人的事，就能够办到，他说自己是薪酬福利干部，就能立竿见影地见到效果。"

发动群众，福利先行

在保险公司内，基于职位的福利差别早已成为天经地义的事，但在李传学看来却是不合理的。"领导福利拿得多，做事却要靠基层。"在这方面，幸福人寿更为突出。"刚到这个单位，我发现，幸福人寿所有东西都拉开了档次。例如，就员工福利而言，经理以下的每月仅300元，而处长以上的则高达上千元。"较大的福利差别挫伤了基层员工的积极性，让其与领导层之间保持很大的心理距离，极大地影响了公司的凝聚力。"如果员工得不到公平的待遇，如何与你同舟共济？""大部分员工是最基层的员工，在金字塔底端，你把上面那个尖的地方弄得再好，下面宽的金字塔底座没弄好，没有群众基础，谁给你干事？"

为此，新班子开始改革幸福人寿的福利体系，尝试将基层员工与干部的福利拉平。在新的福利体系下，基层员工的福利上涨，向干部看齐，而干部的福利费一律不涨。关于这次改革的效果，吴玉平认为，"让员工心里更舒服了"。

回归绩效，拉开奖金差

"平均主义曾经是幸福人寿核心的问题，"幸福人寿一位员工说道。作为一家国有控股的企业，幸福人寿的员工收入平均化的倾向一度非常突出。事实上，对于一家追求利润的企业而言，这种与绩效脱节的分配机制非常不合理。为此，幸福人寿在近年的薪酬和福利改革中，拉大了绩效奖金的差距，并强化了考核机制。

消防队员

李传学初到幸福人寿时，幸福人寿的内部管理面临一系列问题。"公司内部失和，互相扯皮，员工士气低落，曾经推动幸福人寿发展的绩效文化被稀释。"祸不单行，正在此时，幸福人寿由于偿付能力的问题，受到保监会"双停"（停止开办新业务，停止开设新机构）的处罚。面对叠加的问题，一些失望的员工开始离开，就在2013年，幸福人寿总部走了40多个人，其中不乏业务骨干。由于内部的种种问题，幸福人寿的战略执行力受到相当大的影响，未来愈发令人担忧。如何通过组织变革与文化再造，整顿风气，回归到以绩效为导向的轨道上来？这是李传学这个"消防队员"脑海中萦绕的核心问题。

"二次创业"展愿景

实践证明，那些能够成功领导组织走过变革激流的领导者，非常善于通过描绘愿景建立强大的组织向心力，激发变革之心。彼时的幸福人寿也急需这样的愿景重振员工的斗志。幸福人寿曾经取得过辉煌，有着不错的基础，当时的困局更多是由外部环境不佳、发展迟滞所带来的必然现象。其实幸福人寿的员工是有历史自豪感的，关键是在新的愿景中，重振幸福人寿的自豪感。为此，李传学到幸福人寿不久就提出了"二次创业，恢复性发展"的愿景，提出了两年止住亏损、三年盈利的目标。

大"瘦身"——激活力

方方面面的迹象显示，当时的幸福人寿患上了"大企业病"，随着公司规模的扩大，逐渐出现了制度膨胀、机构臃肿的现象，并在2013年前达到了一个高峰。"当时总公司只有200多个人，而制度就有300多个，很多制度重复，形同虚设。如各个部门有各个部门的制度，其实很多制度可以合并。制度越多，执行力越差。"

李传学和他的团队调研发现，制度膨胀的背后是机构的臃肿。"很多部门职能重叠，带来制度的重复与不必要的协调。如培训部和人事部等，其实完全可以合并。"

此时的幸福人寿，就像是一个超重的胖子，变得笨手笨脚，不再灵活。要让组织在复杂多变的市场环境下动起来，只有精兵简政。为此，幸福人寿进行了大规模的机构"瘦身"，总部机关的机构从原来的23个精简到16个，将关联紧密或者职能重叠的机构合并。比如核保、理赔和客服部门就合并为一个部门；培训和人事统一合并到人事部。在此基础上，进行了制度瘦身，将原来300多个制度减少到190个，将重叠的制度、某些不同业务线上的同一类制度，也进行了合并。

这种做法说起来容易，但是实际执行过程中，触及很多部门的利益。尤其是在机构"瘦身"合并后，一些总经理降为副职。这种对现有利益格局的打破考验领导者的勇气和智慧。如何最大限度地减少阻力？李传学采用了速战速决的方式，做法看似粗糙，背后却与斯坦福大学的快速变革理论如出一辙。

"企业只有快速变革，才能最大地减少阻力。"这种思路下，整个幸福人寿完成两大"瘦身"只用了两个月。幸福人寿副总裁詹肇岚告诉我们："动作这么大的调整，却没有带来反弹，这是当时领导班子所没有想到的。"两大"瘦身"下，幸福人寿摆脱了臃肿的局面，得以轻巧上阵，重现了一家成长型公司所应有的活力。

◼◼◼◼ 去弱体——除死皮

在幸福人寿的三四级机构中，绩效比较差的弱体机构比例太多，占到70%，这也是公司绩效低的主要根源。通过分析，新班子看到，虽然公司经营策略与外部环境是弱体机构的一个主要原因，但弱体机构的存在也很大程度上源自某些省级分公司"一把手"的个人原因。"有些省公司老总把一些不懂保险的亲戚、朋友弄过来，充斥到三四级机构中。"怎么办？走人？这种做法虽然简单，但可能会带来组织大范围的震荡。既然弱体机构出现的原因主要是"一把手"，抓住"一把手"，下任务，把责任落到分公司"一把手"，应该是解决问题的有效方法。幸福人寿提出了各个省解决弱体机构的指标：多解决一个弱体机构，一把手奖励3万元；少解决一个弱体机构，罚5万元。这就给"一把手"足够的压力，让他们不得不正视三四级机构的效率问题，进而通过优化人员配置或提升人员素质，来提升弱体机构的业绩水平。

除了直接给"一把手"激励外，幸福人寿也通过福利与绩效的挂钩，激发各个省员工对业绩的追求，最终形成一种氛围，催动经营班子。幸福人寿在福利的发放上开始依据各个省的业绩排名，如以医疗基金的设立作为奖励，2014年业绩排在前五位的省公司全体员工可从2015年1月1日起享受医疗基金。排名第6~10位，则下半年6月开始享受。但排名11位开外的2014年和2015年就没有医疗基金。

在解决弱体机构的问题上，机制不再是呆板的制度，而成了解决问题的手段。如李传学所说，"要以机制管人，首先机制要有效率和活力。"

不确定的烦恼

作为"福利干部"和"消防队员"，李传学领导的幸福人寿，通过一系列的组织变革，建立了以绩效为核心的组织机制，打造了强大的执行力。有人说，变革难，在环境不确定下的变革更难。而李传学的领导班子就曾经遇到这样的不确定性。

李传学到幸福人寿不到4个月，变革正开始进入深水区，这时，一家大型民营企业一度有意向收购幸福人寿，这段时间内，李传学感到了极大的压力。

最终，他顶住了压力，坚持了变革。事后回想起那段日子，李传学将其归功于团结有力的管理团队。大家团结一心，在面临可能被收购的不确定性时，仍然能够坚持既定战略和目标，并在全系统推动执行，每个分公司"一把手"都能做到守土有责，不折不扣执行总公司经营策略，确保公司的发展和员工队伍稳定不受影响。

领航员

著名管理学家陈春花教授指出，战略跟不上，组织再强大，也走不远。在打造组织执行力时，幸福人寿近年对发展战略也根据外部环境变化进行了重新调整。如前所述，2011—2013年幸福人寿经历了连年的亏损，2013年的保费收入不足50亿元。

詹肇岚认为，证券资本市场的低迷是造成幸福人寿经营困难的主要原因。"在投资端，幸福人寿面临的困难是越投资越亏损；在保费端，幸福人寿由于投资收益下滑，产品竞争力不足，风险变高，在占其90%以上的银保渠道销售策略更是日趋保守，不敢通过大规模的营销放量。"恰在此时，幸福人寿原有的合作渠道，将合作的重点向自身控股的寿险公司倾斜，幸福人寿的银保渠道业务受到进一步影响。怎么办？面对不断下滑的业务，是时候重新思考战略了。

投资端：乘势而为，借鸡生蛋

而此时，一个重大的机遇正走向幸福人寿。2012年到2013年，为了进一步推动保险业的发展，保监会出台了一系列放开投资渠道的政策，其中力度最大的是放开对保险资金涉足另类投资的限制。这也就意味着保险资金不仅仅能够投资于二级资本市场，还能够直接进行股权、债权、房地产以及基础建设投资等。

有人说，企业家对于机会的洞察和捕捉如同猎豹一样，李传学身上就有这样的特质。在很多保险公司老总还在研究"新政"时，他早已从中嗅到了幸福人寿的战略机会。

这种机会植根于幸福人寿的股东资源。幸福人寿的大股东中国信达。不仅是全国四大资产管理公司之首，也是首家登陆国际资本市场、拥有金融全牌照的金融资产管理公司，核心优势就是在另类资产上的资源，尤其是定价和发掘另类资产的能力。幸福人寿的投资为什么不借助中国信达的优势呢？李传学和他的团队也看到，中国信达也需要合作伙伴的资金共同投资项目，幸福人寿与大股东中国信达的合作可谓是水到渠成。

为此，面对政策新机遇的幸福人寿，探索着一条创新的资产管理模式。具体说来，就是和中国信达一起投资于一些高收益、低风险的项目，把项目委托给中国信达管理，在合作投资过程中，为确保资金安全性，幸福人寿享有优先退出权。例如，2015年投资的三亚凤凰机场，幸福人寿投资9亿元，中国信达投资4亿元，海南航空投资1亿元。幸福人寿的投资期限是三年优先级，中国信达的投资是四年期。

与中国信达的合作大大减少了幸福人寿的投资管理成本。"我们的投资部门在初期项目管理经验不足，可以借助中国信达多年积累的经验和专业能力进行投资项目选择和投后管理，同时在合作的过程中加强学习，培育我们自身的投资管理团队，这样既降低了风险，又促使我们的投资团队快速成长。"更重要的是，充分利用了大股东中国信达的资源和专业优势，幸福人寿获得了其他保险公司难以获得的价值洼地资产。而优先退出权又保证了资本的安全。在此过程中，幸福人寿获取了安全可观的投资收益，提升了幸福人寿保险产品的竞争力。所谓"乘势而为，借鸡生蛋"，这不仅仅考验企业家的眼界和捕捉机遇的能力，更体现了其创新的意识。

创新的资产模式推动了幸福人寿投资收益率的提升，公司2013年财务投资收益率是4.03%，比行业平均的5.04%低1个百分点；但是2014年就达到6.6%，比行业平均的6.3%高出0.3个百分点。2016年前三个季度，年化财务收益率进一步提升至9.14%。

保费端：多渠蓄水，深挖作堰

在2013年前，幸福人寿的银保渠道合作伙伴主要是一家银行。原本以为，在主要合作渠道充分耕耘，可以给幸福人寿带来可观的业务规模。但是随着合作银行自身控股寿险公司的发展，幸福人寿的业务发展受到了一定的影响。作为核心的渠道，其银保渠道发展缓慢，直到2013年，业务规模还不足50亿元。渠道单一化的风险正逐步显现。

到任不久，李传学带领新班子确定了渠道多元化战略，开始开拓更多样化的渠道，先后将建设银行、招商银行、邮政储蓄银行、中国银行、农业银行和工商银行拓展成了自己的渠道合作伙伴。多元化的渠道带来了业务翻倍增长的潜能。在此过程中，李传学身先士卒，成为公司最大的业务员，参与渠道开拓，其开拓能力得到了施展。同时，除了银保渠道外，幸福人寿也加大力度开拓个险渠道，这被定位为幸福人寿长期的业务增长点。

除了渠道多元化外，幸福人寿在网点上也进行了深耕布局。"公司一度的困难，很大程度上来自于其网点布局的深度不够，带来管理成本与业务规模的失调。"詹肇岚说，在2010年前公司快速发展中，为了抢占全国市场，幸福人寿在各个省迅速铺开，但是机构建设的深度远远跟不上。当时一个省往往只有2~3家三级机构。"这种状况不仅影响到公司的业务拓展，还使管理成本无法有效摊销。"幸福人寿的新领导班子提出，加快三四级机构的发展，到2015年，三四级网点机构拓展到50～60家。此后，幸福人寿重新加快了网点建设的步伐。

随着投资端和保费端这两个方面的战略调整，幸福人寿的业绩开始回升，截至2015年10月，幸福人寿的保费已经突破240亿元，是2013年的近5倍，幸福人寿规模保费变动情况见表1。在2015年，幸福人寿开始扭亏为盈，比计划提前了一年。资产规模方面，2013年总资产是298亿元，2014年底增长到384亿元，到2015年第三季度末达到492亿元。业务呈现出良好的持续快速增长态势。

表1　幸福人寿规模保费变动情况（2008年至2015年9月）

单位：万元

幸福人寿	规模保费
2008年	103751
2009年	427656
2010年	608912
2011年	504597
2012年	570705
2013年	479833
2014年	1150282
2015年9月	2301114

以房养老：打造公司新名片

作为一家成立不到10年的中小寿险公司，幸福人寿知名度不高，社会影响力有限。没有外部的理解和支持，如何才能实现公司的可持续、良性发展呢？2014年，保监会推行"以房养老"试点，幸福人寿在中间看到了机会。

所谓"以房养老"是依据现有资源，利用住房寿命周期和老年住户生存余命的差异，对广大老年人拥有的巨大房产资源，尤其是人们死亡后住房尚余存的价值，通过一定的金融机制或非金融机制的融通以提前套现变现，实现价值上的流动，为老年人在其余存生命期间，建立起一笔长期、持续、稳定乃至延续终生的现金流入。目前，在国内，有很多老年人有房子，但没有钱，过着没有保障的生活。但如果将房子卖了，又失去了自己的"家"。参加"以房养老"计划的老年人，可以将积蓄在房产上的财富分期支用，有效补偿老年生活。对于保险公司而言，也带来了长期、稳定的收益。

在老年人急需有效社会保障的今天，这个保险产品方案无疑是兼具社会意义和经济价值的。幸福人寿成立之初，就在第一任董事长孟晓苏的推动下开始"以房养老"的相关研究。但是由于市场环境的不成熟，前期开发和推广遭遇很大的困难，后续也存在很大风险。但李传学和他的团队看来，对于当时的幸福人寿，要赢得外部的"人和"，在养老产业进行探索，"以房养老"却极具战略意义。在2015年，幸福人寿推出第一款以房养老保险产品。据媒体报道，一位领到以房养老保险金的夫妻表示："我盼了这么久，终于盼到了，很多人劝我，但是我认准了这是个好事，至少很适合我和老伴。"

幸福人寿的以房养老产品成为了公司名片，强化了公司社会责任形象，也赢得了监管部门和公众的支持，保监会领导在幸福人寿调研时指出："以房养老给幸福人寿带来了更多的正能量。"

更进一步的是，在养老产业成为风口的时代，这个产品的推出也意味着幸福人寿向养老产业链的进一步延伸，幸福人寿正将更多的养老服务整合到以房养老产品中，探索打造养老产业链。

通过一系列组织变革，与乘势而为的战略调整，幸福人寿重新回到了良性增长的轨迹来。到2015年8月底，幸福人寿的业绩排名又回升到第18位，也赢得了股东信心。2014年，三胞集团斥资10亿元入股幸福人寿。

幸福人寿的变革实践告诉我们，让企业走出困难，重燃希望，光有勇气远远不够，还考验领导者的智慧、洞察力，以及把握大势的能力，更考验领导者的心理素质。

在保险业竞争越来越激烈的今天，在"互联网+"时代，幸福人寿还将面临更大的突破和改变。未来幸福人寿将走向何方？我们拭目以待！

▶吉祥人寿总经理（现任董事长） 周涛

吉祥人寿的 "面包理论"

——专访吉祥人寿总经理（现任董事长）周涛

赵 辉

> 一家寿险公司在开业之初就要确定好自己的经营风格，选择偏规模型、偏效益型或者是综合很重要，就像做面包一样，要处理好面和水的关系。

近年，随着国家及行业各项政策的不断落地，中国保险行业迎来了发展的黄金期。在这个过程中，"转型升级"、"模式探索"、"新老公司竞争"成了行业热词，各家保险公司，特别是很多新兴保险公司迅速成为行业的弄潮儿。但其中一些保险公司为了超速发展，大力推行中短存续期人身保险产品，带来了一定的潜在风险。2016年3月，随着中国保监会《中国保监会关于规范中短存续期人身保险产品有关事项的通知》（保监发〔2016〕22号，以下简称22号文）的出台，"快"、"稳"成为保险行业各家公司关注的两个字。

为此，《中国保险报》记者专程对吉祥人寿总经理（现任董事长）周涛进行了访谈。这位扎根金融行业数十年，拥有丰富从业经验的企业管理者跟记者提的最多的就是"稳健"、"特色"等字眼。这或许就是吉祥人寿仅用3年多的时间就迅速实现了出色的业绩及良好的口碑的原因。

"面包理论"：面和水的关系

《中国保险报》：2016年保险业发展迅猛，增速较快，但2016年22号文出台后，关于如何处理好行业业务规模和效益的关系的讨论不断增多。在一次线下活动中，您在聊到寿险公司业务规模与效益的关系时，用"做面包"做了形象比喻，能否进一步进行阐述？

周涛：一家寿险公司在开业之初就要确定好自己的经营风格，选择偏规模型、偏效益型或者是综合型很重要，基于此，我们的公司管理层也进行了讨论。就像做面包一样，要处理好面和水的关系。要做好可口、精美的面包，就要准备精致的面粉和洁净的水，以及找到两者之间合适的比例搭配。我们把规模业务比喻为水，把长期价值业务比喻为面粉，如果忽视了面粉，也就是长期价值业务的基础，而追求大量放水，面包是做不起来的。从来源上讲，取面粉比取水的成本要高，取水相对容易些，这就意味着，面粉的多少是决定面包做得好坏的关键。

基于这个理论，我们认为价值保费业务从一开始就要成为公司的核心渠道，同时也要发展适当的规模业务，两者要有效协同。要做好精美可口的面包，就必须有自己洁净的水源渠道和精致的面粉渠道。要培植良好的渠道关系、可靠的营销员队伍以及适销对路的产品。

"十六字"方针

《中国保险报》：吉祥人寿用了三年多的时间，实现了业务规模的数次跨越，难能可贵的是，随着业务规模的不断增长，贵公司的价值业务也在迅速提升。从2016年第一季度的行业交流数据来看，贵公司用一个季度的时间实现了2015年全年的保费业务，而且原保费业务较2015年同期增长了数倍。这样双线攀升，在新兴保险公司中并不多见。您觉得贵公司的秘诀是什么？

周涛：我们把2013—2015年作为我们的第一个"三年计划"，受上述"面包理论"的启发，公司确立了"适度规模、价值成长、持续发展、满足需求"的"十六字"方针。围绕这"十六字"方针，我们建立了初期的全渠道发展策略，探索综合型的寿险业务，形成了以健康养老为特色的100多个产品构成的产品线。用这"十六字"方针，妥善地处理好了吉祥人寿当前与长远、规模与结构、发展与效益的关系。2016年第一季度，吉祥人寿的总资产规模已超过100亿元，是成立时注册资本的9倍多；同时，我们的结构也有良好的表现，湖南分公司在第三个经营年度，个险新单标保业务突破1亿元，打破了当地市场的纪录。

过去的三年中，我们通过增收节支，减少预算亏损超过2.75亿元，为公司已经确立的第二个"三年计划"的最后一年，也就是2018年进入盈利通道奠定了坚实的基础。

2016年3月，保监会出台了22号文，对中短存续期产品实施规范。情况表明，吉祥人寿一直坚守的"十六字"方针与监管的政策是契合的、一致的。所以，我们受到的冲击不大。

吉祥特色

《中国保险报》：随着保险企业的不断增多，现代保险企业之间的竞争，更大程度上已从单纯的业务竞争转向特色竞争，贵公司作为总部位于中部地区的寿险法人机构，是如何扬长避短，发展自己特色的？

周涛：吉祥人寿是湖南省唯一一家，也是中部地区少有的寿险法人机构，我们在很长一段时间会为我国中部地区的客户提供服务。中部地区具有人口众多、保障程度低、长寿风险加剧、健康保障缺失的特点，因此，我们确立了"让人人都拥有健康养老保险保障"这一发展理念和使命。

一方面，我们在湖南省大力推动与政府合作的城乡居民和职工保险保障综合服务商业务，选择了三个人口数量较多的县（市、区）开展了新农合和城镇职工的意外医疗补充保险业务。通过与政府合署办公，通过严格的审查、核查和调查控制保障成本；同时，为广大客户提供名医问诊、专家咨询、健康讲座等附加服务，取得了政府满意、客户认同、公司影响力扩大的良好效果。

另一方面，通过与中部地区大型养老机构合作，打造养老产业投融资服务平台，推动养老事业发展。吉祥人寿发挥投融资平台的牵头优势，积极发展养老产业。

三力齐抓

《中国保险报》：我们知道，好的规划为公司经营增加了成功的砝码，但如何落实往往成为很多管理者较为头痛的事，请问您在这方面是如何考虑的？

周涛：为了达到和实现上述目标，我们主要在挖掘以下三个方面的能力上大做文章。

一是要挖掘股东出身背景的潜力。吉祥人寿是湖南省委、省政府积极兴办的人寿保险事业，得到了省委、省政府及有关部门的大力支持，国有企业的背景也给我们带来了集中力量办大事、管理优势明显、快速调动相关资源能力较强等各种有利条件；同时，我们也在不断努力规避效率低下、行政色彩浓厚、竞争机制缺乏等"大公司"病。

二是打造市场竞争的能力。相对行业老公司来说，吉祥人寿成立时间较晚，错过了行业先发优势。但是我们观念新、包袱轻，在认真汲取同业过去正、反两方面经验教训的基础上，可以重新打造一条独特的创新发展之路，在一张白纸上描划出更新更美的图画。

三是培育艰苦创业、文化兴企的发展实力。本质上来讲，当前寿险行业的竞争就是调结构、降成本的竞争，随着移动互联网技术的快速发展和WIFI环境的不断改善，为我们建设大总部、大后援、大集中和大数据创造了条件，同时也为减少分支机构前台成本、运营成本和人力成本提供了有利因素。我们在机构开设过程中，在推行扁平化、流程E化、机构轻型化等方面做了大量探索，有效实现了节能降耗。同时，我们确定了"自立、感恩、和谐"的吉祥文化，倡导艰苦创业、勤俭兴企，将营销基因、营销气质、营销精神注入到创业文化中去。

五个"优先"

《中国保险报》：作为寿险法人机构，在经历发展初期的打基础阶段，从总部所在地走出去是目前大部分公司发展的基本路径。贵公司从2015年开始从湖南走向全国，目前已有两家省外分公司开业。据当地行业数据显示，已开业的分公司业务发展表现不错，特别是个险业务在当地市场表现出了极强的竞争力。请问贵公司在机构发展方面是否有一些特别的方式和方法确保所开分公司的成功率？

周涛：从2015年开始，吉祥人寿开始出湘发展，除湖南分公司外，我们已经开设了河南、湖北两家分公司，安徽分公司也正在紧张筹备过程中。如何高效有序推动省外机构发展，我们进行了大量研究，决定始终坚持按"五个优先"的原则进行实施。

一是"一把手"慎重选聘优先的原则。"一把手"是省外分公司筹备工作的第一责任人和主要责任人，我们按吉祥人寿的要求，审慎、广泛地进行物色和选聘，确定之后，到总部来进行储备、训练和融合。

二是监管协同优先的原则。开设分支机构，我们会及时、事先向当地保监局汇报，取得监管机构的认同和支持。

三是相似市场优先的原则。我们在湖南打下了良好的基础，形成了一定的发展思路和经验。出湘发展初期，我们会选择与湖南省情相近的地区来进行开拓。

四是"个险+"优先的原则，在机构开设过程中，个险业务是我们必须持续坚守、一以贯之的核心业务渠道。通过个险业务的持续深耕，提高机构开设成功率，防范机构个险业务产能弱化的风险。

五是总部管控能力具备优先的原则。开设分支机构一定要确保总部偿付能力、业务发展能力、营销管理能力、风险防范能力具备。从目前来看，新开机构都得到了良好发展，特别是个险业务在当地市场都有非常抢眼的表现。

周涛的管理关键词

吉祥人寿总经理（现任董事长）周涛认为，要办好一家寿险公司，需要在以下四个方面不断坚持学习。

危机感

危机意识和忧患意识是企业组织发展突破的重要源泉，也就是所谓的"惧者生存""君子不立于危墙之下"。危机感源于企业的理想和对事业的追求，有了吉祥梦，你才会去找差距，进而找原因，"知耻而后勇"。人寿保险公司是经营风险的行业，企业负责人的首要责任就是要将危机感上升为公司的集体意识，进而使这个组织变成一个拼搏的、战斗的团队。

勤为先

人寿保险是高度竞争的行业，不进则退，慢进则败。知道了差距和不足以后，就要敢于牺牲更多的时间和精力推动组织发展，我坚信爱因斯坦的名言，"人的差异在于业余时间"。

求实效

管理的根本目标是绩效，就是以最短的时间、最低的成本达到最好的效果，所以要建立有效的KPI指标，围绕核心目标来组织资源，以公平、公正的考核手段保证吉祥梦的全面实现。

人性化

公司管理者要具备一定的人格魅力和道德水准，要像一团火去温暖别人，一束光照亮前方，挖掘人性的光辉和温度，引领团队健康快乐的创业、发展。

► 东吴人寿保险股份有限公司总裁　徐建平

做精社会保障服务商和财富管理供应商
——专访东吴人寿保险股份有限公司总裁徐建平

祖兆林

> 保险公司做好做精财富管理要依托两个金字塔：一是理财队伍金字塔；二是金融产品金字塔。

保险公司做好做精财富管理要依托两个金字塔：一是理财队伍金字塔；二是金融产品金字塔。

作为一家地级市保险法人机构，在寿险市场纵横捭阖的激烈竞争中，东吴人寿如何做深做实"社会保障服务商和财富管理供应商"的定位，走出一条特色化、差异化的发展之路？"新国十条"颁布一周年之际，本报记者专访了东吴人寿保险股份有限公司总裁徐建平。

《中国保险报》：东吴人寿成立不久，就在民生保障服务上有所斩获。致力于做社会保障服务商和财富管理供应商，这一定位要求公司在保障和投资两端发力，这既是保险的本质要求，也符合大金融的发展趋势。东吴人寿在社会保障服务商方面是如何做的？

徐建平："新国十条"进一步延伸和拓展了保险业的内涵和外延，为保险在更高水平和更广范围服务地方经济和民生保障提供了政策基础。从外部环境来看，经济增长、保险需求和行业政策合力，驱动保险业进入黄金发展期。行业政策推动边界拓展和结构进一步优化。党的十八届三中全会提出推进国家治理体系和治理能力现代化。保险作为风险管理的基本制度，兼具显著的社会属性和商业属性，是转型过程中承接政府职能和社会治理的重要载体。

东吴人寿致力于做社会保障服务商和财富管理供应商，这既是保险的本质要求，也符合大金融的发展趋势，就目前而言，公司在践行自身定位上已有所收获。

社会保障服务包涵了世界银行划分的四大支柱（基本医疗、基本养老；补充医疗、补充养老；商业保险；非经济型的健康、养老服务），而保险是唯一可打通这四大支柱的金融机构。我认为，保险应该姓"保"，社会保障服务作为保险业的"自留地"，必须把这块地种好。

东吴人寿成立不久，就在民生保障服务上获得突破。2013年1月1日起，东吴人寿与苏州社保中心合作"医保康"项目正式实施。该项目首创"四位一体"的苏州救助模式（保费补助、实时救助、年度救助、自费救助），并将健康管理等增值服务融入医保公共服务体系中，为260多万名市民提供大病补充医疗保险保障服务。东吴人寿在组织构架上也进行了相应调整，先后设立了社保管理部和健康事业部。项目实施后，2013年所有参保人群医疗费用结付率在基本医保的基础上提高了1.98%，其中年度救助、自费救助受益人群医疗费用结付率分别提高了5.36%和10.12%，人均补偿额2240元，比上年度提高了342元，2014年人均补偿额较2013年进一步提高355元，有效减轻了参保人员大额医疗费用负担，并在抑制过度医疗方面取得了一定成效。目前，"医保康"项目已趁势推广至昆山、吴江等地区。

以"医保康"项目为切入点，东吴人寿在适应政府职能转变、承接公共服务方面多点开花，苏州市属国企的企业团体年金项目、市属学校学生校园安全保险等已全面推开。作为项目储备，税延型养老保险、税优型健康保险、长期护理保险、养老产业链等课题研究正有序推进。在2012年成立之初，东吴人寿也有过关于发展路径的思考，在行业内普遍关注规模的彼时，东吴人寿看到了整个经济社会转型的趋势，内需扩张需要保险保障托底，人口老龄化也需要保险服务跟进。东吴人寿希望结合苏州和江苏的资源优势，着力于养老和健康保障的商业化运营服务，以"医保康"项目和企业团体年金项目为突破点，走出一条差异化、特色化的发展之路。

《中国保险报》：在财富管理方面，东吴人寿看到了金融业混业经营、融合发展的趋势。将产品服务链条从基础保障延伸到财富管理，做精财富管理供应商，种好保险业的"责任田"，作为一家新公司，你们如何去实现弯道超越？

徐建平：保险公司做好做精财富管理要依托两个金字塔：一是搭建起理财队伍金字塔，与绩优营销团队的打造结合起来，为基础的营销员搭建一个晋升的通道，顶端是综合财富管理的团队，类似于私人银行；二是金融产品金字塔，从基础的保险保障产品到理财型产品，再到高端定制产品，为客户提供一揽子综合理财和满足个性需求的结构化安排。这其中，投资能力和产品定价能力是根本，相关人才储备是关键。为此，东吴人寿将部分资产管理和产品精算业务移师上海，以期更好地借助上海金融中心的信息优势和人才优势。在2016年波动剧烈的资本市场中，东吴人寿取得了较好的投资业绩，在业内获得了较好的口碑。

当然，人力成本、租金成本上升，对传统渠道的利润空间造成了一定挤压，但个险代理人队伍是寿险区别于其他非银金融行业的标志之一，这不仅是客户积累的重要途径，也是O2O、高端理财等服务的战略支点。而在互联网金融蓬勃发展之际，东吴人寿同样作出了拥抱变革的积极姿态，在三年前便设立了电子商务部，在实践中探索保险销售和服务的新模式。

东吴人寿重视机构建设和队伍建设，在第一个完整的经营年度内，便完成了总部所在江苏省的全部地市级机构铺设；2015年，以四川省分公司开业为标志，东吴人寿向全国经营迈出了实质性一步；2016年，河南省分公司、安徽省分公司已相继开业，上海分公司正积极开展准备工作。截至目前，东吴人寿已开业各级机构81家，个险经营机构90家，外勤人员突破8000人。随着已有机构数量的增加，机构建设和队伍建设步入了换挡期，由前期注重速度和数量，逐步转向提升效益和效率，实行有限、有效扩张。

《中国保险报》：在"互联网＋"席卷一切行业的背景下，有关传统产业与互联网融合的讨论日趋激烈。坚守传统寿险渠道，还是顺应变革创新渠道，对保险公司尤其是新兴中小保险公司来说，该如何破解这道难题？

徐建平：在互联网特别是移动互联时代，指尖的权力赋予了消费者更大的话语权。当互联网一代逐渐成为社会中坚力量时，传统的营销模式甚至商业模式正在悄然改变。本质上，包括保险在内的金融行业经营的是以数据为基础的风险定价，当拥有丰富数据资源的互联网企业介入后，新的商业形态将打破行业竞争的界限。以众安保险的成立为标志，融合创新、整合竞争的趋势已日趋明显。这是一次全数据应用、全渠道营销、全流程改造的变革，对保险公司来说，影响非常深远。

东吴人寿较早地觉察到了这一变化，在成立之初便决心深化网络销售，探索商业模式的创新。2013年，东吴人寿与淘宝网、珍爱网三方合作推出"爱情保险"，在这一领域初步打响了品牌，东吴人寿自建B2C网上商城已上线运营，移动APP平台正在开发中。目前，热卖的万能险产品是一个切入点。未来赢得客户的产品，一定是具有真正创新意识的产品。据悉，东吴人寿正在着力对包括网销产品在内的所有产品进行创新尝试，目标是实现综合化、碎片化、定制化。

具体而言，综合化即账户化，期望加载支付、结算、联通等功能，使账户成为用户信息中心和支付结算中心。在互联网和大数据时代，账户不仅是身份凭证，更是包括信息价值和货币价值的综合载体，既是渠道发掘客户价值的直接途径，也是企业和客户互动的主要渠道。未来金融业的竞争是入口的竞争，但目前保险产品是以保单而非账户形式存在，既不利于归类检索，也不利于支付、联通功能的拓展，这是保险产品可以做较大改善的地方。碎片化，就是保单责任、承保时间碎片化，通过保险条款简单化、标准化，降低单件保单的费用，并让客户有更多的选择和组合空间，从而激发更多保险需求。定制化，即树立用户思维，真正把住客户需求的脉，做好规模化定制和私人定制。

在东吴人寿内部成立了读书会和课题组，就大数据、移动互联、运营服务和商业模式的改革创新进行专题学习研究。未来，东吴人寿的目标是打造成为移动化、数据化、体验化的新型寿险公司。一是搭建移动办公、移动展业和移动管理平台，推动建立O2O生态系统，实现线上线下融合发展，并探索网络代理人的创新模式；二是推动数据化经营，整合和挖掘数据资源；三是强化用户的舞台化、场景化服务体验；四是探索C2B模式，赋予用户更大的话语权，从需求收集、产品构思到产品设计，让用户全方位参与。这是一项系统工程，需要积极稳妥地推进，东吴人寿正以课题研究为抓手，以点带面，寻求创新突破。

"一份承诺，一生呵护"，东吴人寿的服务理念注定了这是一项长期的事业。我们要打造百年基业。在寿险业历经外延的迅速扩张后，如何在内涵式增长上下功夫成为重要课题。东吴人寿要顺应行业转型和创新的趋势，强化营销、定价、投资、创新和风控五项核心能力，走出一条可持续发展的路子。

▶安盛天平董事长兼CEO　胡务

寻找差异化优势　创造消费者价值
——专访安盛天平董事长兼CEO胡务

赵　辉

> 胡务认为，客群细分是社会发展的一种必然趋势，欧美早就这么做，因为"每个人诉求不同，如新司机和老司机出险概率不同，所以对保险价格和服务的要求也不同。"

"在竞争日益激烈的车险市场上，如何寻找自己的差异化优势？"这是安盛天平董事长兼CEO胡务在思考的问题。他领导创办天平车险，并参与和主导安盛在华财险公司丰泰保险和天平车险的合并。胡务清醒地认识到，虽然合并后规模可观，但是在巨头面前，安盛天平不过是个中小型公司，"盲目复制大公司就是等死"。合并后，面对竞争激烈的车险市场格局，胡务毅然带领安盛天平走上差异化和聚焦的竞争之路。2014年，胡务表示："新公司定位于互联网保险，将结合国际先进保险管理技术，发挥本土实践经验，实现向数字化直销经营模式的转型。"2015年，全面落地数字化战略，安盛天平通过官网、电商、微信、移动平台等网销多渠道策略，和客户建立更多的接触点，延展其产品销售，持续深化互联网保险品牌战略，向互联网渠道转型。

那么什么样的差异化才是有竞争力的差异化？这位掌门人推崇华为任正非的一句话："为客户服务是华为存在的唯一理由。"他相信基于消费者价值的差异化才是有生命力的。

胡务认为，商业车险改革给了安盛天平这样的中小公司更多进行差异化服务创新的机会，"我们要抓住其中的机遇"。2016年6月27日，安盛天平发布在京"好司机省更多"战略，通过引入车型定价模式，旨在为拥有良好驾驶行为和习惯的好司机提供更优质的服务。"精准细分客户群"、"专业化定制UBI"正成为安盛天平战略新的关键词。那么，安盛天平的差异化战略到底怎么走？为此《中国保险报》记者专访了安盛天平的董事长兼CEO胡务。

客群聚焦与细分

"中小公司是无法与大公司打阵地战的，只有集中火力。"胡务说。为此安盛天平选择了客群细分。安盛天平目前主要聚焦车险和意外险。在车险领域，安盛天平聚焦其"好司机"客户，那么什么是"好司机"客户？安盛天平定义为"安全、责任、爱心"。谈到如何选择这样的客户，胡务告诉我们，安盛天平会基于大数据为好司机画像，也有评分模式。可以通过职业等信息判断"好司机"，比如教师、医生、给孩子装安全座椅的有责任心的父母等，往往都是"好司机"。下一步安盛天平将不断地细分，聚焦细分人群提供差异化服务。

对于"好司机"，安盛天平提出的差异化服务主张是"好司机省更多"，哪三省呢？购买方便——省时，产品价格优惠——省钱，理赔服务好——省心。目前在理赔方面，好司机有专属的客户经理，绿色通道，还有大额人身伤害保险全程跟踪及陪同调节等专属服务。

胡务认为，客群细分是社会发展的一种必然趋势，欧美早就这么做，因为"每个人诉求不同，如新司机和老司机出险概率不同，所以对保险价格和服务的要求也不同。"

那么细分化满足了客户什么样的需求？胡务告诉我们："安盛天平会给目标客群价格最优、服务最好的体验，而这正是我们给'好司机'们创造的消费者价值。"

关于客群细分是否会带来更多的定制成本呢？胡务非常欣赏马云的一句话："过去的标准化生产是一小时2000件相同的衣服，现在的标准化生产则要求一小时生产2000件不同的衣服，符合每个人的需求，大数据、移动互联网和云计算提供了这种低成本的手段。"胡务认为，运用这些"互联网+"手段，现在不仅成本不会升高，反而可能会下降。

对于"好司机"所需的服务而言，安盛天平的定位是便捷、省时、省心。胡务相信，客群细分更加大了这种便捷度。"虽然我的理赔网点密度不如大公司，但是我可以专门在我们客群附近，如针对教师'好司机'客群，就在学校附近来布置网点。而且我们'好司机'的出险频度非常低，这也支持我们提供更加便捷、丰富的可选服务种类。"

在安盛天平的规划中，要想向"好司机"提供服务，还需要组织体系的流程再造。"你还要对流程进行重新的梳理。最典型的就是客户经理制，一个客户出了险，就有一个客户经理面对你，跟踪整个理赔和服务。我们现在有一些案子，已经可以做到电话坐席从头跟到尾。比如出了案子，由小张负责，他会与你联系，协助你，从头到尾跟进与处理你的案件，直到你领到赔款。你几乎不需要到公司，也可以尽可能少地提供单证；而不是现在这样，你打电话报案面对一个人，中间服务是另一个人，赔款咨询又是一个人。"

胡务坦言，这种流程的改变挑战很大。"原来保险公司工作流程是基于内部风险控制基础之上的专业化分工，但是在互联网时代，将会是由客户自行发起和选择流程，这意味着整个流程，风控和系统的重新塑造。"事实上，安盛天平已经着手在做这个事情。

安盛天平客群细分对流程再造的需求不仅如此。面向"好司机"，还可以省去很多流程。"面对三年未出险的客户，可以省去一些风控流程，更快捷地赔付。你的客群定位越细，流程再造做得越好，最终越能够带来客户体验便捷性和服务成本降低的双赢。"

在采访过程中，我们问到如何构建"好司机"战略的门槛，胡务给出的答案就是精细化与先发优势。

第一个是品牌门槛；第二个是技术，筛选"好司机"；第三个是营销，树立在消费者心目中的位置；第四个是管理与服务能力。后者最为重要。"比如，同样一个中小公司跟我们一样的定位，那依赖于它能不能做到比我省很多，省到什么程度？如果能做得到比我省钱，基于它的赔付率也可以很精准，但是省时、省心则要依赖一个服务网络，还依赖管理。你省得更多，首先要低成本，如果你是一家高成本公司，不可能有更高的客户价值。"

胡务对车险研究多年。"车险这个东西就是这样的，你管理不到位，再好的战略都是一张废纸。它对执行力、对管理能力要求很高。我们就是要不断地细分客户群，提供更精细化的管理，来增强我们的竞争能力。"

一个好的战略需要组织结构的支持，在组织结构上，安盛天平专门设立了大数据中心和客户体验中心，为"好司机"的目标客群进行画像，并提供极致的客户体验。

数字化战略

"数字化是社会发展的趋势。一个企业肯定要紧跟潮流，不可能逆潮流而动。"早在2014年，安盛天平开始了数字化转型。此间胡务对数字化趋势对于企业的影响进行了深入的思考。"数字化大大降低了社会成本。因为第一，它脱媒，去中介；第二，它很精准；第三，它方便，让消费者足不出户就可以买到物美价廉的商品，商家也可以不用开线下门店，就可以很方便地做生意。"

"数字化带来了保险产品的碎片化和场景化。从碎片化来讲，如车险能不能按天付费，或者按照行驶的里程付费？从场景化来说，能不能在你带全家开车出去旅行时，给全家买一个旅行意外险？"这些在数字化时代都可能实现。

安盛天平也在利用数字化建立自己的竞争优势。它先从最基本的入手，解决业务上网问题，然后将渠道向互联网倾斜。根据胡务预测，3~5年内互联网渠道的车险销售比例将会达到50%以上，安盛天平希望自己在这个比例上超过80%。除此之外，安盛天平利用数字化开始做客户体验的优化。"比如公司通过整合外部车信息等数据，客户只需要输入姓名和车牌号，就可以得到客户报价，而无须再输入车架号、车型等信息。"

目前，安盛天平的互联网直销渠道正开始与各个互联网生态对接，来销售碎片化、场景化的产品。安盛天平与携程、淘宝等一些网站都有合作，附带销售与这些场景相关的产品。胡务认为，对于安盛天平而言，最关键的是渠道对接。"其实很多渠道是长尾渠道，比如卖奶粉的渠道，可能一个保单1元，一年也就1万元保费。所以开发成本很高，要解决这个问题，我们就需要一些低成本的、标准化的对接接口，为此我们正和一些互联网技术公司合作。"

虽然互联网渠道成为安盛天平数字化战略的着力点，但是安盛天平的数字化战略不仅仅是互联网渠道，而是线上与线下一体的数字化直销。在胡务看来，这也是安盛天平区别于传统公司、互联网保险公司的竞争优势，传统保险公司线上渠道力量不足，而互联网保险公司则线下的网点不足。"我们的数字化直销就是要在中间开拓蓝海。"在安盛天平的数字化直销战略中，安盛天平在寻求整合，实现线上销售、咨询，线下理赔服务的一体化，在这个过程中安盛天平正在将更多的汽车生态链上的各类合作伙伴纳入它的生态圈中。

在数字化时代，车联网会成为财险公司提供差异化服务的一个抓手。"它是给客户定价以及服务必不可少的一个工具。如果不利用这个，保险公司将无法生存，也无法提供服务。以后可能就不会有报案了。UBI会自动判断，它可以判断是否出险，它自动就能够发送一个信息，可能客户车一撞，它的碰撞行为就产生完全不同的一个信息，你就可能知道客户已经出险，客户都不用打电话。UBI还可以定位客户，客户也不用说他在哪里，我们直接去找他就可以了。"胡务坚信这个趋势。事实上车联网已经成为安盛天平差异化战略的抓手。但是胡务认为，车联网落地的关键不在于保险公司，而是在于整车厂商，后者才是整个生态的枢纽。"目前还很难说服客户后装，因为没有这个习惯，还是靠整车厂商预装。""不过，整车厂商有这种需求，利用它提供更好的服务。比如我在客户车上装了这个东西，我是厂商。我告诉客户，我可以监控你这个车的所有零部件的磨损情况，你这个车跑高速了，我可以发一个指令说你的刹车皮已经磨得很多了，不要上高速，或者你的车胎压监测仪告诉我你的轮子胎压不足，等等。这样可以大幅减低事故。"目前安盛天平和一些整车厂商在车联网方面有一些积极合作。

安盛天平的差异化基因

在胡务看来，安盛天平的差异化战略的骨子里来源于其基因。"我们一直以来都是差异化的聚焦战略，我们专注于'好司机'个人以及其家庭的零售业务。"天平车险刚刚成立时，按照差异化战略的思路，创立了非核心业务外包的低成本模式。安盛天平的大股东安盛集团则在全球坚定大胆地实施数字化战略。事实上，安盛天平在一直寻找差异化道路的路径。今天的网销与客群细分聚焦战略，则是在以前差异化战略的基础上，面对新的外界环境、新的差异化战略举措。"我们一直都有自知之明的，从来没有将'大而全'作为我们的目标，而是一直积极地追求创新。""这是安盛天平一直就有的基因。"

▶史带财险董事长　张兴

退出车险后史带财险经历过什么

——专访史带财险董事长张兴

赵　辉

在规模优势上至上的车险市场，面对改革，中小财险公司如果能正确定位、锁定目标客户，不去追求规模和小而全，也可以有所作为。

　　"企业需要转型，领导者更需要转型。"坐在我面前的史带财险董事长张兴说。这位生长于南方的汉子却像个标准的北方人，浓眉大眼，常被朋友们认为他兼具了南方人的细腻和北方人的豪爽。

　　这位来自监管部门的董事长，到了公司后，连续经历了公司股权重大变化、退出车险市场、裁撤分支机构和人员等公司重大战略调整，并发挥了引领作用。转型中张兴一度也感到压力重重。"公司由国有控股转制为外资控股的保险公司后，根据控股股东的要求，公司放弃了车险，专注于非车险业务。无论是多年建立起来的直销队伍，还是原先的管理团队都需要进行重大调整。当一些老员工、老部下，尤其是一些自己亲自招进公司的同事来道别时，心里真不是滋味。"虽然他感到很无奈，但企业领导者的使命、职业经理人的责任，让他都不能放弃。虽然公司股权转让和转型调整工作千头万绪，需要多方沟通协调，但他长期的监管工作生涯而具备的全局意识、统筹协调能力，帮助他渡过了这场严峻考验。他告诉我们,在公司转型过程中，保监会和有关保监局的领导都予以大力的支持，公司股东也鼎力相助。在张兴和公司经营团队的共同努力下，史带财险退出了自己不擅长的车险市场，努力成为小而精的非车险公司。从2013年的巨亏到2014开始重大转型，2014年和2015年连续两年实现承保盈利，史带财险战略转型初战告捷。在张兴看来，更重要的是史带财险从此走上了一条差异化的发展之路。他也特别提到："在规模优势至上的车险市场，面对改革，中小财险公司如果能正确定位、锁定目标客户，不去追求规模和小而全，也可以有所作为。"

■■■ 机遇与挑战

《中国保险报》：今天，保险市场化改革日益深入，保险资金被定位于服务社会与经济发展全局的高度，这些对于史带财险的机遇与挑战是什么？

张兴：随着社会经济的发展和市场化改革的深入，保险业发挥了越来越重要的作用。对史带财险来说，也是机遇与挑战并存。由于公司不再经营车险，专注于非车险业务，保费规模大幅下降，公司目前的资金运用主要集中于固定收益类投资，不可能大规模参与中长期的基础设施等项目的投资。但作为一家美资控股的保险公司，可以发挥股东优势和调动集团资源，支持和参与国家的社会经济发展。特别是公司可以借助史带集团在工程险、水险、责任险和意外健康险等非车险业务方面的技术优势和人才优势，积极参与和支持"一带一路"及"十三五"规划，走差异化、专业化、国际化的发展之路。

《中国保险报》：目前，在保险市场，大公司规模优势显著，作为中小公司，史带财险如何走出自己的一条特色之路？

张兴：大公司的确有品牌优势、人才优势、资金优势、规模优势等，但是中小公司仍然可以有所作为，走出一条具有自己特色的差异化发展道路，关键是不要以己之短攻人所长。例如，2014年公司转制后，根据公司控股股东史带集团的要求，史带财险基本上退出了车险市场，但上海分公司继续保留了车险业务。根据上海保险同业公会的统计，当时上海保险市场只有3家财险分公司盈利，史带财险上海分公司是其中一家，主要原因是上海分公司采取了差异化发展。这充分说明，即使在上海这样高度市场化的市场，中小财险公司如果能够有所为有所不为，也能够走出独特的发展之路（2015年底虽然上海分公司车险继续盈利，但为了集中资源专注于发展非车险，最终也停止了车险业务）。虽然，公司转型后保费规模明显下降，但是公司找到了自己的立身之本。史带集团的工程险、意外健康险和责任险等，在国际市场上具有极强的竞争力，这就是史带财险的竞争优势，也将是公司的核心竞争力。事实上，公司转型当年（2014年）年底已实现承保盈利，2015年底继续保持了承保盈利。

转型之路

《中国保险报》：史带财险自2014年以来暂停车险业务，进行大规模的转型，专注于非车险业务，成为"小而精"的机构，这是基于什么考虑？

张兴：这要从2011年史带集团入股公司，负责公司经营说起。作为上海金融国资国企改革的总体部署，2011年公司引入史带集团作为战略投资者，并签署全面战略合作协议，由史带集团负责公司的日常经营。当时，外资股份为20%，公司仍是一家国有控股的中资保险公司，公司仍以车险为主营业务。由于史带集团在国际上没有从事车险经营的经历，外资入股公司并负责经营后，公司整体经营状况并没有明显改善。特别是由于公司车险经营管理失误，2013年车险承保发生重大亏损，引发公司股东对公司的股权治理机制进行深刻反思。经过中外大股东之间的协商，作为公司国有控股股东的上海市政府，着眼于继续深化上海金融国资改革，着眼于公司的健康发展，决定"国退外进"。其他一些中小股东也根据自身的发展战略进行了审慎思考。最终，史带集团通过市场化运作，累计持有公司股份90%以上，并决定暂时放弃车险业务，毅然退出了车险市场。

《中国保险报》：这种战略的转型背后是哪些组织与流程上的变革？

张兴：退出车险市场意味着公司经营模式的重大改变。根据外资经营非车险的模式，以后主要加强与经代等中介渠道的合作，而不是坚持原先的直销模式。原先以直销为主建立的三级、四级机构已不适应公司转型发展的需要，90%多的分支机构要被撤销、直销人员要被裁员，仅保留省市分公司。这是脱胎换骨、壮士断腕的大手术。转型前，公司有各类员工2500人，转型后，总公司及10多个分公司合计员工不到200人。

《中国保险报》：史带财险的业务转型伴随着大规模的组织转型、调整，甚至裁员，如何在转型中，保持组织的相对稳定，保证原有客户的利益，维护史带财险的声誉？

张兴：公司转型既是市场化改革的必由之路，也是公司股权转制后的直接结果。转型过程中，如何让离开的员工得到合理的补偿，让原有客户的合法权益得到妥善保护，让留下的员工把心留住，减少组织震荡，维护住公司的声誉？这既是我和经营班子高度重视、认真思考的问题，也得到了史带集团的高度重视和积极支持。

我们深知，要改革，首先，要取得政府、监管部门领导的理解和支持。公司主要领导向保监会和相关保监局领导，相关地方政府和金融办领导提前汇报、说明公司经营策略重大调整的初衷和相关善后安排，得到了大家的理解和支持。

其次，在客户服务方面，为了落实、完善后续服务，维护未到期保单客户的合法权益，作为史带集团与中国太平保险集团全面合作协议的一部分，由太平财险的下属机构对应承接未到期保单的后续服务。

最后，在员工安置方面，我们同外资股东进行了很好的沟通，尽可能给予员工相对较好的补偿。同时，充分发挥公司党委和工会的作用，层层配合，加强与员工的沟通、协调，取得员工的理解，确保不发生群体性事件。同时，我们向太平财险相关分公司积极推荐，帮助我们安排、接收了一些销售人员和管理员工。

差异化战略

《中国保险报》：在你看来，史带集团的全球优势能为史带财险带来什么？在未来的发展中，史带财险如何利用这种优势？

张兴：在财险、责任险和意外健康险、能源险等方面，史带集团拥有全球的技术和网点优势，以及良好的市场信誉。史带财险借助于史带集团的信用级别，2014年获得国际知名评级机构贝氏（A.M.Best）评定财务实力A-（优秀）和发行人信用评级a-，成为中国保险业少数获得国际信用评级的保险公司，对公司开展国际保险业务提供了有力支持。2015年，史带财险独立申请信用评级，获得了A.M.Best的A-和a-信用评级。

上周，我们已获得A.M.Best的书面确认，鉴于史带财险转型后，公司经营情况明显改善，公司业务结构与集团业务结构高度匹配，计划提升史带财险2016年的信用级别，给予A的信用评级。这将是对史带财险成功转型发展的巨大肯定和鼓励，必将有力促进和支持史带财险的持续、健康发展。

同时，史带集团承保能力和承保技术的大力支持，使史带财险承保高技术含量险种或创新保险产品时，更容易赢得国际经纪人和投保人的认可，也有利于加强与国内外同业的业务合作、取长补短。借助这种优势，我们也努力将自己从销售驱动型公司，变成技术驱动型公司。我们不仅得到了史带集团各条线技术专家的支持，担任我们的承保顾问，而且也聘请、培养更多承保、核赔等方面的专家，不断提升公司的核心竞争力。

《中国保险报》：借助中国"一带一路"战略，史带财险在利用海外股东优势，为国内企业"走出去"服务方面，有哪些想法和举措？

张兴：在借助"一带一路"战略上，我们凭借史带集团在全球的网络布局和史带财险的分支机构，积极开拓、共同承保中国海外基础设施项目。迄今为止，史带财险为支持中国"一带一路"的战略，在保险服务方面提供了非常有针对性的保险服务产品，涉及东道国风险和保险咨询、人员差旅保障、工程保险产品、货运保险产品和责任保险产品等一揽子风险解决方案。同时，依托史带集团全球服务网络和国际合作平台，为中国企业在"一带一路"项目的投资和建设上保驾护航。我们参与的项目已经覆盖了"一带一路"沿线的20多个国家和地区。

■■■ 领导者自我变革

《中国保险报》：你之前在保监会工作，2012年成为大众保险董事长，公司更名后成为史带财险董事长，引领史带财险变革，从官员到保险家这样的转型中，你遇到了什么样的挑战？有什么样的体会？

张兴：从监管者到企业高管，这是一个很大的角色变化。我的感受就是身处改革时代，每个人都必须与时俱进，不断顺应角色转变，才能不被时代所淘汰。我长期从事监管工作，彼时更多考虑宏观监管、行业发展、消费者利益保护等。作为公司的领导，更多考虑市场发展的趋势，如何适应市场的发展，取得发展先机。要考虑经营主体的效益，要平衡公司股东、员工、客户等多方面的利益等。在商言商，必须要改变思维方式，与时俱进。以我们公司为例，我加入时还是外资经营的国有控股的中资保险公司，有其特殊的经营管理模式。随后，公司转制为外资控股的保险公司。尽管是同一家公司，由于公司股权的变化，公司的经营策略、经营模式、企业文化等都发生了重大变化，我个人的角色定位也发生了变化，也必须无条件地适应、接受这种变化！面对快速发展的市场环境，无论是作为监管者，还是行业高管，都要勇于面对市场，迎接挑战，与时俱进。作为一家成长过程中的外资保险公司的董事长，我必须积极顺应公司治理结构的变化，积极引领公司的转型发展，这是领导者的责任。

从大众保险到史带财险

2011年，作为上海金融国资国企改革的总体部署，大众保险引入史带集团作为战略投资者，双方签署全面战略合作协议，史带集团入股20%，并负责公司的日常经营。

2013年，因公司车险承保发生重大亏损，引发公司股东对公司的股权治理机制进行深刻反思。作为公司国有控股股东的上海市政府，着眼于继续深化上海金融国资国企改革，着眼于公司的长期健康发展，决定"国退外进"。

2014年2月，经中国保监会批准，史带集团通过市场化运作，持有公司股份60%。同年7月，公司经批准更名为史带财产保险股份有限公司。随后，部分中小股东根据自身发展战略，决定进行股份转让。最终，史带集团累计持有公司股份92.42%。同时，根据史带集团的要求，史带财险决定暂时放弃车险业务，毅然退出了车险市场。

2014年底，公司转型发展后当年实现承保盈利，2015年公司继续保持承保盈利。

▶天安财险前董事长 洪波

"混改标兵"新天安
——专访天安财险前董事长洪波

杜 亮 赵 辉 赵广道 张 爽

> 从2012年到现在,短短3年时间,天安财险从一个亏损企业变成一个高速增长的盈利企业,从深陷车险业务恶性竞争的困局,到走向日益开阔的大资本运作格局。

从2012年到现在,短短3年时间,天安财险从一个亏损企业变成一个高速增长的盈利企业,从深陷车险业务恶性竞争的困局,到走向日益开阔的大资本运作格局。作为一家中型财险公司,天安的转型之路为业界所关注。为此《中国保险报》专访了天安财险董事长洪波。

重焕活力

《中国保险报》:2015年是天安财险成立20周年,距离公司提出"二次创业"的口号也已过去3年。作为一家老牌保险公司,如何焕发出新的活力?

洪波：2012年是公司发展历史上的股权调整年和转型起步年，公司发起了"新天安、新征程"的二次创业，经过3年左右的转型发展，建立了以混合型所有制为特色的治理结构、以市场为导向的组织运作机制、以传统财险业务和新型理财险业务"双轮驱动"的战略，稳步推进以"集团化、资本化、国际化、规范化"为目标的大资管布局，才带来今天的一些成果。其中体制上的"混合制"和机制上的"市场化"是公司最大的变化。从2012年到现在，公司走向良性发展的上升通道。

从2012—2015年的公司经营绩效情况看，业务发展和经营效益持续向好。2012—2014年公司传统财险保费复合平均增速达到17.1%，高于行业0.3个百分点，2015年1~7月传统财险保费增速达到15%，高于行业3.3个百分点。从盈利状况看，2012—2014年连续3年实现盈利，3年累计净利润达到12.6亿元。截至2015年7月底，当年账面净利润达到18.8亿元。

天安优势

《中国保险报》：同其他财险公司比，天安财险的核心优势在哪里？

洪波：股权结构和治理结构的优化体现出我们的根本优势，也是构成我们一切优势的原点。公司已经从第一次创业的国有资本为主的股份制国有企业转型成第二次创业的由国有、民营和外资三种资本共存的混合所有制公司股权架构和法人治理结构，充分利用三种所有制经济的不同优势，建立起新型的现代企业制度。

天安财险2008年前形成了内部人控制的局面，管理混乱，承保亏损。作为中信的股东代表，2009年开始我参与进行了公司的股权重组，逐步改变了内部人控制的局面。2010年开始引入民营资本，2012年加大引入民营资本，调整国资和外资结构。

经过调整，公司形成了稳定的混合制结构，公司有影响力的大股东中既有国有股东，如中信、中技、陆家嘴、外高桥、百联集团等，也有民营股东，如西水股份、上海银炬等，还包括外资股东。在这个结构里，民营资本比例相对较大。民营企业的特点是机制灵活，对市场反应快，捕捉机会能力强，它们的控股打开了天安财险的投资与运营思路，加快了天安财险的转型速度和战略布局；中信、陆家嘴等国有企业在公司中发挥着稳健运营、控制风险、提供资源等优势；外资企业提供国际化管理经验和技术。三类资本实现了有效的互补，带给天安财险非常广阔的发展机会。

更重要的是，在公司法人治理结构方面，不同股东之间形成了默契和共识，通过市场化机制确保公司管理层的稳定，并确保企业的发展既避免墨守陈规，也避免风险失控。

突围之道

《中国保险报》：在财险领域，少数大公司已经形成了高度集中的市场格局，作为一家中型保险企业，天安财险凭什么突围？

洪波：2012年以来，以人保、平安、太平洋为代表的大型财产保险公司市场份额稳定在65%左右，大型公司在品牌效应和规模效应方面确实具备一定的优势。如何在现有竞争格局下，走出一条天安特色的竞争之路，是我们一直在思考的问题。而2012年前后，保险业市场化改革给了我们以机会，让我们得以"跳出保险看保险"。当时，天安如果不转型，还是坚持只做传统的财险，尤其是车险，是没有出路的。而我们看到，财富管理对于天安而言，是一个机遇，与此同时，天安的股东在产业与投资方面有很强的资源和经验，为此我们决定将理财险业务作为公司发展的新的引擎，实施传统财险业务和新型理财险业务"双轮驱动"的战略。从2014年下半年起，我们的理财险业务从零开始起步，无论是销售队伍建设、产品服务、业务收入都在稳步发展中。

《中国保险报》：与传统保险相比，理财险的运营无论是在渠道还是人员等方面，都有很大的不同，需要独特的能力。那么天安财险是如何积累这些能力的呢？

洪波：财险公司要发展理财险业务需要更高的额外的要求，如需要更为充足的资本保障、稳定的投资保障、良好的风险控制、稳定的销售渠道和销售队伍。从资本保障方面，我们的股东持续进行了增资，保证了充足的资本金。从风险控制方面，我们建立了以董事会为核心的完善的治理结构，加以风险管控。渠道方面，我们主要与多数银行进行了战略合作，包括系统的对接，同时充分利用自己原有的物理网点。就销售队伍而言，我们主要从市场聘用了专业销售人才，同时带动内部传统业务人员的转型。从投资渠道看，除了公司自身的开发，股东也提供了丰富的投资渠道和运作资源；投资收益上，2014年我们的投资收益应该是高于市场平均水平的。

《中国保险报》：在投资布局方面，天安财险的基本思路是什么呢？

洪波：我们采用多样化的投资布局，有股权投资、二级市场投资、一线城市的不动产投资、债权投资、基金投资等。我们侧重于一些被低估或具有高度成长性的产业和资产，如一些不动产公司、医疗健康公司、智能化公司等。未来，我们也在考虑参考GE模式，通过产业投资，在某一个到两个领域集中布局，实现协同效应，确立自己在投资方面的差异化优势。

《中国保险报》：目前，保险业盛行两种模式，即负债驱动资产模式和资产驱动负债模式。您怎么看这个问题？

洪波：对于"资产驱动负债"模式的一般认识是，通过高收益保险产品获得大量现金流，做大资产端，运用保险杠杆博收益。投资收益只要能够覆盖运营成本，实现利差，保险公司便可盈利，进而反哺保险主业。在目前行业车险整体亏损、中小财险公司经营困难的情况下，利用保险公司的投资优势，开发、销售兼具理财和保障功能的投资型产品，对于做大行业规模、改善财险公司产品结构、提升财险公司经营状况，具有一定的现实意义。当然，这种模式的前提条件是要有稳定的、相对较高的投资收益获取渠道。不论是"资产驱动负债"模式还是"负债驱动资产"模式，都是要在风险可控的前提下实现总体盈利的稳定，这样的模式才是可行的、可持续的。我个人对安邦资产驱动负债的商业模式表示尊重和理解，行业发展需要百花齐放，需要有创新，需要有探索，需要有成功的经验，也需要有失败的教训。每一家企业发展模式都不尽相同，走出自己的特色最重要，是否成功，需要时间和实践的检验。

"新国十条"提出要将保险行业发展成为政府、企业、居民风险管理和财富管理的基本手段。同时，"新国十条"进一步拓宽了保险行业资金运用的可投资领域，丰富了保险资金的可投资方式。我认为，保险行业未来的投资管理发展空间巨大，如果把握好资产端和负债端的政策机遇和市场机会，处理好资产负债久期匹配和投资多元化之间的关系，就有机会在盈利水平总体较好的情况下，通过快速发展扩大体量，实现承保与投资"双轮驱动"。

《中国保险报》：2015 年，在传统保险领域，天安财险首次告别亏损，实现了承保盈利，在财险业承保利润普遍不高的今天，天安是如何做到这一点的？

洪波：关键是混合所有制体制和市场化机制的建立，治理结构上有效的制衡和管理架构上充分的授权，实现了执行效率与风险控制的统一。没有一定规模的效益是不可持续的，面对此前天安人均产能较低、管理人员占比大于业务人员的局面，公司从 2012 年起建立了强有力的考核与淘汰机制，除了总公司经营班子每年实行末位淘汰制，基本调整了所辖 32 家分公司"一把手"和总部管理部门"一把手"之外，加大力度调整业务人员与管理人员的结构，市场化引入高产能业务人员，考核淘汰低效管理人员。近三年来先后淘汰了 1000 多人，目前全辖管理人员总数已经低于业务人员总数，从 2010 年到现在实现了人均产能的翻倍。

在组织架构方面，建立了扁平化、前中后台的组织结构，实现了组织应对市场变化的灵活性；在业务结构上，提升非车险业务的比例，从2012年到现在，非车险业务的比例提升了6.8个百分点。令我欣慰的是，公司绝大数员工已经建立起了效益发展的思想、可持续发展的观念，对结构调整有了共同的理念，大家知道了取舍，知道了有效益地发展。在业务系统上，我们重新建立了一套能够适应组织发展、实现集中管控的IT系统，实现了对三四级机构的数据对接，改变了原来三四级机构无法有效管控的局面。在内部审计上，保持相对独立，大大降低了公司内部管控风险。

■■■ "四化" 战略

《中国保险报》：您在2015年新年献词中指出，要用3~5年，实现保险金融的资本化、集团化、国际化，实现资本市场上市，这是出于怎样的战略考量？

洪波：实际上2016年上半年我在公司内部已经提出了天安"四化"建设的战略，即资本化、集团化、国际化、规范化。

推进包括资产和人力资本化的战略是为了以上市公司的标准完善自身的基础管理水平和经营管理机制，实现对股东的价值回报，优化资本管理，实现管理者和人才队伍的价值体现。资本化战略(包括上市和资产证券化等资本运作)目的是实现公司的转型。一是从重资产向轻资产转型；二是从轻资本向重资本转型。资本化会贯穿于公司发展的各个阶段，目前公司已经设立了上市办公室来负责公司的资本运作，正在积极推动公司重组上市和其他的资产证券化工作。

为满足客户日益增长的多层次综合性需求，打造公司参与市场竞争的中长期比较竞争优势，天安财险需要推进集团化战略。天安财险集团化战略的目标是将公司建成以保险业务为基础的、在若干领域领先的综合化国际金融服务集团。整个集团应该包括财产保险、人寿保险、资产管理公司、专业销售公司等在内的保险专业化子公司和其他非保险子公司体系，通过强化集团公司对子公司的战略引领、风险管理、资源配置、重大决策等职能，打造高效运转的综合性金融控股集团。

在推进资本化、集团化战略的同时，公司在积极探索国际化发展。国际化是利率市场化、人才国际化大环境下必须要走出的一步，我们必须要在全球配置我们的资产来稳定我们的收益。只有国际化进一步走好了，我们才能算真正做大做强。目前我们最缺的就是国际化的人才队伍，防范和化解国际化带来的风险的事情还没有直接面对过，经验和教训还是一张空白纸，这需要我们潜心筹谋去画好这张白纸。

规范化的目的是防范风险，提高风险管理水平。在"偿二代"下，更加要求我们规范化，速度和效益解决的是发展问题，规范与否涉及生存问题。天安财险的规范化就是要遵循市场规律及公司自身发展规律，遵守法律法规，遵守公司的规章制度，按照"偿二代"标准要求规范自己，同时按照上市金融企业的标准要求自己。规范化需要人人遵守，大到总公司，小到一家四级机构、一个团队、一名业务员，甚至是一个键盘操作。"蚁穴虽小可溃千里长堤"，天安财险1300多家经营机构，近15000名员工，人人都要规范，这是一项任重道远的工作。

布局互联网

《中国保险报》：在互联网保险领域，天安财险动作频频，曾经联合百度、开鑫贷，推出创新的产品和服务，能谈谈天安财险有关互联网保险方面的布局思路吗？

洪波：天安财险高度重视互联网业务领域的发展战略和定位，将会把互联网保险作为公司转型发展的重要抓手和重大战略之一，计划用3年左右的时间，争取互联网保险业务占比达到10%以上。

在互联网保险战略实施上，一方面会重点从获客、转化、留存、服务四个方面持续突破，打造公司新兴的可持续增长引擎和稳定盈利来源。我们希望通过互联网平台，在为客户提供个性化的产品时，将更多的财富管理产品嫁接进去，解决客户一揽子的综合需求，我们已经成立了自己的电子商务公司；另一方面，我们也会搭建 P2P 平台等互联网相关企业，加大与银行、BAT、征信公司、大数据公司等的战略和业务合作，全面推进天安财险互联网金融业务的发展。

我曾经一度认为公司上千个物理网点和上万名人员在互联网时代可能成为一种负担，因为互联网平台的出现取代了很多人能够做的事。现在我认为，如果能够将互联网线上与线下有效结合起来，反而能够更好地发挥我们的优势。线上能够获客，线下能提供服务，标准化和个性化相结合，有利于提高体验，加强信任，更好实现产品和服务落地。实际上这种模式已经是大势所趋，我们有信心布局好互联网保险这个领域，走出有天安特色的互联网金融道路。

▶ 中航安盟董事长 王晓峰（左）、总裁 欧贝格（右）

50%对50%的长久婚姻

——专访中航安盟董事长王晓峰、总裁欧贝格

赵 辉

> 一般情况下，合资方总有一个大股东。而50%：50%则是一个非常微妙的比例。中航安盟却在这样的比例下，稳定发展。

"我的中文讲得不好。"法国帅哥欧贝格腼腆地笑着。事实上，作为中航安盟的总裁，他已经在中国生活了5年，并娶了中国妻子。欧贝格的同事偷偷地告诉我："我们总裁很谦虚，其实他中文说得很好。"这位具有法国保险监管局、法国财政部和卫生部工作经验的高管，无疑是一位精通市场运营、产品精算和财务管理的专家型领导者。

在中航安盟人的眼中，这位戴着眼镜、身形瘦长、风度翩翩的"小鲜肉型"大叔，是一个有点羞涩的男人。"记得一次和东北客户一起吃饭，我们欧总不懂'感情深，一口闷'啥意思，不好意思地笑了。"当然，这倒符合我们对于技术专家型人才的想象。

而相比之下，中航安盟的董事长王晓峰，在我的眼中却是一个爽朗的东北汉子，采访中，身材高大的他侃侃而谈，不断传来朗朗的笑声。同时兼任中航资本董秘的王晓峰善于沟通与协调，在把握中航安盟战略方向的同时，为中航安盟的发展打通了中航资本的各路资源。

"我管战略、外部协同与激励，他负责具体运营管理，我们高度互补，并在一些关键性的战略点上能达成一致。"王晓峰这样评价和欧贝格的关系。

这不正是中航安盟两个大股东中航资本与安盟保险集团关系的缩影吗？

在国内的合资企业中，由相爱到相杀是一个非常常见的事，虽然当初彼此吸引，魅力无穷，但是面对初步凸显出来的跨文化理念差异，利益纠葛，控制权的争夺，最终相互争吵，甚至无奈分手。所以一般情况下，合资方总有一个大股东。而50%：50%则是一个非常微妙的比例。中航安盟却在这样的比例下，稳定发展，从2011年合资时的1.34亿元保费收入，到2015年约16.4亿元保费收入。不仅仅如此，其在农险领域已经形成了自己的竞争能力，其育肥猪价格指数保险、牦牛保险、森林防灾减灾体系建设等产品和服务创新走在了市场的前列。

农险+商险

"坦白来讲，在中国，一个外资企业的发展不是一件轻松的事情，中国的市场环境很不一样。"欧贝格感慨道。2011年，鉴于中国快速起飞的保险市场，已经建立7年的安盟保险集团成都分公司迫切期待走向全国，但是它在本土化、业务网络的拓展、人才的管理方面遇到了瓶颈。安盟保险需要一个在这些方面具有相当资源、实力和经验的中国伙伴。而当时中航工业的子公司中航资本已经完成了金融板块的大部分布局，保险已经成为其必进之地。在中航资本看来，"安盟保险集团是拥有成熟经营经验，国际一流的专业化保险集团，要涉足保险业，需要这样的专业伙伴"。而在安盟保险集团看来，"中航资本在中国各地拥有较强的影响力、客户关系网络和本土化管理经验"。就这样，双方一拍即合，成立了合资公司。

合资公司成立后，制定了以农村包围城市的战略，着重从西部开始，深耕农村保险市场。

2011年，欧贝格来到了中国，担任中航安盟副总裁，主导农村保险产品的开发，把法国的成熟农险产品引入中国。

在这个过程中，欧贝格感到了一些挑战。"首先，是农业结构的不同，法国的农场面积都是上千亩，中国的家庭农场有的只有几亩地，中国的信息收集比较分散，很难保证100%的准确；其次，中国的一些农产品，如牦牛，法国没有。"在本土化上，他也遇到了一些问题。"在采购方面，在中国市场上有一些风险，在法国是没有的。如果没有提前准备，就会把我们带到非常危险的境地。中国的采购有一套非常严格的流程，如果没有做好，就会给公司带来麻烦。另外是人力资源管理，中国人的收入比例和法国不同，中国员工中，浮动工资占很大比例，法国则不一样。此外，面对中国保险市场的发展，我们非常缺乏人才。"

令欧贝格庆幸的是，在这些挑战面前，中航资本给了很多帮助。"他们带动我们按照中国的方式思考问题。"在采购等风险上，"因为中航资本的母公司是一个大国企，有非常严格的一套流程，它们也非常清楚在中国市场上怎么运作，所以在相关流程上的帮助很多"。在人才激励上，"中航资本帮助我们来完善激励结构，在组织结构和管理方式上都给了我们很好的建议"。除此之外，"中航资本还协助我们了解中国的监管结构，引导我们如何适应中国市场"。"中航资本的母公司中航工业给安盟在中国市场上的发展贡献很多，安盟保险集团受益于中航工业在中国市场上积累的经验，另外，从资金实力和人力资源等方面，更加壮大了安盟保险集团的实力。"安盟保险集团国际总裁多米尼克说。

当然，除此之外，中航资本还直接通过本地的资源和影响力，帮助中航安盟的业务拓展打开局面。"一方面，中航资本的母公司中航工业是一个非常大的国有企业，在很多省份都有强大的实体，这给我们带来了良好的品牌声誉和关系网络；另一方面，中航资本母公司中航工业在全国有几十万名员工，这是我们非常好的商险客户群。除此之外，中航资本下面有证券、信托、基金和租赁等服务，这样就可以将我们的保险产品和它的其他板块的业务打包给客户，提供综合的金融服务。"欧贝格说。王晓峰举了个例子："比如说一些机构，我们为其提供证券服务的同时，也可以将农险打包，反之亦然。"

在王晓峰心中，安盟保险集团的专业技术和国际化运作经验则弥补了中航资本保险专业经验的不足，支撑了中航安盟的发展。"安盟基因就是农村保险，其先进的技术和经验是国内保险公司望其项背的，关键是如何本土化地创新。"事实上，当专业化巨头遭遇强有力的本土伙伴时，其创新活力迅速激发了起来。水产养殖保险、食用菌种植保险、天然草原保险、枇杷目标价格保险、草场草原植被指数保险、森林防灾减灾体系等一系列结合区域农业特点的创新型农险产品应运而出。在"2014年度保险产品评选"中，中航安盟的"牦牛保险"、"森林保险"分别被评为"2014年度责任保险产品"和"2014年度创新保险产品"。

对于中航安盟而言，没有非常严格的绩效考核。"事实上，这是因为双方股东更多着眼于长远，给了中航安盟一个更为宽松的环境。""从安盟保险集团来看，中国市场的开发是一个长期的过程，我们有足够的耐心，一点点去成长，不是说拔苗助长，为了保费，为了规模，去盲目扩张，而是慢慢地提升自己的能力。"多米尼克认为。而王晓峰看来，中航安盟的成长更依赖于未来农村金融生态的成熟。"随着国家的发展，随着农民生活水平的提高，农村金融这一块肯定是大有可为，它是一片新的蓝海，但这要看机会、看时间。"

目前，在激励机制方面，在中航资本的支持下，中航安盟没有采用像中航资本那样的国企激励制度，而是充分地市场化。对中国市场共同的长远期待让双方股东有了共同的合作语境。

需要指出的是，就中航安盟目前阶段而言，绝不是要成为"中航+安盟"，而是要创造自己独特的商业模式。"依托中航资本股东资源优势，我们可以大力发展股东业务；更重要的是，商险已经成为一个迅速发展的广阔市场，我们现在已经有一些农险客户，他们可以很快成为我们的商险客户。"欧贝格说。在王晓峰看，中航安盟在农村形成的扎实的网点覆盖，为涉农商险的发展提供了依托。"我们以农村包围城市过程中，就可以发展一些涉农商业保险，比如农民的自住房保险、农用车的保险等。"

"未来中航安盟理想的业务结构应该是：商险和农险各占50%。"欧贝格很坚定。

"互联网+'三农'"

"有一次，我在中国的便利店买水，看到能够使用支付宝，真的很惊讶，这在欧洲做不到。既然中国有这么好的信息技术，我们要用它。"欧贝格对此大为震惊。

"中国农业人口很多，随着全面建成小康社会，农民的收入越来越高，他们需要的金融服务是越来越多的，未来农村金融这一块肯定大有可为。"王晓峰说。未来农村金融广阔的市场空间已经成为中航资本和安盟保险共同的期待。

中航安盟的领导班子非常关注前沿的信息技术，"互联网+'三农'"也成了中航安盟的另一个重大的战略机会。"我们承认一点，今天的世界和十年前的世界已经完全不一样了。十年前农民和农民之间都是隔离的，他们没有更多的方式进行互相沟通。而现在通过农村基站的连接，他们能够可以更方便地联网，他们信息之间的沟通和交换更顺畅。那么我们怎么能运用这些，提供更好的服务？""现在农村都有信息站，那么能否作为我们的服务和销售终端？"王晓峰说。2015年8月21日，中航安盟与农业部信息中心签署了《"互联网+'三农'保险"行动计划战略合作协议》，"行动计划"提出建立"三农"保险服务与"三农"信息服务两个平台，以解决农村"融资难、融资贵"问题为切入点，充分利用农业部12316平台为"三农"提供现代保险服务，构建为新型农业经营主体服务的"大协作"模式和为千家万户农民服务的"两站合一"模式，积极推进农业保险产品创新。目前，已在吉林省和辽宁省阜新市进行试点，已完成服务站建设和人员培训并为当地企业提供产品质量保证保险，进行"互联网+'三农'"保险方面的探索。

同时，中航安盟也没有忘记其股东安盟保险集团在相互保险方面的百年经验。安盟保险集团在相互保险领域的经验和技术在全球农业保险市场举足轻重，在中国尝试互助保险体系建设的探索中，中航安盟将逐步借鉴吸取安盟的互助保险精髓，并将其转化成更适合中国市场发展的模式。

"未来会通过大规模土地流转，形成规模化的农业生产，集合一些社会资本，通过产业基金的模式，协助农商户。这样就可能形成农业现代化，农业经济会发展起来。形成一些大农场后，一些剩余劳动会从事深加工。这样整个农村的综合金融需求会应运而生，对于金融工具的使用越来越向城市靠拢，产生更具有爆发力的金融需求。"这是王晓峰对于农村生态未来的展望，而中航资本在这方面酝酿着一盘大棋。

面向潜力巨大的农村金融市场，中航资本正在布局，在这个布局下，中航安盟将成为综合金融服务平台，前景充满想象力。王晓峰告诉我们："中航安盟要将网点、品牌和口碑扎扎实实地做下去，把渠道建设好。布局深入、广阔的农村网点，可以成为我们的一个落地的载体、一个综合金融平台。通过它，我们可以面向农民、农村企业，来提供我们各种金融服务，从期货到租赁、到保险等。""一旦农村经济发展到一定阶段，各种金融工具就可以对接上。"事实上，作为中航资本董秘的王晓峰兼任中航安盟董事长，就是为了推动中航安盟与中航资本旗下各个子公司业务的协同。

▶美亚财产保险有限公司总裁兼首席执行官　郑艺

游子的情怀

——专访美亚财产保险有限公司总裁兼首席执行官郑艺

赵　辉

> 在郑艺的同事眼中，他是一个有情怀的人。事实上这种情怀流淌到了郑艺在美亚保险生涯中的各个角落。

　　每当郑艺有机会到上海外滩走走，看到鳞次栉比的摩天大厦，总有一种变迁的感觉在心中涌动，这里珍藏了多少儿时的回忆。还记得当年那个多梦的少年，骑着自行车在外滩兜风，从自行车，到摆渡船，从浦西，到浦东，自由自在。郑艺指着跨越黄浦江的大桥说："当年还没有连接浦西和浦东的大桥和隧道，要靠摆渡船，摆渡一次才几分钱，当时的陆家嘴还是一片平地。"改革开放初期，郑艺离开上海，远赴异国他乡求学，然而故乡始终深埋在他心里。时隔多年后回到故乡，他感叹说："我们国家发展得太快了，这种发展速度在任何国家都难以做到。"今天，当身为美亚财产保险有限公司总裁兼首席执行官的郑艺像个老上海人那样，指着浦江两岸，谈昔论今时，一股自豪感欣然而生。

谈起这些，这位曾经做过外交官、20世纪80年代英美语言文学专业的大学生在我们面前，无限感慨。

在郑艺的同事眼中，他是一个有情怀的人。事实上这种情怀流淌到了郑艺在美亚保险生涯中的各个角落。

"回老家"

"看看这个!"，郑艺的眼里闪着光芒，在我们面前是一幅AIG"回老家"的广告。美亚保险的母公司AIG1919年诞生于上海，20世纪40年代末离开中国，并以美国为总部发展成全球最大的保险集团之一。1992年，AIG作为第一家外资保险公司得到中国政府批准重回中国运营，为此，AIG当年在全球主要报纸上刊登了大幅广告，广告内容是醒目的三个汉字——"回老家"。这副广告一直激励着郑艺，让他对中国的发展充满了期待。"美亚保险的发展方向要与中国社会和经济发展的大趋势相匹配。"郑艺说。在他看来，中国的三大发展趋势为美亚保险提供了战略机遇："全球化"、"城镇化"和"经济增长转向消费驱动"。"全球化包括外资进入中国、中国的贸易出口以及近年来发展迅猛的中国对外投资和工程项目等，这些都是全球化的一部分。在城镇化和消费方面，中国的城市人口已经超过农村人口，大量的中产阶级诞生，消费水平明显提高，个人出国旅行增长迅速，这些发展会给保险公司带来很多机会。"为了抓住这些机遇，跟上中国经济发展的大趋势，美亚保险注重发展个人海外旅行险，以及针对"一带一路"的海外工程和意外保险等业务。

做客户心中最有价值的保险公司

当谈起美亚保险产品给消费者带来的益处时，郑艺滔滔不绝，举了一个又一个例子。郑艺忘不了一位受到美亚保险帮助的客户在他面前流泪的场景。"那是一位退休老人到俄罗斯旅游，不幸肺部感染。当地医院没法救治，后来美亚保险派出医疗救援专机，将他紧急运送回国，最终救了回来。当我去医院看他时，还在康复中的他激动地流下眼泪。这让我再一次感到保险的意义。在这位老人心目中，美亚是最有价值的保险公司。"

"我们就是要做客户心目中最有价值的保险公司。"郑艺坚定地说。如何做？美亚保险经历过一番曲折的探索。2015年，美亚保险宣布暂停在华车险业务。作为一家财险公司，放弃巨大的车险市场，美亚保险的这一决定在业内引起了不少议论。"从事车险业务需要有一定的规模、品牌和渠道优势。这方面，中小保险公司很难与大公司竞争，所以我们要设法错位竞争。"郑艺认为，"车险市场不缺美亚保险一家，但是美亚保险确实能为中国企业'走出去'和中国游客'走出去'出一份力。""美亚保险的母公司 AIG 服务网络遍布全球。无论我们的客户去哪个国家，AIG 都可以为他们提供当地的服务。只有一家全球性的保险公司才有这种能力，这是我们的优势。""比如说紧急救援，很多中国企业在海外做项目，不少在中东和非洲国家，当地局势比较动荡。假如在那里出了一个什么情况，我们可以提供紧急救援，甚至安排专机去协助人员撤离。"为了加强自身的特色优势，美亚保险还在广州设立了紧急救援中心，专门为中国客户提供服务。一旦客户在海外出险，只需拨打救援中心的电话，美亚保险就会协调当地医疗和服务资源，甚至为客户提供海外运返服务。拥有核心优势，如何将蛋糕做大？单靠美亚保险还不够，美亚保险也希望与国内其他保险公司合作。"如果它们有客户想'走出去'，需要海外出具保单和提供服务的话，美亚保险很愿意与其他保险公司合作，提供这样的服务。"

"只有回答了'客户为什么要买你的保险，而不买别家的保险？'这个问题，你才有可能成为客户心目中最有价值的保险公司。"郑艺说。

从外交官到CEO

2004年，40岁出头的郑艺加入 AIG。之前他曾是一名风度翩翩的外交官。

　　20世纪80年代中，郑艺成为国内较早一批赴美留学的幸运儿，此后事业风生水起。90年代，加入普华永道会计财务咨询公司，做管理和投资咨询。2002年，被美国商务部聘为外交官，派到美国驻广州总领事馆做商务领事，协助美国企业在中国经营。此时的郑艺堪称"春风得意马蹄疾"。2004年，正值中国加入世界贸易组织（WTO）后不久。美国国际集团（AIG）希望扩大在中国的发展，并在香港设立了一个规划小组。郑艺的背景和经验吸引了AIG。"首先，我生长在中国，对国内的情况比较熟悉。其次，我在美国工作和生活了很多年，对美国企业的理念和沟通方式比较了解。另外，在美国商务部工作期间，还与不少政府部门打过交道。在普华永道期间，也参与过不少外商投资项目的咨询工作。"在AIG的力邀下，郑艺毅然放弃了美国商务领事的职位，来到香港加入AIG，并投入了在中国发展的规划工作。

　　2005年，郑艺被AIG派驻上海工作。异乡漂泊整整20年后，他回到了故乡。回上海后，郑艺接手的第一个艰巨任务就是"分改子"。当时AIG在中国有3家独立的分公司，各自为阵，不能统一管理。为了实现集约化管理、提升效益，为全国拓展做准备，AIG决定在上海成立独资法人子公司，并把现有的上海、广州和深圳3家独立的分公司整合到一起。""分改子"是一项复杂的工程，需要完成各种申请和注册手续。更棘手的挑战是，在"分改子"生效日当天，美亚保险新成立的子公司和原有的3家分公司必须同时完成所有变更注册手续并正式开业。"这时候，曾经做过外交官的郑艺的沟通能力得到了施展。他积极与各主管部门协调，并得到上海市政府相关部门的大力支持，终于及时妥善地解决了所有问题。"对于外资财险公司来说，'分改子'意义重大，因为获得独立法人子公司的地位以后，外资财险公司才能名副其实地与中资同行站在同一'起跑线'上。"一位学者说。

　　时光荏苒，郑艺在上海负责美亚保险战略规划工作以后又担任了美亚保险上海分公司总经理。2013年，郑艺的职业生涯出现了新的机遇。AIG为了在中国推动管理本土化，希望起用本土人才担任总裁职务。郑艺恰好符合要求，他不仅熟悉中美两国的情况，沟通能力也比较强，还具备政府工作和战略规划经验。因此，被任命为美亚保险第一任本土总裁。

继任总裁后，郑艺遇到的挑战之一是如何与美国总部和亚太区主管保持良好的沟通。郑艺认为，"纽约总部和亚太区的这些主管确实经验丰富，不过这些经验来自于不同的市场和不同的国家。如果完全照搬这套经验到中国，而不加以适当调整的话，未必符合中国国情。" 郑艺说，此时，充分的沟通就尤为重要。"要不断和他们沟通，让他们理解和认同我们的决策。"郑艺告诉记者说，"其实有效的沟通并不复杂，就是起到一个桥梁作用，把中国的真实情况向总部反映，同时把总部的决策向中国员工解释。"

在很多人眼中，郑艺的职业生涯可谓波澜壮阔，但是对于郑艺而言，一路走来却是顺其自然。

■■■ 第一任本土CEO的人才培养观

"作为美亚保险的第一任本土CEO，我要走出一条自己的路。"谈到此，一种民族自豪感洋溢在郑艺的脸上。对于这位首任本土CEO来说，培养本土人才也成了他的一种情结。

"跨国企业在中国遇到的最大的挑战之一就是本土化问题，如果完全依照国外的思维模式，外资企业很难真正适应中国市场。"事实上由于本土化不够，产品和服务不接地气，折戟沉沙的外企比比皆是。

郑艺坚信，"人才的本土化是解决这一问题的根本出路。"为此，在他领导下的美亚保险非常注重培养本土人才。在美亚保险，总部派来的高管数量极少。在郑艺的推动下，AIG在中国上海设立了AIG上海分析中心(Shanghai Analytics Center)，为AIG集团全球不同的保险业务提供数据分析、建模、评估等不同的服务。AIG上海分析中心聚集了很多优秀的数据分析及精算方面的海归人才，也成为美亚保险的人才蓄水池。

在培养本土人才过程中，郑艺特别注重培养跨界人才。他希望员工有多元化的背景，既要懂中国文化，又要懂外国文化，鼓励员工在不同的工作领域和区域流动。"我希望有更多的中国员工从美亚保险走出去，到海外去工作。"郑艺语出惊人，他不怕人才流失吗？"眼光放长远一点，过几年他们可能还会回来，因为这里是他们的老家，而他们一旦回来时，就是国际型人才了。"让郑艺颇感欣慰的是，不久前美亚保险的一位核保经理由于表现优秀，被 AIG 调到新加坡担任当地公司的部门经理。"他多次提到以后还想回中国工作，我说好啊，欢迎你再回来。"事实上，多年来，美亚保险为国内保险业也输送了不少人才。这不是让竞争对手更强吗？郑艺的回答颇有思辨性，"如果竞争对手都很专业，对市场来说这是好事情。"

在郑艺心目中，员工应该能够在不同的领域发展。"不要局限在一个领域，只做一种工作，那就等于给自己的职业发展戴上了紧箍咒。"为此，美亚保险尝试给员工一些横向发展的机会。"比如原来公司的责任险和金融险是两个独立的险种，如果你在金融险方面工作，就接触不到责任险；反过来，在责任险工作也接触不到金融险。现在新的架构把这两个险种合在一起，核保的同事就有机会既接触责任险，又可以做一些金融险业务。"他很欣赏美国大学教育体制下学生选择专业的模式。"美国大学生刚入学的时候不用选专业，可以等到三年级后才选择专业，这样让学生有充分的时间接触不同的学科，打下比较全面的知识基础。"什么是优秀人才？郑艺有自己的解读。"首先，要有一个专长；其次，应该在某个行业有一定的经验；最后，还需要对所在国家文化的认识。通过这三个要素的有机结合，能造就一个优秀的人才"。

除了关注跨界经历，郑艺还非常注重培养人才的独立思考能力。"国内学校的基础知识教育很扎实，但对独立思考能力培养不够，因为我们的学校教育在很大程度上是以考试为目标。学生学习更多是为了应付考试，缺乏独立思考和讨论问题的能力。其实有时候，一个问题是没有对或错的简单答案，而是需要大家讨论以后，形成共识。美国的教育体系很强调对学生独立思考能力的培养。老师只给一个题目，让学生做调查、形成自己的想法，但是老师往往不会告诉学生答案。"郑艺认为这种教育方式有利于培养能够独立思考的人才。美亚保险的一位员工告诉记者，在日常工作中，郑艺通常给员工一个工作的方向，然后就放手让员工自己去完成。

■■■ 红领带与"多元月"

采访时，一个细节很有意思，郑艺的西装里面系着一条红色的领带。郑艺开玩笑说："幸亏这条领带，今天不用请客喝咖啡。"一位员工告诉记者，10月是美亚保险的"多元月"，2016年的"多元月"中，大家说好每周五穿不同颜色的衣服，正好本周五的主题是红色，每个人穿的衣服都要带一点红色，否则就要被要求请客喝咖啡。"这是为了鼓励多元化。"

郑艺对多元化非常推崇。他在美国工作时就深切地感到不少美国企业的一个弊端：管理者性别过于单一，肤色过于单一，以男性白人为主。"如果管理者背景过于单一的话，公司的管理思路也可能会变得单一，这不利于一个企业的管理"。深受现代管理思想的熏陶，郑艺坚信，"企业管理要有不同的想法，大家一起辩论，才会有更好的决策。"

在多元化中，郑艺还非常重视性别多元化。目前在美亚保险6家分公司中，有2家分公司的总经理是女性。在美亚保险的高管中，女性占了相当大的比例。在郑艺看来，作为管理者，女性有独特的优势。"我觉得女性考虑问题比较周全。举例说，如果公司有个职务空缺，男性往往会自告奋勇，不会顾及太多。而女性则通常会先考虑自己能否胜任、家庭怎么协调等。"郑艺鼓励管理层中有更多的女性，与男性管理者一起，形成更多元的视角和文化，这才会有创新。

■■■ 我的工作就是引导

一谈到决策，大家会联想到领导者的英明远见，但是在郑艺看来，最好的决策往往来源于员工。在美亚保险的内部会议上，很少见到领导的一言堂，更多看到的是大家共同探讨。郑艺坦言，"其实很多时候，讨论前我并没有预设立场，经过大家提出各种想法和建议后，我会进行归纳，选出好的方案，形成决策。"

在美国学过MBA的他认为，这种决策方式与美国的MBA案例教学有相通之处。"只给学生一个案例，没有现成答案，同学上课时一起讨论，寻找最佳方案。老师的工作跟我很类似，引导大家讨论，最后形成共识。这是我比较认同的管理风格。"

▶苏黎世财产保险（中国）有限公司总经理　于璐巍

我的第三份工作

——专访苏黎世财产保险（中国）有限公司总经理于璐巍

高　嵩　宫伟瑶

> 十年中资，十年外资，这位苏黎世中国的新掌门人有何绝活？

"一直在路上。"提起履新的这大半年，苏黎世财产保险（中国）有限公司（以下简称苏黎世中国）总经理于璐巍用这五个字来形容，低调中又难掩前行的斗志。

47岁的于璐巍是外资保险机构在中国的第一批本土高管之一，在目前行业内的高管中算得上是名副其实的少壮派。

2016年3月，于璐巍正式履新苏黎世中国，任董事、总经理，成为苏黎世中国的新掌舵人。

在赴任苏黎世中国之前，于璐巍曾先后就职于国内最大的财险公司——人保财险，最早进入中国的外资财险公司——美亚财险。十年中资，十年外资，中资期间，五年国内，五年伦敦，加起来二十年的从业经历，这让于璐巍既熟悉国内本土市场的业态，也掌握国际保险巨头的先进理念。

经历中西合璧

二十多岁研究生毕业到人保财险，是于璐巍职业生涯的起点。这份工作带给他严谨的工作作风、专业的保险素养和面向全国市场的视野，用于璐巍自己的话说是"打了好底子"。后来他被外派到伦敦工作，在这期间，于璐巍身处全球保险中心，与劳合社等国际保险巨头多有接触，从而建立了他的全球视野。此后在美亚财险的13年，于璐巍亲历全球性保险企业在中国的成长。

谈起这次身份的转换，于璐巍坦言："苏黎世中国最吸引我的是它对中国市场的认真投入和长期策略，以及在中国拥有一支优秀的'核心管理团队'。"当然，从个人的职业发展角度来说，从此前负责北京市场，到现在负责中国市场，能够站到更高、更广阔的职业平台，也是吸引于璐巍的重要因素。

"一般来讲，第三份工作往往是做的最长的工作，也是成功概率最高的工作。"于璐巍笑称，"苏黎世中国提供了更广阔的空间，也让我肩负了更大的责任。"

苏黎世的中国路

仅2015年，瑞士苏黎世保险集团全球CEO就三次到访中国。这家总部在瑞士的百年保险老店，是最早进入中国市场的外资保险机构之一。1993年，苏黎世保险集团便在中国大陆设立了代表处，成为第一家在中国设立代表机构的欧洲大陆保险公司。

此后，苏黎世保险集团在中国市场的耕耘步伐稳健而坚实。

2006年5月，苏黎世保险公司北京分公司获得财险营业执照，成为第一家在北京设立财险分公司的外资保险公司。

　　2013 年 4 月，苏黎世保险公司北京分公司获保监会批准改建为苏黎世财产保险（中国）有限公司，完成"分转子"的过程。苏黎世中国正式成为苏黎世保险公司的在华全资子公司。

　　和很多进入中国市场的外资财险公司一样，苏黎世保险在中国的发展也经历了将国际优势逐步本土化的过程。

　　于璐巍表示，苏黎世保险在中国的发展经历了两个重要阶段。第一个阶段主要集中为 FDI（外资企业在中国投资并开设分支机构）提供服务，这也是外资财产险公司在国内发展的常规做法；第二个阶段是从最近五年开始，苏黎世中国开始为中国企业在本土和境外提供保险服务。

　　"目前，在公司的整个业务板块中，服务外商投资企业和服务本土客户的业务已经各占半壁江山。"于璐巍说。这其实是中国经济突飞猛进的结果和世界经济重心东移的体现。随着经济的发展，越来越多的中国企业不但在本土风生水起，发展迅速，甚至走出国门，参与国际竞争。中国企业国际化的过程，要面临与国内迥异的社会、经济环境，面临更多新的经营挑战和对风险管理的需求。

　　而苏黎世保险在这方面具有天然的优势，140 多年的保险经验和完善的全球服务网络正好可以服务于这些走出去的中国企业。它在超过 200 个国家和地区都有自己的机构和服务伙伴，懂得当地法律、法规和核保经验。

　　"本土化的过程不是简单的移植，而更像是二次创造。"于璐巍说，国际化、全球化的发展模式早已成为苏黎世保险的基因。

　　提及未来的发展方向，于璐巍表示，苏黎世中国将继续在具有优势的特定领域里精耕细作。这些领域包括：一是责任险，主要为出口北美等国际市场的产品提供产品责任保障，为海外工程项目提供责任风险保障；二是金融类风险，主要为企业海外上市等提供保障；三是为跨境的大型工程提供建安工能源险和大型设备的运输险。

　　"项目越复杂，对技术上要求越高，我们越喜欢，因为这样越能发挥苏黎世全球承保的优势。"于璐巍说，上述三个领域是苏黎世中国着力发展并立志领先的市场，经过这几年的摸索，我们已经取得了不菲的业绩和良好的市场口碑。

于璐巍表示，外资保险公司在中国的发展的动力至少有两个来源：一个来自自身发展的强烈愿望；另一个来自外部机遇，即市场存在的巨大发展空间。对于外资保险公司，从自身需求来看，外资大多拥有丰富的全球经验，目前大多数外资保险公司的规模还是比较小，最大的规模也就十几个亿元，相对于国内广阔的市场空间，公司发展的内动力很强。而中国市场外生动力则更为明显，保险需求日益增强，监管环境逐步改善。中国目前已经是全球发展最快、潜力最大的保险市场之一，前景广阔。

做好外资的三个因素

作为在外资公司工作多年的本土高管，于璐巍对于外资保险机构如何在中国市场发展有着自己的见解。

"外资进入中国二十多年，仍有很大发展空间。"于璐巍说，比如外资机构在中国的机构网点数量不足。"在中国保险市场发展需要有足够广、足够强的服务网络，但实际上，目前所有外资公司的机构网点数量加在一起也不过七八十个。从这个角度说，外资在中国发展的空间是巨大的。"

当然，中国保险市场也是一个竞争相对比较充分的市场，外资公司也要面临同样的竞争环境，面临严峻的考验。以占财产险市场七成的车险为例，尽管交强险已经在3年前向外资放开，但中国车险市场的竞争态势下，外资保险公司并不具有明显优势。某些涉足车险的外资公司在经历了重重苦难后，正在反思，甚至已经全线退出这一规模巨大但是竞争激烈的市场。

于璐巍认为，外资保险机构在中国发展的关键取决于三个因素：一是核心管理团队；二是如何把全球优势转化为本土优势；三是清晰的市场定位。

　　"借用一句经典电影对白：21世纪什么最宝贵？人才！核心管理团队，即人才因素，是外资保险在中国发展的最关键因素。"于璐巍说。苏黎世中国很早就通过与国内著名高等院校和政府的合作，出资成立了中国保险与风险管理研究中心和苏黎世国际航运与金融研究发展中心，对中国企业和保险业的发展进行保险人才培养和储备，同时从理论上对保险服务进行支持。

　　在外资保险机构高管团队的建设上，他认为经历了三个阶段：第一个阶段是从欧美等发达国家的集团总部直接派高管到中国，组成核心管理团队；第二个阶段是从中国香港、中国台湾和新加坡等亚洲地区派高管到中国；第三个阶段是直接选用中国当地的高管，即本土化高管。"现在在中国的外资保险公司对核心管理团队的建设更多的是处于第二个阶段向第三个阶段的过渡时期。"于璐巍说。

　　"如果核心管理层频繁更换，这会对政策连续性、知识的储存和经验推广等方面都带来很大的挑战，'换手如换刀'。比如三年一个任期，熟悉团队，熟悉市场，至少要一年半载，离三年任期也就剩一年半载。保持核心管理团队的稳定性和连续性非常重要。"于璐巍补充道。

　　如何将全球优势转化为本土优势。这个转化过程绝非简单的移植和复制。它应该是一个再创造的过程，是一个把在不同的市场环境中形成的优势、理念和经验进行解构后再重新塑造的过程。成功与否，唯一的标志就是转化成果被中国市场接受的程度。

　　于璐巍认为，在三个因素中，清晰的市场定位同样十分关键。

　　他说，苏黎世中国的市场定位围绕三个方面：一是支持苏黎世保险全球客户在中国投资，为外资企业在华投资、业务增长、人员增长等提供保障服务；二是在责任险、金融风险、大型设备货运险以及建安工能源险等特定细分市场精耕细作；三是支持中国企业走出去。

服务中国企业"走出去"

　　在"一带一路"的战略提出之后，更多商机显现，中国企业"走出去"的步伐明显加快，但与此同时，其面临的风险也在不断加大。

为"走出去"的中国企业提供风险保障是苏黎世中国未来发展规划中的重中之重。中国企业向海外发展的过程中，将可能主要面临政治风险、经济风险、政策风险、自然风险，这些风险的管理不当会对中国企业对外投资造成危害。"我们正在研究'一带一路'沿线60多个国家的风险特征，我们发现这一地区的风险具有高发性和多样性的特点。在全球政治风险地图上，中国很多对外投资处于高风险区域。根据2012年的统计，中国对外投资存量前二十的国家（地区）中，1/5都属于全球高风险国家。"于璐巍说。

事实上，服务中国"走出去"的保险市场潜力已经被保险业所关注。谈及与同业的关系，于璐巍说他看到更多的是合作，尤其是中资、外资企业之间的合作，"利用中资对本土客户的了解，利用外资已经建立的全球服务能力，可以更好地为走出去的中国企业提供服务。"于璐巍说。

这一代保险人是幸运的，生逢其时。于璐巍认为，中国保险市场进入了一个高速发展的轨道，市场同时又处在深刻的变革中。"我们保险人在这条路上，探索永无止境。"于璐巍说。